WIZARD

行動科学と投資

その努力がパフォーマンスを下げる

The Behavioral Investor

by Daniel Crosby

ダニエル・クロスビー[著]

長岡半太郎[監修] 井田京子[訳]

Pan Rolling

The Behavioral Investor
by Daniel Crosby

First published in Great Britain in 2018

Originally published in the UK by Harriman House Ltd in 2018,
www.harriman-house.com.

監修者まえがき

本書はダニエル・クロスビーの著した〝The Behavioral Investor〟の邦訳である。彼の著書としてはすでに『ゴールベース資産管理入門――顧客志向の新たなアプローチ』（日本経済新聞出版）がある。これは限定合理性のもとでの投資家の選択について、各々人の異なる目標をベースに満足解を導く方法を示したもので、資産形成の必要に迫られた日本の投資家にとって極めて示唆に富む内容となっている。一方、本書は学際的な学問である行動科学を使って、機関投資家にも適応が可能な、投資のより普遍的なあるべき姿の描出を目指している。

さて、投資戦略選択の際に合理的であろうとすれば、先人の知恵や自己の経験に基づく裏付けがあり、理論的に妥当な説明が可能で、将来にわたって再現性が高いものを選択したいとだれしも思うだろう。そのためには、自身の可謬性や限界を謙虚に認めるとともに、投資エコシステムの構成要素である、①投資対象（企業、発行体、商品等の本質的価値や成長性）、②市場のメカニズムや構造（複雑性、非線形性、ランダム性等）、③取引に参加する主体である人間――を理解することが欠かせない。

これまでの多くの投資関連書籍が前二者については詳しく書いてきたし、すでに広く啓蒙が進み、投資家の理解も深くなってきている。しかし、取引を行う人間そのものの理解に関しては、それを解説した文書もあまりないし、投資やトレードの意思決定過程において人間がかかわることの影響に気づいている人はかなり少ない。

その原因の一つは、人間を理解するための学問領域が多岐にわたり、包括的に説明できる専門家が少ないことにあるが、行動ファイナンスの専門家である著者は人間の行動を体系的に説明しようとする諸科学を使い、社会的な存在である人や、生物（種）としてのヒトの投資における振る舞いを分かりやすく説明することに成功している。本書によって、私たちは投資家としての自己の弱さを克服する方策を見つけることになるだろう。

翻訳にあたっては以下の方々に感謝の意を表したい。まず井田京子氏には読みやすい翻訳をしていただいた。そして阿部達郎氏は丁寧な編集・校正を行っていただいた。また本書が発行の機会を得たのはパンローリング社社長の後藤康徳氏のおかげである。

二〇二〇年五月

長岡半太郎

CONTENTS

目次

カテリーナの疑問が私のすべての道をひらく
シャーロットとリアムとローラは私の光となっている

ノリーン・D・ビーマンによるまえがき

私はこの三〇年間、金融顧問や投資家といった人たちとともに仕事をしてきた。その間に、バブルと崩壊、ブームと暴落を見てきた。今では人の行動に精通することが、投資家の成功と失敗を分けると固く信じている。これまで三〇年間、ウォール街の最高の頭脳を持った人たちと仕事をしてきた経験から、最高の金融知識も、それに見合う自己理解を合わせ持っていなければ役には立たないと、自信を持って言える。優れた投資の核心とは、行動科学的投資なのである。

ダニエル・クロスビー博士との付き合いは、二〇一二年に彼が私の会社で「行動アルファ」（顧客が正しい行動をするためのコーチングを受けたことによって得られた超過パフォーマンス、金融顧問にとって計測が難しい）をとらえるための枠組みを作る手助けをしてくれたことから始まった。この試みが成功したことで、私たちはさらに行動ファイナンスを活用すべくクロスビー博士と提携して、顧客の五〇％が正式な金融アドバイスを受けてもそれを守らないという問題を解決するために、「ザ・センター・フォー・アウトカム」という教育的な取り組みを始めた。結局、アドバイスはきちんと従ってくれなければ良いアドバイスにならないからだ。

本書で紹介するアイデアは、心理学を長年にわたって仕事に応用してきた経験と、心理学の知識に基づく投資に関する文献を包括的に見直すことから生まれた。投資家の最大の敵である自分自身から身を守るためには、理論と実習を組み合わせることが不可欠なのである。

私は、本を読み始めたときの、未知の世界に足を踏み入れる感じが大好きだ。これからどんな新しいことと出合えるのだろうか。それまで後生大事にしてきた考えに疑問を持つことになるのだろうか。自分の生き方を変えるような情報に出合えるだろうか。投資本には、既存のアイデアを焼き直しただけのものが多いが、本書は投資のまったく新しい計画とパラダイムを紹介している。

クロスビー博士がこれから案内してくれる世界は、広くて驚きに満ちていて、時に奇妙に感じるかもしれないが、どのページからも得るものは多いと思う。本書には、サルと金融市場を比較するときも、ドイツの破壊される村と人間の現状肯定の傾向を比較するときも、複雑なことを理解しやすくする工夫がある。博士は、人間の行動という入り組んだ迷路を案内する優れた案内人であり、本書を読めば人について理解しないかぎり、市場を理解することなどできないということを深く知ることになるだろう。

博士は、私たちの脳が比類ない精巧な器官であるにもかかわらず、長期投資には情けないくらい適していないことを科学と歴史の助けを借りて明確に示している。私たちは、地球上で最も進化した種であるにもかかわらず、現代の生活のニーズに対する準備がまったくできていないのだ。しかし、本書を読めば、そう悲観することもないことが分かるだろう。私たち人間の欠陥を紹介しているのは、私たちが簡単に陥る心理的なワナを回避するための解決策を示すためなのである。

本書は、ユーモアと知恵と何よりも情熱を持って、私の財布だけでなく人生を豊かにするたくさんのアイデアを与えてくれる。最高の投資本は、どれも自分自身を正しく知らなければ富を増やすことはできないということを理解したうえで書かれている。そして、本書は金融の世界におけるこの新しくて正しい理解の仕方のモデルと言ってよいだろう。

本書は、読者に考えさせたり、問いかけたり、時には笑わせたりするまれな金融書である。あなたもきっと私と同じくらいこの本を楽しむとともに、影響を受けるだろう。

ノリーン・D・ビーマン（ブリンカー・キャピタルの最高経営責任者）

まえがき

寛大な投資家のみなさん、本書の目的は資産運用にかかわる心理に関するこれまでで最も包括的な指針となることにある。これが大胆な目標だということは分かっているが、尊大な夢がなければ、本を書くなどという非合理的な挑戦などできない。

この目的を達成するため、本書ではポートフォリオの構築について具体的に書く前に、人間の性質について全体的におさらいしていく。人がなぜこれまでのような判断を下してきたのかを深く理解しなければ、どのように投資すべきかのヒントを得ることなどできないからだ。本書は次の四部で構成されている。

●第1部　投資家の正しい判断を妨げる社会的・神経的・心理的要因の説明。外部要因がいかに選択に大きな影響を及ぼし、自由な意志が曲げられたことによる一時的な不快感をもたらしているかをよりよく理解することができる。

●第2部　投資行動に影響を及ぼす四つの基本的な心理的傾向の概要。人間の行動が複雑であることは間違いないが、投資における私たちの選択はこの四つの要素のどれかによって決まっている。このことを知れば、自分の行動をよりよく理解し、より謙虚になり、この世界でより良いことをしたいという思いが深まるだろう。

●第3部　第1部と第2部で気づいた問題を克服するための実践的な対策。第3部を読み終えると、自分自身への信頼が大きく低下し、周りの世界が予想もつかないことに気づいて不安を覚える。しかし、心配はない。この認識が最後に役に立つことは約束する。

●第4部　通常のパッシブ投資やアクティブ投資とは違う「第三の方法」と、人間が抱えている文脈的欠陥や行動上の欠陥という現実に対応した資産運用の枠組みを紹介する。バリュー投資やモメンタム投資といった一般的な投資方法の心理的基盤をより深く理解することで、うまくいく投資はどれもその根底に心理的な要因があることに気づくことができる。ここまで読めば、それまでの投資方法をまったく変えてみたくなるだろうし、ほとんどの場合、それこそが正しい行動と分かるだろう。

富について真剣に考えると、経済的な幸福だけでなく、それと同じくらい心理的な幸福がかかわっていることが分かる。本書を読むことで、富という言葉を総体的にとらえることを学び、その知識がリターンを改善するだけでなく、パーティーで人気者になる助けにもなればうれしい。

より良いものを求めて

C・ダニエル・クロスビー博士

第1部

行動科学的投資家

第1章　社会学

「だから、時には朝食前に六つものとてもあり得ないことを信じたこともありましたよ」――ハートの女王、ルイス・キャロル著『不思議の国のアリス』

あなたは今、豪華な旅客機のファーストクラスに座っているとする。遅くなった休暇をとってハワイに向かっているのだ。連日遅くまで休まず働いてきたあなたは、席にもたれて客室乗務員からシャンペングラスを受け取り、首から肩にかけて緊張がほどけていくのを実感している。しかも、隣の席についた魅力的な異性が、最初のありきたりな世間話を飛ばしていきなり自分に好意を示し始めたため、離陸からの時間はあっという間に過ぎていった。

一時間ほど飛行したところで、飛行機は乱気流に巻き込まれたが、それも悪くない。手すりを握りしめた手が偶然触れ合ったのだ。二人で笑えば恐怖は消えるが、機体の揺れはなかなか止まらない。これは普通の嵐ではないのではないかとあなたは心配になってきた。機内を見回すと、忙しそうに動きまわる乗務員も心なしか心配そうな顔をしている。風や雨はだんだん激しくなり、揺れるたびに吐き気が襲ってきそうになる。経験豊かで安全な飛行を心掛けてきた機長の声も、恐怖に震えている。機体が傾いて振動し始めたとき、機長が叫んだ。「頭を下げて衝撃に備えてください」

気がつくと、約一〇〇メートル先に焦げた機体の破片があり、周りを見回しても生存者はだれもいない。最悪の状況だ。あなたは頭を抱えた。何が起こって「これからどうなるのか」について、さまざまなシナリオが頭の中を駆け巡っている。しかし、すぐに聞きなれない音がして、思考は中断された。

キッ、キッ――、バタン！

新たな状況に目を凝らしていると、騒音の元が分かった。音は「アトランタ動物園所有」と書かれためちゃくちゃに壊れたおりから発していた。しばらくすると、おりの主が分かった。アンゴラコロブスというサルだった。

ヒト対野生動物

思考実験を続けよう。捜索隊が飛行機が墜落した無人島を見つけるまでに一八カ月かかったとしよう。唯一生き残ったあなたとサルはそれまで自力で生き延びなければならない。救助隊が到着したときに、あなたとサルのどちらが元気でいるだろうか。自分に正直になれば、何もない場所に投げ出されたとき、あなたや私よりもサルのほうが生き延びる可能性はずっと高いと思う。救助隊が到着したときに、あなたは干からびた骨になっていても、サルは遠足の子供たちにからかわれることもなくなって、力強く幸せに暮らしているかもしれない。

　ユヴァル・ノア・ハラリが、ＴＥＤｘの「天国のバナナ」（二〇一四年）という素晴らしい講演でさらにあり得ないケースについて言及している。仮に飛行機に一〇〇〇人のヒトと一〇〇〇匹のサルが乗っていて、全員が生き残り、孤島で生きていかなければならないとする。一年半後に救助隊が到着したときの結果は同じだろうか。おそらく違うだろう。二つ目のシナリオでは、偉大な社会と機能する資本市場の両方を構築する能力というヒトの強みが発揮されるからだ。これは、柔軟に共同する能力である。

　ハラリは、ミチバチやアリのように共同できる動物がほかにもいることはもちろん認めているが、これらの動物は固定的で階層的なことしかできない。ハラリの言葉を借りれば、ミツバチは女王バチを殺してミツバチ共和国を設立したりすることはおそらくしない。ミツバチもアリも偉大な仕事をしているが、認知的柔軟性がないため、食物連鎖の上位に行くことができないのである。一方、サルは知能が高く、複雑な社会構造を持っているが、意味のある交流ができる個体数は限られている。心理学者は、その数をヒトならば一五〇人としている。これは霊長類の兄弟を評価するうえで役立つ基準だ。集団が約一〇〇匹になると、サルは仲間のことを十分理解して相手の行動や性格や意図を判断できなくなるため、サルの文明の規模と複雑さは実質的に制限されることになる。

　もしミツバチが先天性の指令によって組織され、密接な社会的相互作用のなかで単純な作業をこなしているのならば、動物界の奇跡とも言えるヒトの優位性は、ソーシャルナラティブ（社会が求めるストーリー）に従って行動する傾向があったおかげと言える。乱暴な言い方をすれば、世界は私たちが作ったストーリーであり、私たちはそれがあたかも現実であるように行動しているのである。ハラリが偉大な著作『サピエンス全史』（河出書房新社）で述べているように、「私たちが知るかぎりで、サピエンスだけが見たことも、触ったことも、臭いをかいだこともない存在について語ることができる」のである。サルは「川の近くにトナカイがいる」ということは伝えられても、「川の近くにいるトナカイはこの町の守護神だ」と伝えることはできないのだ。

この実在しないことを伝えることができる能力によって、ヒトは予想可能な行動を起こし、確実な信頼を育てるさまざまな社会構造を作り上げた。アラバマ州、カトリック教会、アメリカ合衆国憲法、不可譲の公民権などは、どれも厳密に言えば実在しないが、みんなが同じ考えを信じ、それがあたかも現実であるかのように行動することで、相互信頼が浸透した秩序ある文明を生み出しているのである。

このようなフィクションの集合体を形成し、受け入れる能力があるから、「……サピエンスが世界を支配するようになり、アリは私たちの残飯を漁り、チンパンジーは動物園に閉じ込められているのである」。

ヒトが信頼を共有する機能によって種としての支配を勝ち得た私たちの社会において、極め付きのフィクションがお金である。ハラリは容赦しない。「お金は、信頼の共有が生み出した最も普遍的かつ効率的なシステムである」。私たちが日々苦労したり、夢見たり、悩んだりしている紙幣はただの紙切れで、元々の価値はない。お金や資本市場はみんなで共有する幻想で、その価値は物理的というよりも心理的なものである。金融市場はヒトの頭の中で作り上げたものであり、その起源を適切に理解せずに市場を理解しようとするのは極めて愚かなことなのである。ヒトを理解しなければ、市場を理解することはできないということだ。

恩恵と呪い

子供が誕生すれば眠れない夜が続き、お金持ちになれば欲張りな遠い親戚が現れるなど、人生に単純に良いだけのことはあまりない。同じことは、ヒトの偉大な才能についても言える。物語の共有によって株式市場を生み出しても、劣った判断しかできないこともあるからだ。ヒューゴ・マーシアとダン・スペルベル共著『ジ・エニグマ・オブ・リーズン（The Enigma of Reason）』によると、人の動機は厳密に言えば世界において「正しく」あるためではなく、私たちの種が繁栄するための基盤となっている共有の考えを安定させるために進化していった。

この概念をさらによく理解するために、動物とヒトの信念を試したとしよう。ヒトが深く信じていること（例えば、「私が支持する政党の議員は賢くて親切だ」）と逆のことに出くわすと、認知的不協和が生まれて苦しむことになる。そして、大事にしてきた概念に反する証拠は、たとえ客観的で納得しやすいことであっても（政策の失敗、無能なリーダー、党路線が科学的に矛盾するなど）、政治理念はなかなか変わらない。共有の信念はヒトを結束させる接着剤の役目を果たしており、たとえ矛盾に直面しても、これを引きはがすのは簡単ではないのだ。ある政党を熱狂的に支持する人が考えを変えると、大きな社会的コストがかかる。人間関係をなくし、社会的な絆を断ち切り、「自分は間違っていた」という現実に直面せざるを得なくなるといったことだ。この心変わりは、たとえ論理的なことでも、私たちを実際にむしばみ、それこそが私たちをヒトたらしめているのである。

しかし、ガゼルの場合、「この辺りにはライオンはいない」と考えていたとしても、茂みがカサカサ揺れたら、襲われないように即座に逃げ出す。動物は、事実を伝えることしかできないため、判断も二択で――ライオンがいるのかいないのか、逃げて隠れるのか逃げないで食べ続けるのか――文字どおりの意味しかないのだ。

ヒトはより複雑な思考ができるため、かなりの自己欺瞞や不合理なことも受け入れることができる。しかし、もしヒトのような理由付けができるガゼルがいれば、茂みでカサカサ音がしてもライオンがいるわけがない理由をたくさん考えている途中で食べられてしまう。つまり、客観的な理由付けをする能力が不十分だと子孫を残すまで長生きができないため、ガゼルは二択の判断によって個体数を維持しているのである。

しかし、ヒトは違う。集団主義と過度なうぬぼれがむしろ繁殖力を強めているのだ。私たちはグループ内の忠誠を何よりも大切にしているにもかかわらず、自己権力を拡大し、「ほかの人たち」を軽視し、科学を無視するタイプが権力を握る地位に就いて、ほかの人たちの尊敬を得ることもある。先の『ザ・エニグマ・オブ・リーズン』の著者たちも、「『知的』な観点からは奇妙だったり、愚かだったり、ただ愚かに見える脳の癖が、社会的「相互作用」の観点からは、やり手に見える場合がある」と書いている（Elizabeth Kolbert, 'Why facts don't change our minds,' The New Yorker [February 27, 2017]）。

ルールの例外

株式市場は、社会的一貫性が論理に勝るというヒューリスティクスの例外である。ヒトはもともと周囲に適合するようにできているが、投資では異端でなければならないのだ。ヒトは元々エゴを守るようにできているが、マーケットで成功したければエゴを破壊しなければならない。また、ヒトは「なぜ」と問いかけるよう組み込まれているが、投資では「なぜ違うのか」と問うことを学ばなければならない。市や教会や設立書類、そして資本市場さえも、その存在は不可能に対する忠誠を共有することによって成り立っている。そのため、社会通念を信じることこそが、ヒトをヒトたらしめているのである。ところが、投資で成功したければ、それをしないことを学ぶ必要があるのだ。

どこまで行っても亀の下には亀がいる

一九八八年に発行された『ホーキング、宇宙を語る』（早川書房）のなかで、故スティーブン・ホーキング博士は、世界とは何なのかを知りたいという人間の欲求と、その探求においてときに偽りの特性を見つけてしまうことを象徴する有名な話について書いている。

「あるとき有名な科学者が、一般向けに天文学の講演を行った。彼は、地球が太陽の周りを回り、その太陽は星の巨大な集合体であるわが銀河の中心を回っていることを説明した。公演が終わると、後ろの席に座っていた小柄な老婦人が立ち上がって言った。『あなたの言うことはバカげてますよ。世界は本当は平たい板のようなもので、それが大きな亀の背中に乗っているのですから』。科学者はとびきりの笑顔を見せてから、『それでは、その亀は何に乗っているのですか』と尋ねた。老婦人は平然と答えた。『若いのに頭がいいわね。亀に乗っているのよ。どこまで行っても亀の下には亀がいるのよ』」

科学者や神父や哲学者は、大昔からさまざまな根源的原因を探し続け、その道程は完璧ではないものの、長期的に見ればいくつかの素晴らしい発見をした。古代の錬金術について考えてみてほしい。今日、私たちはこれを卑金属を金に変えようとする強欲な試みだったと間違って解釈しているが、彼らの本当の目的は「一番下の亀」を探すことだった。ルイス・トーマスは『レート・ナイト・ソーツ・オン・リスニング・トゥ・マーラーズ・ナインス・シンフォニー（Late Night Thoughts on Listening to Mahler's Ninth Symphony）』のなかで次のように書いている。

「錬金術は大昔に、世界が理にかなっているかどうかを知りたいという人間の最も深くて最も古い願いをかなえるために始まった。このときの前提――地球上のすべてのものは一つの根本的な物質からできている――が、すべての原型となる物質を探し出し、それを錬金術師が望む形に加工するという何世紀にもわたる多大な努力につながった。もしそれができれば、人間はすべてを手に入れることができるからだ」

この最も広い意味で金融にかかわっていた人たちは、みんなある意味において錬金術師であり、市場で起こる現象の根源的原因を探し求めていた。

資本市場の永続的な真実の探求は、単なる哲学的な探求ではなく、むしろその逆である。何（この場合はだれ）が市場を構成しているのかを理解することは、より投資に必要な最初のステップなのである。初期のころの原子は、小さい玉軸受に似た硬い閉球のようなものだと思われていた。そのあと、これは分割することができないという理解に至ったが、亜原子粒子の存在が分かり始めたときでさえ間違っていた。電子は最初は、太陽系の惑星模型のように正電荷のなかを漂っていると考えられていた。また、宇宙は基本的に小さい宇宙で構成されていると考えられていた。これは、秩序と対称性を求める人間にとって魅力的で美しい考え方だが、説明や予想のためのモデルを構築するには悲しいほど役に立たない。

原子の初期の研究と同様に、金融市場の研究もかつては現実の世界への適用性よりも数学的な美しさを優先して理論を順守しようとする人が多かった。伝統的な金融の枠組みは、市場参加者が「合理的」だという考えに基づいている。この合理性には二つの主な特徴がある。一つ目は、合理的な市場参加者は新しい情報を即座に入手することができ、新しい情報が入ると参加者の考えが即座に更新されるということで、二つ目は合理的な市場参加者はSEU（主観期待効用）と整合性がある判断を下すということだ。SEUは、L・J・サバージが一九五四年に発表した『ザ・ファウンデーションズ・オブ・スタティスティックス（The Foundation of Statistics）』のなかで説明されている。サバージは、私たちが与えられた選択肢に対する個人的な効用を大きくして、対象の出来事が起こるまたは起こらない確率に合わせてその選択肢を加重しているとしている。

もし新古典派経済理論の主張を信じるならば、ある種の高貴な人になれると考えると励みになる。そうすれば、長く健康でいられるし、賢くて体にも良い選択をすることができる。例えば、株式市場では、自分の目的とニーズに合わせた長期的な見方を優先し、株式市場の日々の変動を無視するとよい。また、政治家を選ぶときには部族主義や先入観に惑わされずに、最大の利益を目指し、事実や細かい違いに目を向けて語る人に投票するのだ。人類にはそこまで気高くあってほしかった。しかし、人とマーケットのこのモデルは原子を理解するのにそれを小さな惑星に例えた概念と同じレベルの記述力と予測力しか持たない。そのため、実際の私たちはパニックを起こし、良識ではなく人間の悪しき性質に基づいて大きな群衆となってリーダーを選んでしまうのである。

私たちは、原子そのものを見ることができなければ、原子の力を本当に活用することはできない。市内を明るく照らしたり全体の水準を上げたりできるようになったのは、原子分析のエレガントなモデルを捨てて、より精密なモデルを選んだからなのだ。同様に、市場を動かしている人間の本質を考慮しないで市場を理解しても、あまり役には立たない。原子は物質の基本的な単位で、細胞は生物の基本的な単位で、単語は言語の基本的な単位である。そして、人間は市場の基本的な単位なのである。

次の章では、人間という動物が投資の意思決定を下すことについて、生物的・神経的・心理的観点から見ていく。これを読むと、きっと驚き、面白いと感じると思うが、なかには動揺する人もいるかもしれない。それでも、このような考え方に深くかかわることでのみ、自分自身を知り、富を増やすことができるようになるのである。

まとめ

●ヒトの最大の資産は、社会的なフィクションを共有して信頼を構築することができる能力である。

●なかでも資本市場とお金は最も普遍的に大切にされ、最もうまく機能してきた共有のストーリーと言える。

●共有のストーリーを重視するのは、私たちが客観的な言葉よりも社会的な言葉を信じる傾向があるからである。

●人間は資本市場の基本的な単位である。

●だからこそ、市場に関する理論が役に立つかどうかは、人間の本質をどこまで理解しているかによって決まる。

第2章　投資と脳

「ぼくは頭脳なのだよ、ワトソン君。残りの部分はただの付け足しさ」――アーサー・コナン・ドイル（『マザリンの宝石』）

古代ギリシャの哲学者タレスは自然哲学の祖で、アリストテレスと同時代に生きたギリシャ七賢人の一人である。人間にとって最も重要で最も難しいことは何かと聞かれたタレスは「汝自身を知れ」（自分自身を知ること）と答え、その言葉はデルフォイのアポロン神殿の入口に刻まれている。次に、人間にとって最も役に立たないことはと聞かれ、即座に「度を越すなかれ」（他人に忠告すること）と答えた。

投資家にとって残念なことに、ウォール街には後者はいくらでもあるが、前者はほとんどない。しかし、あなたは幸運にも今ここでそれをしようとしている。もし自分自身を知ることが投資で成功するための必須条件ならば、知ることの中枢である脳から話を始めるべきだろう。

年を取り、飢えていて、忍耐力がない

「水金地火木土天海冥（My Very Educated Mother Just Served Us Nine Pizzas）」
「意欲に燃えるコロンブス（In 1492 Columbus sailed the ocean blue）」
「西向く士（Thirty days hath September April June and November）」

記憶術は古代ギリシャで発明され、それ以来、あらゆる年代の学生が用いてきた。頭文字（冥王星はなくなったが）やリズムや視覚効果を使った語呂合わせが役に立ってきたことは、長く使われてきたことが証明している。脳を投資に応用することについて書いていく前に、記憶術を使って脳に関する三つの重要な真実を覚えていこう。まずは、午後四時にステーキビュッフェの列に並んでいるツイードの服を着た七〇歳代の人をイメージしてほしい。実は、あなたの脳はあなたの想像した人物と同じように、年を取り、飢えていて、忍耐力がない。

年齢

脳は、進化論的に言えばヒトという種と同じくらい古くからあるというのは正確ではないが、私たちが現代の環境で脳を使っている期間と比べればはるかに古い。ジェイソン・ツバイクも、『あなたのお金と投資脳の秘密——神経経済学入門』（日本経済新聞出版社）のなかで次のよう

に書いている。

「ホモ・サピエンスの歴史は二〇万年に満たない。そして、ヒトの脳は当時からほとんど成長していない。一九九七年に、古人類学者がエチオピアで一五万四〇〇〇年前のホモ・サピエンスの頭蓋骨を発見した。ここには、約一四五〇立方センチメートルの脳が入っていたと考えられる。……この大きさは、今日の平均的な人の脳よりも小さいわけではない」

私たちの脳は、過去一五万年の間、あまり成長していないが、脳が処理しなければならない世界は飛躍的に複雑化している。株式市場のような正式な市場ができたのは約四〇〇年前だが、私たちの脳という道具は、時代にまったく追いついていないのである。

進化の過程で取っていた行動はとうの昔になくなっているのに、今日の投資家の行動にはその痕跡が明らかに見える。古代を生きた私たちの先祖は、春と夏に収穫した食糧の余りを晩秋から冬に備えて保存していた。面白いことに、今日でも保存や投資といった行動は、季節性や過去のパフォーマンスや宣伝や流動性の需要の影響をならす目的であっても、春と夏に増えているように見える。また、このような現象はアメリカやカナダだけでなく、季節が逆のオーストラリアでも観察されている。古代の人たちのように食糧を保存する必要がなくても、現代の投資家はどういうわけか春と夏にリスクをとって、厳しい秋や冬を乗り切ろうとするのである（Lisa Kramer, 'Does the caveman within tell you how to invest?' Psychology Today [August 18, 2004]; M. J. Kamstra, L. A. Kramer, D. Levi and R. Wermers, 'Seasonal Asset Allocation: Evidence from Mutual

Fund Flows' [December 2013])。

私たちの古い脳について一つ言えることは、脳がリスクとリワードを解析するために設計された原始的な構造のまま、それとはまったく異なる仕事をさせられているということである。脳スキャンで原始的な行動（例えば、敵の攻撃を避ける）の指針となる感情中枢を見ると、ここが金融リスクに関する情報処理にも関連していることが分かる。脳のこの領域は、世界中の哺乳類に見られるが、即座に反応するために、厳密に考えない単純な構造になっている。ただ、素早く決定的な行動を取ることでリスはフクロウから身を守ることができるが、投資家の助けにはならない。ちなみに、あまり行動しない投資家のほうが利益が大きいという結果を示す研究はたくさんある。

巨大ファンドを運用するバンガードが、まったく何もしなかった投資口座と微調整を繰り返した投資口座のパフォーマンスを検証したことがある。もちろん、何もしないほうがいろいろ考えたほうのパフォーマンスを上回っていた。行動経済学者のメア・スタットマンは、トレード数が最も多いトレーダーは、毎年、トレード手数料とタイミングの悪さで投資資産の四％を失っており、この結果は世界のどこでも同じだというスウェーデンでの調査を紹介している。また、一九の主要な証券取引所における調査でも、頻繁にトレードした人のパフォーマンスは、バイ・アンド・ホールドの投資家を年率一・五％下回っていた。

また、脳のバイアスによる影響に関するおそらく最も有名な研究は、性別によるトレード傾向について洞察を与えてくれる。行動ファイナンスの父と呼ばれているテランス・オーディーンとブラッド・バーバーは、大手ディスカウントブローカーの個人口座を調べて驚いた。対象の口座で、男性のほうが女性よりも四五％も多くトレードしており、独身に限るとその差は六七％に広がっていた。二人は、過度のトレードが自信過剰によるものだと考えたが、心理的な理由がどうであれ、多くトレードしたほうが常にリターンは劣っていた。過剰なトレードによって、調査した平均的な男性は平均的な女性よりもリターンで年率一・四％下回っていたのだ。しかも、独身男性に至っては独身女性を二・三％も下回っており、投資年数が長くなればこの差は驚くほど大きくなる。ここでのポイントは、行動を促す脳の進化的な傾向は自信過剰でもそれ以外の理由でも、投資のリターンに害を及ぼすということである。

忍耐のなさ

脳が忍耐をどのように処理しているかを理解するため、マックラーのグループが金銭的な報酬をすぐにもらえる場合と遅れてもらう場合について、一連の選択をするときの脳の活動を測定した。その結果、すぐにもらう選択をするときは、腹側線条体や前頭皮質中央や内側前頭皮質といった薬物依存や衝動的な行動にかかわる領域がすべて使われていることが分かった。すぐに報酬が得られる見通しがドーパミンを大量に放出させるため、それに逆らうことはできなかったのだ。一方、遅れて報酬がもらえる選択肢は、前頭前皮質や頭頂葉皮質といった慎重に考える部分が活性化した。この研究結果は、欲望にかかわる短期的な衝動を制御する私たちの能力には限界があり、多少なりとも即時性に引かれる傾向があることを示している。脳はいつでも行動できるようになっており、これは戦争のときや、引退後の資金を確保するための投資において一大事が起こったときならばそのほうが良い（Camelia M. Kuhnen and Brian Knutson, 'The influence of affect on beliefs, preferences and financial decisions,' Journal of Financial and Quantitative Analysis [June 2011]）。

飢え

あなたの脳は、時代遅れで忍耐力がないだけでなく、体のなかで最も飢えている臓器でもある。脳は、iPHONEの昔のモデルと同じように、電池の寿命が短いなかで限られた機能を同時にこなしている。前出の『サピエンス全史』によると、脳の重量は体全体の二〜三％程度だが、寝ているときでさえ体のエネルギーの二五％を消費している。この大食漢の脳は常にエネルギーを節約するために、なるべく働かなくてすむ方法を模索している。このことは、体の調和という意味では自然で美しいとさえ言えることだが、要するに、周りに合わせて惰性で動いたり、認知上の近道に頼ったりしている。そうすれば、さまざまなシナリオにおいて、脳のエネルギーをあまり消費しないで、完璧ではないが最低限の判断を下すことができるからだ。そしてほとんどの場合、この近道した最低限の判断で問題はない。会社から家まで自動運転で帰っても、自分で運転するのと結果はほとんど変わらない。しかし、投資判断においては、これが多大な損害につながりかねないのだ。このことについては後述する。

＊　＊　＊　＊　＊　＊

あなたの脳は、最先端の技術でも到底かなわない奇跡的なツールだが、それは現代の社会とは違う時代と場所に合わせて作られたものなのである。私たちは、幾度もの食糧不足や戦争や疫病との闘いを経て、より楽に暮らせる社会を作ってきたが、その分、心理的な戦いが増えている。今年、肥満で亡くなった人は、飢えで亡くなった人よりも多かった。一年間で自殺した人は、戦争やテロや凶悪犯罪で亡くなった人を合わせたよりも多い。あなたの脳は、まだ大昔に勝った戦争を戦っているが、それをスピードや行動よりも忍耐や一貫性が報われる新しい戦いに合わせて調整していかなければならないのである。

すべては金次第

行動ファイナンスの批評家のなかには、実験室で大学の単位やお菓子を賭けた実験で不合理な行動が観察されたとしても、現金がかかっていれば、行動は変わると主張する人がいる。簡単に言えば、利益が大きくなると、行動はより賢くなるというのだ。この批判を検証するために、あるゲームをしてみよう。

これは二人で行うゲームで、一人は「提案者」、もう一人は「反応者」になる。このゲームでは、一回のプレーで二人の間に一〇〇ドルが置かれ、提案者がその一〇〇ドルを反応者が納得するように分ける。提案者はお金を好きなように分けてよいが、反応者が合意した場合のみ、二人ともそれぞれの取り分をもらうことができる。仮にあなたが反応者になったとしたら、次のような場合はどのように反応するだろうか。

●シナリオ一　提案者は二人とも五〇ドルずつとする
●シナリオ二　提案者は自分が九九ドル、あなたが一ドルとする

シナリオ一を見たあなたは、おそらく喜んで合意し、公正でお互い利益があると考えて「イエス」と言うだろう。このように公平なシナリオでは、自己認識と複雑な問題解決にかかわる

領域である背外側前頭前皮質が活性化する。あなたはこの取引を分析し、ウィンウィンだと評価する。

それではシナリオ二はどうだろうか。私と同じ考えならば、「とんでもない」といったたぐいのことを思うだろう。「ノー」と答えたのはあなただけではない。ハーバード・ビジネス・レビュー誌（Kabir Sehgal, 'What happens to your brain when you negotiate about money' [October 26, 2015]）によると「自分の分が少ない場合、反応者の約五〇％が拒否した。侮辱されたと感じたからだ」。反応者は、一ドルもらうよりも相手を罰するほうを選んだのだ。

しかし、二つのシナリオには反応者の答え以外にも違いがある。少額の提示は、脳のまったく違う場所で処理されていたのだ。不公平な提案は、前頭前皮質で理由付けがされるのではなく、前島という感情処理中枢のなかの恐れや不安にかかわる部分で処理されていた。面白いことに、脳の感情にかかわる部分には消化器官に多く見られる紡錘細胞がある。ジェイソン・ツバイクも、皮肉を込めて次のように書いている。「投資がうまくいかないと『直観』したときは、実は何も考えていない可能性がある。胃が痛くなって島皮質の紡錘細胞が発火しているだけかもしれないのだ」

ゲームの話を終える前に、もう一つ指摘しておきたい。このゲームにおいて反応者の合理的な反応は、常に「イエス」である。どれほど不公平な分け方でも、提示されているのはそもそもあなたのお金ではないため、失うものはないからだ。しかし、そうすべきだと分かっていても、お金や公平さにかかわる感情的な反応を乗り越えるのは難しく、理論が入る余地はほとんどないようだ。

標準的な経済モデルは、お金の効用は間接的なもので、買おうとしているものと同じ価値しかないとしているが、神経科学の見解は違う。神経系の実験によって、お金が美しい顔や面白い漫画、スポーツカー、薬物などといった強化因子がもたらすドーパミン作用と似たような報酬を生み出すことを示唆する証拠が得られているのだ。私たちは、その効用と関係なく、根本的にお金が好きなようだ。

同様に、古い消費モデルは、投資家が株式市場のリターンを気にするのは目標とする金額までだと想定している。しかし、このような単純なモデルは、現実の世界、つまり投資家がそのリターンで何を満たすことができるかに関係なく、大きなリターン自体を望んでいるという現象を正確に説明していない。私たちは、時にかなり裕福な人が、すでにあり得ないほどの資産をさらに増やすためにウソをついたり、ごまかしたり、盗んだりするという不合理な行動を取ることに驚くことがある。私たちの脳はお金そのものを重要視するようにできており、どれだけ手に入れてももう満足だとは思わないように見える。

ハーバード・ビジネス・レビュー誌の別の研究でも、お金を失う可能性があるゲームをしているときの神経の動きを観察すると、動機や報酬や依存にかかわる部分である側坐核が非常に活性化していた。この研究を行ったナットソン博士は、賭金が上がると慎重になるという説とはまっこうから矛盾するが、「人に最も大きな影響を及ぼすのは、裸体でも死体でもなく、お金だということが分かった。お金はヒトをイラつかせる。餌が犬の動機となるように、お金が人を動かすのだ」と言っている。

何でも否定する人たちは、私たちにとってお金は非常に重要で、生活の中心となっているため、お金が絡むと人の判断は合理的で賢くなると言う。しかし、脳スキャンで見ると、そうではないことが分かる。お金はもちろん大事だが、あまりに重要すぎて合理性を意図的に回避し、経済的な最善策を無視して感情的な満足を優先してしまうのである。要するに、わけの分からないことをしてしまうのだ。

間違った教訓を得る

今夜、あなたは配偶者と出かけることになっているとする。幼い子を預けるための信頼できるベビーシッターを探すため、親しい友人に二人の保育のプロについて質問した。あなたは友人がくれた情報に基づいて、どちらかを選ぶことにする。

- ベビーシッター一　知的で、熱心で、衝動的で、批判的で、頑固で、嫉妬深い
- ベビーシッター二　嫉妬深く、頑固で、批判的で、衝動的で、熱心で、知的

誇り高いパパとママはどちらのシッターを選ぶだろうか。賢いあなたは、どちらもまったく同じ形容詞が入っていることに気づくが、直観で一人目を選ぶ可能性が高い。これは、「不合理な初頭効果」と呼ばれる現象で、人はリストや文章の最初に出てきた情報をより重視する傾向がある。そして、コミュニケーションにおいて言えることは人生全般にも言える。あることを初めて知ったときの経験や、あることを学んだときの状態は、それ以降の見方に影響を及ぼすのだ。また、初めて学んだことは、記憶にも長く残る。

初頭効果と親近効果

ここで一つ実験してみよう。次の単語を一〇秒間で覚えてすぐに本を閉じ、思い出してみてほしい。スタート。

- 敵
- 年一回
- 神経質
- アレルギー性

●世紀
●空洞
●花
●大腿骨

結果はどうだっただろうか。

おそらく「敵、年一回……何かと、何かと……大腿骨」のような感じだったのではないだろか。リストの最初と最後の言葉を思い出したのは、心理学では初頭効果と親近効果と呼ばれている。

見たことの最初と最後の部分を思い出す傾向は、かくし芸や買い物リストに限ったことではない。これは、学び方においても重要な部分であり、私たちの投資の仕方にも影響している。あなたが投資を始めたころの経験と最近の経験は、おそらくあなたの市場への主観的な見方に必要以上に大きく影響を及ぼしているのである。

それに惑わされないためには、あなたの限られた経験に頼るのではなく、市場の歴史を学べばよい。

脳のなかの買いや売りや保有の判断にかかわる部分をほかと区別して観察するために、研究者たちは被験者を二つのグループに分け、ＥＥＧ（脳波図）を使って異なる市場環境における脳機能をマッピングした。まず、グループ一はゆっくりと上昇している市場、グループ二はボラティリティの大きい市場でそれぞれトレードさせる。しばらくして彼らが市場に慣れたあと、市場環境を逆にすると、興味深い驚くべき結果が出た。参加者たちは、最初にトレードした市場の経験に基づいて、脳の異なる部分を使ってトレードしていたのである。

最初に規則正しく予想可能な市場でトレードしたグループ一の脳は、市場全般に適用できる体系的なルールを作った。研究者たちの言葉を借りれば、彼らは「根拠あるルールに基づいて、予想価格と実際の価格を比較することで意思決定を行っていた」。反対に、無秩序の状況からスタートしたグループ二は、脳のまったく違う部分を使って市場の変動に対処していた。市場のボラティリティには一貫したルールがないため、グループ二の被験者は状況に合わせて経験と勘で判断を下していたのだ。そして、その臨機応変なスタイルは市場が静かになっても続いていた。市場での嫌な経験があとを引き、ルールや最善策を探すことができる状況に変わっても、それを探すことができなくなっていたのだ（Joao Vieito, Armando F. Rocha and Fabio T. Rocha, 'Brain activity of the investor's stock market financial decision,' Journal of Behavioral Finance [November 2014]）。

人生のなかの多くの活動において、脳に早い時期に刷り込まれた情報を基に将来の判断を下すことは理にかなっている。戦争で破壊されたシリアに生まれた子供たちは、小さいころから常に警戒するようになるが、ビバリーヒルズで育った子供たちは自分が危険にさらされているとは思っていない。ただ、場所や安全に関する状況は継続する可能性が高いが、市場の状況は常に変化しており、私たちに間違った教訓を与えかねない。二〇〇七年末に投資を始めた人は、おそらく市場を必要以上に厳しいところだと感じているが、一九九〇年代初めに始めた人は、市場は昔よりも安定して儲かるところだと思っているだろう。

ここでの教訓は、本書で嫌になるほど繰り返していくが、日々の生活のほとんどにおいて非常に役に立つ心理過程は、投資の世界ではあまり適していないということである。

けっして満足しない

神や女神といった超越的な存在が作った宗教とは違い、仏教の開祖は釈迦という男性で、彼は人間の脳について鋭い観察をしている。釈迦は小さな王国の王子として生まれ、二九歳で出家した。多くの人たちが煩悩を追い求めて一生を終えることを若くして知った釈迦は、自らの不満と周りの人たちの不安定な性質に気づいた。若者も老人も、金持ちも貧乏人も、共通していたのは満足していないことだった。

のちに仏陀と呼ばれるようになった釈迦は、私たちが満たされていないときはさらなる繁栄や満足感を切望するが、たくさんの富を手に入れるとすぐにそれに慣れ、さらなる富を欲するようになるということに気づいた。仏陀は、その優れた洞察力によって、人の苦しみは神の与えたことに対してよりも、自分の心を制御する力が弱いことによって起こるということを見抜いたのだ。彼は、苦しみは利己的な望みや欲が世界の必然的な痛みとぶつかり合って起こると考えた。仏陀は紀元前五〇〇年ごろに生きたと言われているが、脳について正しく理解していた。私たちは、お金に関してはけっして満足しないということだ。

このもどかしい幻想の理由の一つは、報酬を期待していたときの満足感のほうが、実際にその報酬を手に入れたときの満足感よりもはるかに大きいことにある。想像の報酬には上限がないし、実際に手に入れた場合に生じる悩みもないため（税金、甘やかされた子供など）、私たちは自由に想像をふくらますことができる（宝くじが当たったらどうしよう、とか）。ジェイソン・ツバイクはこの概念について、「実際にお金を手に入れると、あれほど欲しかったものなのに、欲望のスリルは衰えて、神経のあくび程度のことになる。儲かれば気分は良いが、それだけのことで、儲かることを期待していたときほどではないのだ」（『あなたのお金と投資脳の秘密――神経経済学入門』）。もし望みが達成されないと、私たちの心は不満足に感じるようにできている。一方、切望していた富を手に入れると、あれほど望んでいたのにその魅力はすぐに消え去る。心理学者は、このようなシューシュポス的苦しみを「快楽のトレッドミル」と呼んでいる。これによって、私たちは挑戦し、失敗しながら周りと張り合っていくのである。

この「周りと張り合う」という言葉は普通に使われているが、これが成功の概念にどれほど深く埋め込まれていて、これまで紹介してきた神経伝達の過程がどれほどそれに貢献しているかは理解されていないと思う。ギャロップ社は、毎年アメリカで「四人家族がこの地域で生活していくには最低いくら必要か」という調査を行っているが、回答はその人の平均収入に合わせて上がっていくことが分かった。「十分」というのは、私たちの不完全な脳がうまくとらえることができない動くゴールなのである。生き残るために必要なお金は、今持っているよりも少しだけ多い額になっている。

先進国では、「相対的富裕」「相対的貧困」という言葉がよく使われている。先進国には本当に困っている人たちもいるが（アメリカの子供の五人に一人は、毎日ひもじい思いをしている）、中流以上の人は自分が成功しているかどうかを、富の静的基準に照らすのではなく、周りの人たちと比較して判断する傾向がある。実際、複数の研究で、お金が幸福度に与える最も顕著な影響は、負の効果があるという結果になっている。私たちは、大金持ちならばその経済的優位さゆえに、幸福度が多少上下しても楽しめると思っているが、「持たざる者たち」は、相手のほうがずっと裕福だととてもみじめな気持ちになる。ただ、幸福度が上がると言ってもほんのわずかで、大金持ちは人口全体のほんの一部しかいないことを考えれば、全体としてお金の多寡によって判断する傾向は、さまざまな悲劇の元凶になっていると言える。

私たちの脳は、経済的な幸せを比較で評価するよう促すが、それは一時的な喜びでしかない。それよりも、自分の限界を理解することが別の選択をするための最初のステップとなる。ちなみに、富を見せびらかすことや比較によって評価するという西側の傾向は、すべての先進国に見られることではない。例えば、スイスは非常に裕福な国だが、富を見せびらかすことについては正反対の考え方を持っている。アメリカ人の持論である「持っているなら見せびらかせ」ではなく、スイス人は他人の羨望を買わないように「持っているものは隠せ」という姿勢なのだ。このようなスイスモデルは、アメリカモデルが富に対する見方の一つにすぎず、人間の本質に関する決定的な見方ではないことを示している。私たちは最悪の衝動によって動かされているわけではない。嫉妬と行きすぎた行動によって互いに傷つけ合うよりも、互いを支え合ってバランスがとれた真の幸福を目指すほうを選ぶかどうかは私たち次第なのである。

どれだけあれば十分なのか

ダニエル・カーネマンがプリンストン大学で主導して、昔ながらの疑問である「お金で幸せは買えるか」に関して調べた研究がある。答えは、「ある程度は」だった。研究者たちは、少し儲かっても、そのこと自体が悲しみをもたらすことはなかったものの、すでに持っている不安を高めたりより深刻にしたりする傾向があることを発見した。例えば、離婚した人たちのなかで一カ月の収入が一〇〇〇ドル未満の人は、五一％が離婚後は悲しくなったりストレスを感じることが増えたと答えているが、三〇〇〇ドル以上稼いでいる人たちに聞くとその数は二四％に減った。所持金が多いほうが、逆境でより安心と問題に対処する資源を提供できる。しかし、この研究では、この困難を軽減する効果が、年収が七万五〇〇〇ドルになるとすっかり消えてしまうことも分かった。

七万五〇〇〇ドル以上稼いでいる人にとって、感じ方の違いはお金よりも幸福に対する考え方に関係していた。この研究では、七万五〇〇〇ドルに特別の意味があるかどうかは推測していないが、私がそれを試みてみよう。年収七万五〇〇〇ドルの家庭の多くは安全な家に住み、子供を質の高い学校に通わせ、適当な休暇もとれる。このような基本的なニーズが満たされていると、生活の質は幸せをお金で買えるかどうかよりも個人の姿勢によるところが大きくなる。結局、七万五〇〇〇ドル稼いでいれば同じ年収の人よりも高い車を買うこともできるが、A地点からB地点に行くという意味で大きな違いはない。基本的に必要な資金が満たされれば、あとは考え方次第なのだろう。

バカな行動

古代ギリシャ人は、人間の行動にかかわる脳システムは、快楽追求と苦痛回避の二つだと仮定していた。「汝自身を知れ」という忠告と同じように、彼らは大事なことに気づいていたのだ。私たちは報酬が得られる可能性に気づくと、脳の報酬系が活性化する。神経学者でトレーダーで、『市場心理とトレード』（パンローリング）の著者のリチャード・ピーターソン博士は次のように説明している。

「報酬系は、中脳から辺縁系を通って新皮質まで及んでいる。報酬系の領域で情報を伝達するニューロンは主にドーパミン作動性で、……ドーパミンは『快楽』物質と呼ばれている。ドーパミン中枢に電気的な刺激を与えると、強い幸福感を覚えるからだ。街角で売られている違法薬物が『ドープ』と呼ばれているのは、報酬系のドーパミン経路が違法薬物によって活性化するからだ」（Richard L. Peterson,'The neuroscience of investing: FMRI of the reward system,' Brain Research Bulletin [2005]）

博士はさらに、報酬系を活性化すると「リスクのとり方が大きくなり、より衝動的になり、……身体的な覚醒もより強くなる」が、そのどれもお金に関する判断においては良いことではないとも書いている。一方、恐れはその反対の効果があり、「臆病になり、防御的になり、おびえ、リスク回避的」になる。

これらのことは直観的に納得できると思うが、それが投資とどんな関係があるのだろうか。あなたの脳がブル相場でリスク志向的になり、ベア相場でより保守的になるのは、神経学的に投資の第一のルールである「安く買って高く売る」を破りやすい傾向があるからだ。私たちの不完全な脳は、実際にはリスクがかなり高いときにリスクが低いと主観的に認識しようとする。これはハワード・マークスが「リスクのあまのじゃく現象」と呼んでいる概念である。

私たちは、ベア相場のリスクが高いと考えがちだが、実際のリスクは繁栄の時期に積み上がっていき、ベア相場のときに現実になる。投資家は、好調なときは見方が甘くなり、便乗するためにはいくらでも支払ってリスク資産を競り上げていく。リスクはこのような強気の時期に蓄積されていくが、みんなが儲かっていて、ドーパミンが放出されているため、行きすぎの状態はほとんど気づかれない。あなたもおそらく頭では分かっていても、あなたの脳が全力で正しい行動を阻止するのである。

道端に咲く花のように、あなたの脳も素晴らしいが時と場所を選ぶのである。あなたの脳は、ずっと昔になくなった場所と目的のために形成されたもので、この不適合を本当の意味で理解しなければ富を生んで維持する能力を発揮することはできない。動物は、世界を見渡すために脳を使っているが、人間だけは自分の内面を見る能力を持っている。私たちは、頭を使って頭を理解する。そのためには、まず自分自身について知っておかなければならない。

まとめ

●一五万年前に完成したあなたの脳は、四〇〇年前にできた市場よりもはるかに古いため、ネガティブなことをしようとする。

●脳の重量は体全体の二〜三％しかないが、エネルギーの二五％を消費している。
●人はもともと行動するようにできているが、市場では行動しないほうが報われる傾向がある。
●お金は私たちにとって重要であるがゆえに、意思決定をより良い方向に導くのではなく、悪い方向に働かせる。
●資本市場における初期の経験は脳に刻みつけられ、長く影響を及ぼすことが多い。
●快楽順応は、富の増加に合わせて期待も増加していく過程である。
●報酬を予感してドーパミンが放出されると、私たちは注意散漫になり、規律を守れなくなる。

つまり、成功したことが失敗につながるのである。

第3章　生理学

「最強の戦士とは、自分自身を征服した者である」――孔子

「金もない、品もない
微笑ませてくれる彼女もいない
でも心配ないさ、楽しくいこう
心配するとしかめ面になる
そうするとみんなが暗くなる
だから心配しないで、楽しくいこう
心配しないで、楽しくいこう」――ボビー・マクファーリン

ボビー・マクファーリンの元気が出る名曲「ドント・ウォーリー・ビー・ハッピー」は、一九八〇年代後半に至るところで聞かれ、グラミー賞の最優秀楽曲賞や最優秀男性ポップ・ボーカル・パフォーマンス賞に輝き、タイトルがデザインされたTシャツが大量に作られた。歌詞を見ていくと、この曲は、感情の身体的表現（例えば、しかめ面）とそれを生み出す感情（例えば、心配）の一般的かつ直観的な関係を言い表している。私たちは、心配はしかめ面を生み、

幸福は笑顔を生むと考えている。

しかし、本当にそんな単純なことなのだろうか。

一八七二年までに、チャールズ・ダーウィンと同じくらい著名な思想家が、感情が身体に影響を及ぼすのと同じくらい、身体の状況も感情に影響を及ぼすと考えていた。ダーウィンは、『ザ・エクスプレッション・オブ・イモーションズ・イン・マン・アンド・アニマルズ』（The Expression of Emotions in Man and Animals）のなかで、「暴力的なそぶりをすれば怒りも大きくなる」と書いている。ちなみに、彼はこの観察については、フランスの脳解剖学者のルイ・ピエール・グラチオレの研究に帰するとしている。グラチオレは、「偶然の体の動きや姿勢でも、それに伴う感情を引き起こす」と書いている。偉大な二人は、「心配しないで、楽しくいこう」ではなく、「心配なときでも笑えば幸せになれる」という方法を支持していたのだ。

体への効果に関する一九世紀の観察は、二〇世紀に経験を重ねて証明されていった。ロチェスター大学院で学んでいたジェームス・レアードは、電極に見せかけた機器を被験者の額と口角と下あごに付け、顔の筋肉の動きを条件を変えながら測定するふりをするという実験を行った。

レアードは、見せかけの機器につながれた被験者にさまざまな表情（渋面、笑顔、しかめ面など）をしてもらったあとで、一連の漫画を見せて、その面白さの度合いを一～九で示してもらった。すると、一〇〇年前にダーウィンが観察したとおり、渋面をしてもらった人は笑顔をしてもらった人よりも漫画が面白いと感じる度合いがかなり低かったのである。

さらに有名なのがストラックとマーティンとステッパーの実験で、彼らは被験者に実験の本当の目的を明かさずに、簡単な方法で被験者に笑顔や渋面を作らせた。三人は被験者に、障害者がタッチペンを使って書いたり電話を使ったりできるようにするため「精神運動性協調」を測定すると伝えて、二つの方法でマジックペンを口で持たせた。一つは歯でペンを固定し（強制的な笑顔）、もう一つは唇をすぼめてペンを固定する（強制的な渋面）方法だ。結果はレアードの実験とほぼ同じで、笑顔の被験者は漫画の面白さが平均五・一だったのに対して、渋面のほうは四・三だった。

このような画期的な研究によって、人種差別を減らすことから創造性を高めることまで、新たな応用方法が生まれ、「体が心を動かす」という仮説を裏付けている。初期の研究を再現しようとしたその後の試みが必ずしも同じ結果になったわけではないが、心と体の相互作用が一方通行ではなく、双方向に近いという理解について異論を唱える人はほとんどいない。人間の心理が投資判断に影響を与えているという研究はあまり評価されていない分野だが、思慮深い投資家には独自のメリットをもたらしてくれる。

ヒトは生きることが最優先

生理機能と投資について、厳しい現実に基づいた検証を続けていこう。あなたはもともと幸せになったり、投資で良い選択をしたりするためではなく、生き残り、子孫を残すようにできている。目先の生き残りが最優先の人に長期投資家になれというのは、金槌で部屋のペンキ塗りをしろと言っているようなものだ。できないわけではないが、きれいには塗れない。

生き残ることが最優先の時代に見られた行動の一つが、損失回避である。私たちは、悪いことが起こったときは必要以上の恐怖に襲われる。損失回避は、偏桃体という感情的な反応に大きくかかわっている二つの小さなアーモンド形の組織がもたらしている。損失回避は、進化の過程では大いに理にかなっていたため、多くの科学者がこれによって、ホモ・サピエンスはほかの人類種よりも長く生き延びて食物連鎖の頂点に立つようになったと考えている。マクダーモットとフォウラーとスミヤノフ（二〇〇八年）は、食料がなくなるのは致命的なことなので、損失回避の傾向によって私たちの先祖は、食料を求めて新しい場所に移動したと指摘している（Rose McDermott James H. Fowler and Oleg Smirnov, 'On the evolutionary origin of prospect theory preferences,' The Journal of Politics [April 2008]）。損失回避は投資においては不合理な行動だとバカにされるが、この遺伝的性質に逆らった人は、普通の人でも暮らしていける時代まで生き延びることはできなかったのだ。

実際、損失を避けることは人類にとっての重大事なので、私たちの体は脳のまったく違う部分で処理される異なる神経信号を進化させた。金銭的な利益を期待すると、腹側線条体の側坐核が活性化し、当然ながら、肯定的な覚醒と相関性があった。一方、損失を被るかもしれないという考えは、肉体的な痛みや心配、嫌な刺激などで活性化する前島で処理されている。実際、金銭的な損失について考えただけで、身体的な感覚が大いに傷つくのだ。

損失を処理するときの特別な性質が、行動学的に深い意味があることは想像がつくと思う。スタンフォード大学のブライアン・ナットソンは、投資家が合理的で自分本位の行動をする傾向があることを示した……損失が出るまでのことだが。この研究で、ナットソンは被験者に投資の三つの選択肢を示した。低リスクの債券と、中程度のリスク・リワードの二つの株である。債券は単純で、一プレーごとに必ず一ドルが支払われる。一方、二つの株は変動しやすい。株の一つは一プレーごとに高い確率で一〇ドルを得られるチャンスがあり、低い確率で一〇ドルを失う可能性がある。もう一つの株はその逆で、高い確率で損失が出る可能性があり、低い確率で利益を得るチャンスがある。

ナットソンが、この投資が終わるまでの脳の活動を観察すると、多くの被験者が最初のうち、つまり不意の損失に見舞われるまでは脳の合理的に判断する部分が最も活性化していた。しかし、一度損失を被ると、脳の痛覚中枢が刺激され、そのあとの判断は合理性が下がる傾向が見られた。損失を被ると、投資家は傷口をなめ、確実な債券という不合理な選択をするようになり、それがリターンを減らしていたのだ。意外にも、人間を支配的な地位に導いた傾向が、投資のパフォーマンスを下げていたのである。

恒常性

心と体との相互関係に関する新たな理解という武器を手にした行動科学的投資家にとって、生理的な状態が投資判断に与える現実的な影響を理解することは不可欠である。この構造は、あまり理解されておらず、ほとんど無視されているが、このことを利用する人にとっては高パフォーマンスの源泉になり得る。体が金銭的な選択に及ぼす影響を知るためには、何よりもまず、体は恒常性を維持することが主な役割だということを把握しておく必要がある。

前述のとおり、体には生き残りと子孫を増やすという二つの役割がある。そして、そのために最も大事なのが恒常性、つまり生理的なバランスを維持する過程である。あなたの平熱は約三七度弱で、それよりも大幅に下がると体は自動的に四肢から血液を引き揚げる。また、平熱よりもはるかに高くなると、体を冷やすために発汗する。

恒常性から逸脱すると、私たちの体は状態を回復させるために気分を悪くして、コートを着させたり、エアコンを付けたり（私の場合だと運動をやめたり）させる。カメラーとローウェンスタインとプレレックは、「楽しみは人間の行動の目的ではなく、恒常性を保つためのきっかけ、つまり情報シグナルだと考えるほうが現実的だ」と指摘している。一般的に、体が生理的な設定値からいずれかの方向に逸脱すると、私たちの判断力は落ちていく（C. Camerer, G. Loewenstein and D. Prelec, 'Neuroeconomics: How neuroscience can inform economics,' Journal of Economic Literature [March 2005], P.27）。

何も特別なことがなくてものどかな日に感じるような、穏やかで前向きな効果は、認識の柔軟性から創造的な問題解決までさまざまなことと相関性があることはよく知られている。生理的な設定値のなかでも、悲しみは心的エネルギーを奪い、明るくしていると得られる自由がある。しかし、前に学んだとおり、人にとって大事なお金に関する判断を、特別ではないが、まあまあ幸せという判断におけるスイートスポットの状態で実行できる可能性は低い。結局、お金は私たちにとって重要なもので、金銭的な判断を下そうとすると、私たちの生理的覚醒が高まって恒常性の状態から急速に離れ、怖じ気づいてパスしてしまうのだ。そして、生理的覚醒が度を越えると、ワーキングメモリーが減り、認知力が下がり、激しい寒さのなかでは手足の指先に血液が行かなくなるのと同じように、お金のことになると脳から合理的な処理能力が押しのけられてしまうのである（F. G. Ashby, V. V. Valentin and U. Turken, 'the effects of positive affect and arousal on working memory and executive attention,' in S. Moore & M. Oaksford [eds.], Emotional Cognition: From Brain to Behaviour [John Benjamins, 2002], pp.245-287）。

恒常性から逸脱した体は、私たちの選択をまったく好まざるものに変えてしまう。自分は理性や倫理や実績のある原則に基づいて判断を下していると思いたいが、実際の判断は何を食べるか程度のことで変わってしまうことを示唆する研究もある。ベン・ガーリオン大学のシャイ・ダンジガーの研究によれば、裁判官のジェローム・フランクの「正義とは、裁判官が朝食に何を食べたかで決まる」という辛辣な言葉は、真実の不安定な核心を突いているのだ。ダンジガーは、イスラエルの刑務所で一〇カ月間に行われた一一一二人分の仮釈放委員会の内容を検証している（E.Yong, 'Justice is served, but more so after lunch: how food breaks sway the decisions of judges,' Discover [April 11, 2011]）。

この研究によると、裁判官が朝食を食べた直後に審議を行う場合は六五％が釈放されていたが、この率はすぐに下がり始め、昼食の直前には最も厳しい判断が下されていた。しかし、昼食後は法の奇跡が起こって裁判官の寛大さが復活するが、そのあと再び下がり始め、もう分かったと思うが、お茶の時間まで釈放率は下げ続けた。

ダンジガーの研究結果は、率直に言ってショックだしやる気をそぐ。もし幅広い社会における人々の命や幸せがかかっていたら、判断はお菓子のことを考えながらではなく、私情をはさまず法律に基づいて下してほしい。投資の判断に関して同じような研究は今のところないが、空腹の程度といった一見ささいなことが、結果に劇的な影響を与えている可能性は十分ある。もしかしたら、ウォーレン・バフェットは毎日八〇〇カロリーのコカ・コーラを飲んでいることが成功の秘訣なのかもしれない。

このことをさらに進めた研究によると、空腹の人たちは食べ物を欲するだけでなく、お金も強欲に求めるという。このことに関連した研究によると、絶食をしている人は、満腹の人に比べて金銭的な賭けでより高いリスクをとることが分かっている。ダナ・スミスの報告によると、これは人間だけではないという。「このような傾向は、動物に関する文献でも裏付けられている。動物でも、満腹だとリスクを回避し、空腹だとリスクを選好する傾向がある。もしかしたら、進化の過程で空腹なときにリスクをとってでも食料を探すことが、新たな食糧源の確保につながったのかもしれない」

ある領域の恒常性の欠陥が、金銭的な判断という一見無関係な世界に予想可能な形で影響を及ぼしているように見える。もし空腹が金銭的な欲求を生み出すならば、もしかしたらほかの内臓でも同じことが言えるかもしれない。オランダの研究者たちが、非常に変わった方法でこれを調べた。

ミリアム・タックのグループは被験者を二つの群に分け、一つ目の群には水七〇〇ミリリットルを、二つ目には五〇ミリリットルを飲ませた。そのあと、被験者たちはすぐに小さな報酬を得られるタスクか、長く待ったあとに大きな報酬が得られるタスクを行った。すると、ショッキングな結果が出た（少なくとも私にとっては）。水を多く飲んで尿意が迫っていると答えた群のほうが、少ない水を摂取して尿意はないと答えた群よりも、待つほうの選択をする頻度が高かったのである。タックのチームは、この結果は驚くべきことではあるが、先の空腹の波及効果とも合致すると説明している。研究者たちはこの「抑制波及効果」について、トイレに行きたいのを我慢するという体の抑制が、連鎖反応して金銭的により大きな報酬を待てるようになったと仮説を立てている（M.A.Tuk, D.Trampe and L.Warlop, 'Inhibitory Spillover,' Psychological Science [April 2011]）。ここで本書を終えてもよい。金銭的に成功するためには、いつもトイレを我慢していればよいのだ。

生理的な障害が判断に及ぼす影響について最も危険な点は、それが気づかないまま起こっていることである。イスラエルの裁判官にそのような判決を下した理由を問えば、彼らは間違いなく革装の法令本を指し示すだろう（お腹ではなく）。私たちが信奉する自由意志と個人の説明責任によって、私たちは行動にかかわる体の決定要因を無視しがちだが、これはあらゆる投資家にとって非常に不利に働いている。それでも、私たちはリスクや不確実性に気づいたときに体の反応を抑制し、支配することはできるのかと問う価値はある。そのときに、恒常性をうまく維持することができるのだろうか。

アンドリュー・ローは、経験が異なる投資家のさまざまな自律神経系（ＡＮＳ）の反応（呼吸、皮膚温、顔の動き、血液量）を調べた。すると、予想どおり市場のボラティリティに対する自律神経系の反応は経験豊富なトレーダーのほうが初心者トレーダーよりも小さいことが分かった。ただ、経験豊富なトレーダーのほうが恒常性をうまく保って認知的なメリットを享受してはいたが、それでも「顕著な生理反応」が見られた。お金は生理的な針を揺らしてしまうものなのである（A.W.Lo, 'The Adaptive Markets Hypothesis: Market Efficiency from an Evolutionary Perspective' [August 2004]）。

先のイスラエルの空腹の裁判官たちは、平均二二年間の経験を積んでおり、分析に使われた彼らの決定事例は観察期間に下された仮釈放決定の全体数の四〇％を占めていた。経験豊富な専門家でも、空腹かどうかで客観性がぶれていたのだ。私は、最高の運動選手が危険な離れ業を行うのを見るたびに（例えば、バイクに乗って後方宙返りをする）、そのレベルに達するまでに何本骨を折ったのだろうかと思ってしまう。投資家も、十分な経験を積めば、市場の動きに対する極端な生理反応を減らすことはできるが、完全に逃れることはできない。ただ、そのためにどれだけのコストがかかるのだろうか。

リスクは苦痛

「ストレス」という言葉についてどう思うかと聞かれたら、どんな言葉や説明を思い浮かべるだろうか。おそらく最初に出てきた二～三つは何らかの精神的苦痛に関するものだと思う（仕事に対する不安、愛する人が幸せかどうかの心配、経済的な不安など）。一般的なストレスの定義は「何らかの出来事によって認知制御が失われること」で、これも精神的なことである。

しかし、私たちは精神状態を重視するあまり、実際にストレスが生み出す体への影響や、それを制御できる実践的な方法があることに目を向けていない。

私たちは日々、「ストレスが多い」状態にさらされているように見えるが、生理的なストレスという発想は、驚くことにほんの一〇〇年前まではバカげたことだと考えられていた。私たちが今日使っているストレスという言葉は、一九三〇年代に内分泌学者のハンス・セリエがネズミを調べているときに偶然発見し、名付けた。

セリエはネズミにホルモンを注入しているときに、注射器のなかのホルモンよりも、その過程そのもの（オリに入れられ、捕まえられ、注射され、調べられる）のほうがより大きな変化をネズミに与えているのではないかという仮説を思いついた。彼は工学用語である「ストレス」を使って精神的な苦痛がネズミの肉体に後遺症を生み出しているという考えを提唱したが、当時は激しく疑問視された。しかし、セリエの時代には冷笑されたことが、今日では深刻なことだと理解されている。ストレスは苦痛なのである。

セリエは、ストレスについて、肥満や過度の緊張、勃起障害、不妊症、不眠症、循環器疾患まで幅広く調べていた。医者に行く人の約二五％はストレスにかかわる疾患だと推定されており、結局は外科ではなく精神科を勧められることになる。また、ストレスに関して心と体の明らかなつながりは分かっていないが、お金ほどストレス反応を刺激するものはないということは分かっている。

結果を改善するためにストレスにうまく対処しようとする投資家は、まずはこれが非常に肉体的な現象であることを理解する必要がある。トレーダーから神経科学者に転じ、投資のストレスに関する優れた研究を行っているジョン・コーツは、ニューヨーク・タイムズ紙に掲載された「リスクの生物学」という記事のなかで、「多くの人がストレスはおおむね心理的な現象で、不快なことが起こって苦しんでいる状態だと思っている。しかし、ストレスを理解したければ、その考えは捨てる必要がある。ストレス反応は多くが肉体的なことで、迫りくる出来事に対して体自体が起爆剤になっているのだ」（J.Coates, 'the biology of risk,' New York Times [June 7, 2014]）。心臓がドキドキし、目を見開き、コルチゾールやアドレナリンが放出されるのは、すべてあなたを今、行動に駆り立てるためなのである。しかし、このような恐ろしい刺激が五〇日近く（ベア相場の平均期間）表れなかったり、行動につながらなかったりすると、体はニーズに合わない肉体的な反応を起こして本当に健康上のリスクをもたらすのである。

短期間の適度な体内物質の放出によって、ストレスは命の恩人にもなり得る。ストレスとパフォーマンスの関係は、次の「逆U字モデル」として知られている。

逆U字モデルは、ストレスが低すぎるとソファから離れられないし、高すぎると息苦しくなることを示している。ほどほどのストレスを感じて分泌されるコルチゾールが、肉体を喚起し、記憶力を高め、学習を促し、興奮を欲し、動機を高める特効薬のような効果を発揮するのだ。しかし、もしストレスが長く続くと（例えば、多くの下落相場の期間）、そのまったく逆のことが起こる。柔軟な行動ができなくなり、免疫力が下がり、注意力が衰え、うつ病の症状が現

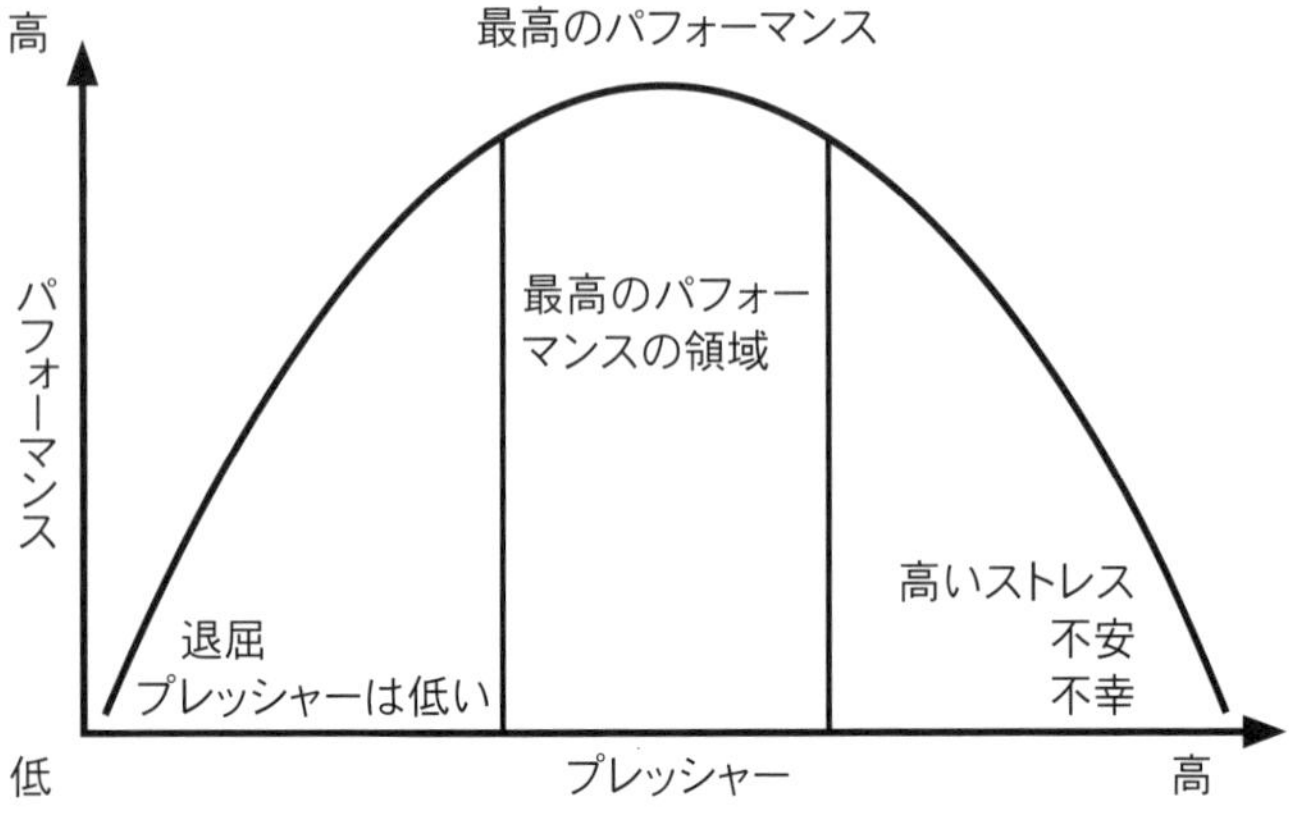

れ、自己効力感の代わりに学習性無力感に襲われるのである。

ジョン・コーツは、過去の研究がほのめかしただけだったストレスホルモンとリスクのとり方の関係についても調べていた。彼が最初に注目したのは、市場が変動したときのコルチゾール分泌の間質的効果だった。この影響力の大きい研究によって、トレーダーのコルチゾールのレベルは、わずか八日間でなんと六八％も増加していたことが分かった。また、追跡調査ではトレーダーのコルチゾールのレベルを薬理学的に再現して、ギャンブルのリスクのとり方を測定した。プロシーディングス・オブ・ザ・ナショナル・アカデミー・オブ・サイエンスに掲載された結果は、コルチゾールのレベルが上がると、被験者のリスク選好度はなんと四四％も下がったことを示している（N. Kandasamy, B. Hardy, L. Page, M. Schaffner, J. Graggaber, A. S. Powlson, P. C. Fletcher, M. Gurnell and

J. Coats 'Cortisol shifts financial risk preferences,' Proceedings of the National Academy of Sciences of the United states of America [March 4, 2014])。

コーツの発見によって、リスク許容度は主に頭で考える精神的なことだという伝統的な考え方が、実は心と体で相互的にとらえているというより動的な考え方に変わったのである。彼が先の「リスクの生物学」で述べているとおり、「ほとんどの経済モデルや金融モデルは、リスク選好が身長のように安定した特性であるという前提で作られている。しかし、これまでの研究が示すとおり、この前提は誤解を招く。人間はリスク選好が変わるようにできている。これは、私たちのストレスや挑戦に対する反応の不可欠な部分なのである」。

繰り返しになるが、内部から出てきたように感じる判断やアイデアが、実は外部的なものに大きく操作されることは観察によって分かっている。有利な金融リスクのとり方は、推論と意思の力だけで解ける知的パズルとは違うのである。

恐怖はなくならない

一九〇〇～二〇一三年にかけて、アメリカの株式市場は一一三回「調整」（一〇％以上のドローダウン）した。平均して一年に一回以上あったということだ。しかし、ベア相場の特徴である劇的な損失は、少し減って三・五年に一回だった。マスコミは、市場が一〇％や二〇％下げると世界の終わりのように騒ぎ立てるが、下げは春に咲く花のように定期的に訪れても、市場で多くの人たちが長い間かけて築いた富をなくしてしまうことはなかった。一〇〇年強の長きにわたって、年率二桁のリターンと二桁の損失の可能性が共存しているというのは驚くべきことだ。ただ、投資家がこの大きな痛みのなかで素晴らしい利益を実現するためには、差し迫った損失の恐れを抑えなければならない。しかし、これが不完全な生態にとっては極めて難しい。体は、私たちの思いとは裏腹に、恐れを抱え込み、まさに最悪のタイミングで解き放つ独特のスキルを備えているのである。

ルドゥ（一九九六年）はこのことに関する典型的な実験を行うため、ラットに電気ショックと聴覚への刺激を繰り返し与えて恐怖条件付けをした。すると、ラットはパブロフの犬と同様に、次第に音を聞いただけで不安な様子を見せるようになった。次に、研究者たちは恐怖条件付けができているラットの恐怖を取り去るため、電気ショックは与えずに刺激（音）だけを聞かせ続けた。すると、だんだん恐怖反応が弱まり、ラットは音を聞いても通常の活動を続けるようになった。ここで、私たちは恐怖が完全に消え、ラットはもともとの恐怖を乗り越えたと思いがちだが、現実はそれよりもはるかに奇妙なのである。

研究者たちは、次に皮質と偏桃体の神経連絡を切断してから、また同じ音を聞かせた（彼らは本当にラットが嫌いに違いない）。すると、ラットは即座に恐怖反応を見せた。恐怖は消えてはおらず、皮質によって抑えられていただけで、偏桃体のなかに隠れて残り、刺激を受けると再び現れたのだ。ルドゥの発見は、そのつもりがなくても体は嫌な経験を抱え込み、似たような悪いニュースがあると、すぐにその恐怖を思い出すことを示唆している。

ストレスをコントロールするための四つのステップ

ミシェル・マクドナルドが、強いストレス症状の発現をコントロールするための簡単だが強力な方法であるＲＡＩＮモデルを考案した。次にストレスを感じたときに、ぜひ試してみてほしい。

●認識する（Recognition）　自分の心と体に起こっていることをあえて観察し、名付ける。例えば、「心臓と心がバクバクしている感じがする」。

●受け入れる（Acceptance）　観察したことの存在を認め、受け入れる。その感情を好きにならなくてもよいが、抗うのは逆効果。

●検証する（Investigation）　自分自身への説明を確かめ、どのような思考が存在しているのかを検証する。

●同一視しない（Non-identification）　ストレスを認識し、受け入れ、検証すると、その感情は自分のなかのほんの一部だということに気づくことができる。そうすれば、その感情に支配されないようにできる。

まとめ

- ●体の状態は感情に影響を及ぼし、逆も同じことが言える。
- ●損失回避によって先祖たちは生き延びた。しかし、これがあなたの投資の成功を阻んでいる。
- ●体は恒常性を望んでいるが、お金に関する思考は恒常性を乱す。
- ●ストレスは精神的な現象であるのと同じくらい肉体的な現象でもある。
- ●金融リスクをとると、本当に肉体的な痛みが起こる。
- ●恐怖を消すことはできない。体はまさかのときのためにそれを抱え込んでいる。
- ●株式市場の悪いニュースは、あなたの誕生日よりも頻繁にある。

第2部

投資家心理

「自分のことが分かっていない人が、ウォール街でそれを知ろうとすると高くつく」――アダム・スミス『マネー・ゲーム――情報に賭ける社会』（マネジメントセンター出版部）

私は子供のころ、ラドヤード・キプリングの『ゾウの鼻が長いわけ――キプリングのなぜなぜ話』（岩波書店）を読むのが大好きだった。これは、キプリングが「そういうわけ」（原題は「そういうわけ物語」）と言いたがる娘のために、寝る前のお話として作った物語を集めたものである。ここに収められている一二の物語は、どれも進化生物学を魅力的に解釈し、動物がどのようにしてそれぞれの特徴を手に入れたかが書かれている。

「クジラの喉が小さいわけ」は、あるときクジラに飲み込まれてしまった船員が、ほかの人が同じ目に遭わないように鯨の喉にいかだを括り付けたため、鯨はプランクトンしか食べられないようになったというお話だ。また、「ラクダにこぶがついたわけ」には、怠けてばかりいたラクダが精霊の呪いを受け、休まなくても仕事ができるようにこぶがつけられたと書いてある。どのお話も、動物は何らかの苦難に耐えながらも最後には進化的に適応した特徴によって報われている。この物語自体と同じように、動物たちも「そういうわけ」で今の形になってい

るのである。

この世界で、自然は私たちを助けるようにできていると考えると気分が良いが、金銭的な判断については悲しいほど現実を反映していない。ここまで読んだあなたは、体と脳がさまざまなことを驚くほど効率的に行うようにできていることは分かったと思うが、そのなかに投資は入っていない。実際、半神半人や悪霊や復讐に燃える船員が最悪の投資家を生み出そうとしたならば、その姿はあなたのようになるだろう。つまり、投資においてあなたは「そういうわけ」と言えるようには作られていないのである。

あなたの設計上の欠陥は、当然ながらあなたに特異な行動を促し、その特異性に基づいた投資理念で構成されるシステムを作ってしまう。鉄壁の守備のおかげで優勝してもクオーターバックに光が当たるように、リスク管理によってパフォーマンスを上げたのにマスコミは大きなリターンについてしか報じない。それでも、「どうしたら投資のスキルを高めることができるか」という質問に答える前に、セクシーさには欠けるがより重要な質問である「どうしたら投資で失敗しないか」を考えてみる必要がある。もう少しやさしく言えば、リスクを管理しなければならないということだ。

このことを事実として受け止め、リスク管理の教科書を開くとおそらくシステマティックリスクと非システマティックリスクという二つのタイプの投資リスクが出てくると思う。システマティックリスク（別名「市場リスク」）は、特定の銘柄にかかわることではなく、幅広いマーケットが動いたことによって資金を失う可能性である。一方、非システマティックリスク（「事業リスク」）は、特定の事業に付随する要素によって個別銘柄の価値が下がる可能性を意味している。ただ、あなたの教科書には最も大事な三つ目のリスクである行動科学的リスクはおそらく載っていないと思う。

リスクをうまく管理するための前提条件として、行動的リスクを体系化する必要がある。見えない怪物と戦うことはできないからだ。多くの場合、私たちの行動科学的リスクの世界は投資家の間違った行動の研究から生まれている。マイケル・ルイス著『かくて行動経済学は生まれり』（文藝春秋）のなかでダニエル・カーネマンが言っているように、「記憶はどう理解したらよいのか。記憶そのものを研究することはできない。一方で忘却を研究することはできる」。

行動経済学の起源となったリチャード・セイラーの『行動経済学の逆襲』（早川書房）という素晴らしい本は、規律を守るための単純だが効果的な方法について書かれている。効率的市場仮説を学びながら疑問を感じたセイラーは、ブレインストーミングを行って、実際に生活している周りの人たちと、経済理論で学んだ「経済人」（最大の効率性を追求し、常に合理的なお金の判断を下す架空の個人）との違いを書き出してみた。すると、単純な思考実験を行っただけで、行動的アノマリーのリストができた。そこからさまざまな研究プロジェクトが生まれ、普通の人がどのように金銭的な決断を下すかについて、深く理解することができたのである。

この発見と行動上のアノマリーの記録は重要な最初のステップではあったが、より広い枠組みがなかったため、投資家にとっての実用性はなかった。そして今も、私たちが不完全であることを示す長いリストはあるが、実践的な次のステップはまだ見つかっていない。ちなみに、具体的な解決策がない悪いニュースは、さらに問題を悪化させることが研究によって分かっている。

セイラーの手法の単純な美しさに触発され、私は問題解決のために熟考し、だれかの行動が投資判断にマイナスの影響を与えるあらゆる可能性についてブレインストーミングを行ってみた。すると、意欲的な投資家が最悪な行動をとることにつながる一一七以上の異なるバイアスとヒューリスティクスが見つかった。次に、この世界が投資家にとってもっと便利になるように、さまざまな間違いの心理的基盤を探し、分類した。この処理をどの情報も先入観を持たずに行った結果、四つのタイプの行動科学的リスクが浮上した。

一．エゴ
二．保守主義

三．注意
四．感情
すべての行動科学的リスクには、その根底に四つのリスク要素のなかの一つ以上が含まれていた。この分類は本書独自のもので、これが行動科学の知識に基づいた資産運用の方法を生み出すための大事な出発点となる。
これ以降の章で、投資家の行動の基となる四つの柱を一つずつ検証していく。

ミニ知識

ローとレピンと『**トレーダーの精神分析**』や『**悩めるトレーダーのためのメンタルコーチ術**』（いずれもパンローリング）の著作があるブレット・スティーンバーガーの研究は、「最高」のトレーダーの性格タイプなどないということを示唆している。成功した投資家の多くが生意気で、外向的で、リスク選好型であるように思われているが、金融市場における成功は特定の投資家の型に合わせるよりも、行動科学的リスクの四つの面を使いこなすことによってもたらされる。

第4章 エゴ

「謙遜する必要はありません。あなたはそんなに偉大じゃあないから」――ゴルダ・メイア

「あなたのお子さんの知能は平均の範囲に入っています」

こう言うとすぐ、私の体は反論に備えて身構える。大学院で心理学を学んでいたとき、私は小学生の知能検査の手伝いをすることがよくあり、親たちが聞きたいのは「平均」という言葉ではないことにすぐに気づいた。天才であることはそれ自体が報酬だし、学習障害ならば親は治療法はないかと探すが、平均とはどういうことだ。そんなことを言われてもだれも喜ばない。

一九六九年にナサニエル・ブランデンが人の幸福をもたらす唯一の要素は自尊心だと断言した『ザ・サイコロジー・オブ・セルフエスティーム』(The Psychology of Self-Esteem: A Revolutionary Approach to Self-Understanding that Launched a New Era in Modern Psychology [Jossey-Bass, 2001]) が出版されて以来、自尊心ブームは多大な影響を及ぼしてきた。アメリカ人は特大のエゴを追求する国民だ。一九七〇年代と一九八〇年代には、自尊心を傷つけるようなことはすべて廃止された。がんばった人がもらえる金バッジが急増し、赤ペンはほこりをかぶっていた。一位のト

ロフィーは参加賞に変わり、この新しい環境ではみんなが勝者で、みんなが特別な存在とされた。

この善意の運動は支持を集めた。学術的な研究が行われ、二一世紀まであと三〇年という時期に、あらゆる分野で自尊心を持つことの影響について一万五〇〇〇以上の記事が書かれた。しかし、数えきれないほど行われた研究の多くは、結果が分かりにくかったり、決定的ではなかったりするものだった。自尊心に関する文献の全般的な流れを理解する試みにおいて、心理科学研究会は、この理論への支持を表明しているロイ・ボーマイスター博士にこの分野で現存するデータのメタ分析を依頼した。結果は、博士が「私の仕事上における最大の失望」と述べるに至る次のようなものだった。

調査した一万五〇〇〇の研究のうち、メタ分析の厳しい基準を満たすものはわずか二〇〇、つまり〇・〇一三％しかなかった。また、影響力の大きい方策を示した自尊心に関する理論の多くは、科学的根拠がないことが明らかになった。また、基準を満たしたものも、この概念の効果について有益な情報がなかった。自尊心は学業や仕事における達成を促すものでも、薬物使用や暴力行為を予想させるものでもなかったのだ。ちなみに、自尊心ブームによる最大の発見は、自尊心をもたらすのが称賛ではなく達成感だということだった。努力していない人に、あなたは特別だと言ってもあまり効果はない。私たちは、自身の正確な感覚によって、称賛されるべきときかどうかは自分で分かる。自分が誉め言葉に値しないと感じたら、自尊心の針はぴくりとも動かないのである（Daniel Crosby, You're Not That Great [Word Association Publishers, 2012]）。

自己満足ブームで問われなかったのは、「これが必要か」ということだった。もし前向きな自信が大事だとしても（そうは思えないが）、多くの人にそれが欠けていることを示す証拠もない。むしろ、自信がないよりも自信過剰の人のほうが多いと思う。前にも書いたとおり、私たちの脳は大きくて空腹なので、体はエネルギー消費を抑えるために「最低限」の判断を下している。多くの場合、判断の精度を上げるためのコストはそのメリットを上回っているため、私たちは「自我同調的満足」を用いて選択を効率化しているのである。

世の中にバカげたフレーズがたくさんあるなかでもこの言葉は最強だと思うが、パーティーでみんなを感心させることもできる。自我同調的とは、要するにセルフイメージの目的と同じである。言い換えれば、自分自身の最も良いところを信じ込むことだ。ここで言う満足とは、自分にとって十分に良い選択肢を、優位性ではなく可用性に基づいて選ぶ過程である。つまり、自我同調的満足は、自己に対する信念（優れている、親切、おおむね平均以上）に基づいて簡単な判断を下す過程なのである。政治でも宗教でも金融でも人間の行動の多くは、私たちが自分の良いところに注目し、あまり努力したくないという事実から説明できる。

このことを示す証拠はたくさんある。世界の数学の習熟度を見ると、アメリカの高校生はだいたい中くらいに位置している。しかし、彼らに自分の能力について聞くと、世界のトップクラスだと答える。ジェームス・モンティエの調査では、九五％以上の人が自分は平均以上のユーモアがあると答えた。そして、ピータースとウォーターマンは『エクセレント・カンパニー』（英治出版）のなかで、調査に応じた人の一〇〇％が、自分は人間関係のスキルにおいて平均以上だと答え、九四％が運動神経は平均以上だと答えたことを明かしている。

私たちは自分のことを大いに愛しており、このことが投資判断には危険な影響を及ぼしている。この多大な自己愛を持ち続けながら、貴重な認知処理能力を維持するためには、三段階の手順を踏む必要がある。①裏付けとなる証拠を探す、②自分を信じられることを褒める、③自分の世界観に反することには激しく反抗する――のである。

生きる支えになる言葉

「人間の推論の仕方における問題点はたくさんあるが、なかでも最大の要素を挙げるとすれば、それは確証バイアスだろう。このバイアスについては多くの文献があり、それらは十分説得力があり、周知されているようにも見える。ところが、驚くことに、このバイアス自体が個人やグループや国民の間で生じる議論や口論や誤解の大きな部分を占めている」

――レイモンド・S・ニッカーソン

「ここは注意しろ。人はすでに知っていることを聞きたいのだ。このことは覚えておくとよい。彼らは、新しいことを聞くと不安になる……彼らは新しいことなど期待していない。彼らが聞きたいのは、例えば、犬は人に噛みつくというようなことだ。犬はそういうものだからさ。しかし、人が犬を噛むなどということは知りたくない。そんなことは起こるはずがないからだ。要するに、みんな新しいことを知りたいと思っているが、本当に求めているのは古いこと……新情報ではなく旧情報だ。人は、自分たちがすでに知っていると思っていることが本当だと言われたいのだ」――ベティナリ侯爵とテリー・プラチェット著『ザ・トゥルース』の「ディスクワールド騒動記」（The Truth、A Diskworld Novel）

お門違いの場所で真実を探す

「人は一度そうだと思い込むと、たとえそれが人の受け売りでも、ただ同意しただけのことでも、それを支持し、合致するような情報ばかりを集めるようになる」――フランシス・ベーコン

人間には、自分の考えを反証しようとせず、確認しようとする性質がある。「自分は間違っ

ているかもしれない」ではなく、「自分はたぶん正しい」と考えるのだ。

自分の思い込みと合致する情報を探そうとする傾向は、私たちがエゴを保つのに大きな役割を果たしており、心理学では確証バイアスと呼ばれている。この名称が科学的に研究されたのは最近のことだが、この傾向は昔から観察されてきた。古代ギリシャの歴史家トゥキュディデス（紀元前四六〇～三九五年）は、「人間には、自分が望んでいることを愚にもつかない希望に託したり、現実的なことを単なる思い込みで無視しようとする習性がある」と書いている。ダンテの『神曲』に登場するトマス・アクィナスは、天国でダンテに会ったときに、「意見は、簡単に間違った側に傾くことがよくあり、そうなると自分の意見への愛着が高まり、心が閉ざされる」と警告している。高名な作家のトルストイは『芸術とはなにか』のなかで、人間の性質について次のように書いている。

「多くの人は――利口だと思われている人たちだけでなく、本当に利口な人たちや難解な科学や数学や哲学の問題を解ける人たちでさえ――、単純で明らかな真実に気づかないことがある。その事実が、彼らが誇りとし、ほかの人たちに教え、生活の基盤となってきた結論の間違いを認めざるを得なくなるようなことであると、それを認めるのが非常に難しいときもあるのだ」

ディック・チェイニー元米国副大統領がこの傾向を体現していたことはよく知られている。彼は、自分が行くところではフォックス・ニュースしか流さないよう要求していた。民主党やリベラル派を支持するMSNBCから大いに批判されていたため、そこまで批判的ではないメディアで自分の周りを固めていたのだ。チェイニーをいじめるのは簡単だが（なにしろ友人を誤射した人物なのだ）、私たちだってみんな周りを同じような意見の人たちや居心地の良い中途半端な事実で固めている。オハイオ州が二〇〇九年に行った調査によると、自分の考えに合うエッセーを読む時間は、自分の考えに合わないものよりも三六％長かった。また、二〇一六年のアメリカ大統領選挙では、ドナルド・トランプかヒラリー・クリントンに投票した人の多くが、自分が支持しない候補に投票した友人は一人もいないと答えている。

本当に真実を求めている人にとっては残念なことだが、自分が望むストーリーと一致しない情報を避けるのはますます簡単になっている。世の中にニュースサイトや超専門化した学者が蔓延しており、これは自分から真実を探さなくても、視聴者が受け入れる事実がどんどん提供される世界にますますなっているということを意味している。気に入らないことが聞こえたら、チャンネルを変えて自分の世界観に合うトレンドリーダーの話を聞けばよいのだ。

私たちは通常、文化や宗教や政治やイデオロギーが同じ人たちと群れている。そうすれば、自分の意見の正当性を強めるイエスマンの大合唱で回りを固めることができるからだ。対立する考えに出合ったときの感情的な戦いを考えると、イデオロギーが同じ人たちのなかにいるほうが、イデオロギーの違う人といるよりもはるかに楽だ。仲間がみんな同じような見方や行動や考え方をしていれば、私たちはたくさんの葛藤をもたらす苦しみを「うまく」回避することができるのである。

自分を守る

私たちがエゴを保つのは、お門違いの場所で真実を探すときだけではない。これには、既存の信念を強化するのに役立つ強力な内部プロモーションキャンペーンを実施することも含まれている。これが、「選択支持バイアス」である。この概念を説明するために、実験をしてみよう。

仮に、私が主導する研究にあなたが参加することにしたとする。私はあなたを部屋に案内し、六つの絵画を見せたあと、好みで一～六にランク付けするように言う（最も好きな作品が一）。そしてさらに、好きな作品を一点持ち帰ってよいと伝える。

あなたが六つの作品のランク付けを終えたので、私は好きな絵を一点持ち帰ってくださいと伝える。あなたは当然、最も気に入ったランク一の作品を選び、私は後ろの壁にその作品を取りに行く。しかし、すぐにあなたのところに戻って申し訳なさそうに、あなたがランク一とランク二とランク五とランク六とした作品はすでにほかの人が持ち帰ることが決まっていて、ランク三かランク四しか残っていないと伝える。そこで、あなたは二つのなかでは好みに近いランク三を持ち帰ることにする。

それから二週間後に、私はあなたを再び私の研究室に招き、同じ六枚の絵をもう一度ランク付けしてもらう。どうなると思うだろうか。選ぶ絵は同じだろうか、それとも好みが変わっているだろうか。好みが変わったり、好みが変わらなかったりする理由は何だろうか。

この「自由選択パラダイム」と呼ばれている実験の被験者の多くは、二回目には好みが変わっていた。多くの場合、被験者が持ち帰った絵（もともとはランク三の絵）はランクが上がり、被験者が選ばなかったもともとランク四の絵は、ランクが下がるのだ。これほど短期間に劇的な変化が起こった理由は何だろうか。結局、どちらの絵もいわゆる中くらいの好みのもので、最初にランク付けしたときは、ものすごく好きでも、ものすごく嫌いでもなかったものなのに、なぜ今、これらの絵がはっきりと好きと嫌いに分かれたのだろうか。答えは、自分たちのエゴを守るためであり、自分は合理的な条件に基づいて判断を下す十分な能力があると思いたいからなのである。

ハーバード大学の教授で、幸福に関する非凡な研究者でもあるダン・ギルバート博士が、被験者の結果に対する思考過程を次のように説明している。「実際に手に入れた絵は思ったよりも良かった。選ばなかったほうはひどいものだ」（Dan Gilbert, 'The surprising science of happiness.' TED Talk [February 2004]）。ここから分かることは、私たちは一度決めると、すぐに自分が正しかった理由を探し始める。例えば、影の描き方や質感が良かったとか、居間の何もなかったところにちょうどぴったりだったなどと理由付けをするのである。しかし、具体的な理由が何であれ、原則は変わらない。私たちは真実ではなく、安心を求めているだけなのだ。ちなみに、私たちは同じときに柵の反対側では選ばなかった道についての攻撃もしている。選んだほうへの支持固めと同じくらい頑固に選ばなかった選択肢をけなすのである。恋人や配偶者から別れを告げられた経験がある人は、必ず「もともとそんなに好きではなかった」と言うのだ。

驚くべきことに、選択支持バイアスは、非常に強力な傾向で、私たちの奥深くに根付いており、短期記憶ができない人にすらある。ダン・ギルバートのチームは、自由選択パラダイムの影響を調べるため、新しいことが記憶できない前向性健忘症の入院患者を対象に、同じ実験を行った。標準的な神経を持つ人（脳に障害がない人）のときと同様に、六枚の絵をランク付けして、ランク三かランク四を持ち帰ってよいと伝えたのだ。ただし、今回は被験者に選んだ絵は二〜三日後に郵送すると伝えて部屋を退出した。

それから三〇分後、ギルバート博士のチームの一人が同じ前向性健忘症の患者のいる部屋に行き、初対面の挨拶と、患者に初めてこの実験に参加してもらう趣旨の話をする。患者が本当に短期記憶ができないことを確認するため、研究者たちは前に選んだ絵がどれかを聞いたところ、正答率は偶然の確率よりも低かった。そのうえで、患者たちが前と同様にランキングを行うと、驚くべき結果が出た。以前に絵を選んだことはまったく覚えていない患者たちが、脳に異常がない人たちと同様に、自分が選んだ絵を「高く評価」し、選ばなかった絵を退けたのである。自分は有能で、エゴを守りたいという思いは、私たちのなかのどこか奥深いところに存在し、それは認識機能障害すら立ち入ることはできないのである。

信じることの科学

二〇〇四年の大統領選挙は、現職のジョージ・W・ブッシュ大統領と民主党のジョン・ケリー上院議員の戦いになった。この選挙は、脳科学者にとっては何が信念を「定着」させるのかを研究するチャンスでもあった。研究者たちは、どちらかの候補を明確に支持している被験者を集め、ブッシュ大統領とケリー上院議員、さらに政治的に中立な立場をとっている有名人の、それぞれ一見政治的立場と矛盾する発言を紹介した。また、その矛盾した発言がよりもっともらしく思える情報も提供した。そのうえで、被験者に三人が本当にその発言をしたかどうかを判断してもらった。

研究者たちは、MRI（磁気共鳴画像）を使って被験者たちの評価と思考の過程における脳の動きを観察した。すると、被験者が支持しない候補の一見矛盾した発言を評価するときは、脳の感情中枢に動きはなかった。つまり、彼らはこの発言について冷静かつ合理的な判断ができていた。しかし、自分が支持する候補の発言を評価するときは、感情中枢が大いに刺激されていたのである。評価結果を集計してみると、候補によって大きな違いが見られた。

被験者の多くは、支持しない候補の政治的立場と矛盾した発言はあっさり是認されたのに、支持する候補が間違った発言をすることは認めなかった。支持する人が間違ったことを言うと、感情中枢がそれを打ち消し、「敵」（支持しない人）が信じがたいことを言うと、その誤りを合理的に認識したのだ。簡単に言えば、私たちは自分の世界観に触れないことは合理的に評価するが、自分にとって「正しい」信念を維持するためには感情的に評価するのである。

これまで見てきた思いがけない行動には、どれも信念にかかわる自己満足を守るための方法が存在した。これは不幸を最小限に抑え、幸福を促し、認知過程のエネルギーをより重要なタスクのためにとっておこうとする一種の後悔回避だと考えられている。あらゆることに関して自分自身を疑っていたら、どれほど疲れたり落ちこんだりするか想像してみてほしい。面白いことに、偶然またはランダムな選択を行った場合は、選択支持バイアスは見られなかった。つまり、個人的な選択やお気に入りの信念が試されるときのみ、私たちはエゴを結集して守りに入るのである。

バックファイア効果

「私が考える敗者とは、間違ったときに、それについて反省することもなく、その間違いを糧にしようともせず、新しい情報を仕入れて勝者になろうとする代わりに、恥じて防御的になり、先に進まずに言い訳しようとする人である」――ナシーム・タレブ

「紙かビニールか」

あなたはきっとこの質問を何度もされているが、深く考えたことがあるだろうか。しかし、今、私が改めて質問しよう。あなたは、どちらが環境にとって良いと思うだろうか。食料品店に両方の袋があれば、どちらを選ぶだろうか。もし私と同じ考えならば、地球に優しくありたいと思って紙のほうを選ぶだろう。しかし、そう思うならば、ポッドキャストのYANSS（あなたはそれほど賢くない）から引用した次の事実について考えてみてほしい。

●紙の袋を作るにはビニールの袋の三倍の水が必要
●紙の袋を再利用する人はわずか二四％だが、ビニール袋は六七％
●紙の製造による大気汚染はビニールよりも七〇％多い
●四五〇グラムの紙を再生するにはビニールよりも九一％も多くのエネルギーを消費する

ショックを受けたのではないだろうか。この新しい情報を踏まえて、次に食料品店に行ったら違う選択をするだろうか。前回は紙を選んだのならば、考え直すかもしれない。もし紙かビニールかの問題にあまり感情的な思い入れがなければ、この新しい情報に基づいて簡単に考えを変えることができる。次は、ある小さな問題、いや大きくて情緒的な問題である銃規制について考えてみよう。

「銃規制にかかわる法律にはもっと制限をつけるべきである」

この文に同意してもしなくても、おそらくこちらの問題のほうが、紙かビニールか問題よりも熱がこもるのではないだろうか。もしかしたら、より意味のある会話に備えたり、自分の強い信念を守るために、呼吸や姿勢や考えが変化したりしたことに気づいたかもしれない。銃規制について、やはりYANSSが挙げている次の点について考えてみてほしい。この新たな知識を得て、あなたの体はどのような影響を受けただろうか。

●犯罪に使われた銃の九八％が盗品である
●毎年、一〇万人以上の人が銃を使って身を守っている
●銃の所有者の一〇人中九人は発砲しないで身を守っている
●一九八〇年以降、毎年誤射で亡くなる人よりも溺死する人のほうが多い
●銃よりも包丁のほうが凶器として一〇倍多く使われている

念のために書いておくと、銃を規制することに関しても同じくらい説得力のある事実をいくらでも並べることはできるが、それが目的ではない。ここで大事なのは、根強い信念と相いれない情報を聞いたときのあなたの反応なのである。

あなたが以前は紙袋派で、先の情報を聞いて自分の意見を疑問視するようになったのならば、

おそらく何の懸念もなく考えを変えることができると思う。しかし、もしあなたが銃規制の強化を望んでいて、だれかから先のような統計を見せられたら、紙袋のときとはまったく違う反応を見せるだろう。私たちは自分の考えが否定されると、新しい考え方を受け入れるどころか、もともとの考えにさらに固執する傾向があることが研究によって分かっているのだ。

リー・ロスとクレイグ・アンダーソンは、新しい情報に対する信念の抵抗を試すため、「説明パラダイム」に関する一連の実験を行った（Lee Ross and Craig Anderson, 'Shortcomings in the attribution process: On the origins and maintenance of erroneous social assessments,' in Daniel Kahneman, Paul Slovic and Amos Tversky [eds.], Judgment Under Uncertainty: Heuristics and Biases [Cambridge University Press, 1982], pp.129-152）。これらの研究では、被験者にある考えに関するでたらめの証拠を見せ、思考の変化を測定した。そのあと、その証拠がでたらめであることを詳しい説明とともに明かし、再び思考の変化を測定した。証拠がないことが分かった考えが長く頭にとどまるかどうかを知るためだ。被験者には、元々の証拠がまったくフィクションだったことを詳しく説明されても、間違った考えを持ち続ける傾向が見られた。スタンフォード大学で行われた同様の実験では、学生に自殺しようとしている人の遺書を読ませ、そこからそれを書いた人が実際に自殺を遂げたかどうかを予想させた。このとき、一部の学生には自殺を遂げた人と未遂に終わった人を見分けるのが非常にうまいと褒め、それ以外の学生には予想がほとんど当たっていなかったと伝えた。実は、このタスクそのものが策略だった。

予想がほぼ毎回当たっていたと伝えられた学生たちの正答率は、実際にはほかの学生と変わらなかった。この実験の第二段階では、この評価が偽りだったことが明かされ、被験者の学生は研究の本当の目的が、自分の正答率を知ったときの思考の反応を測定することだと伝えられた。次に、評価がウソだったことを知った学生たちに自分の実際の正答率を予想してもらった。すると、不思議なことが起こった。最初に予想の才能があるというウソの情報を伝えられた学生たちは平均よりもはるかに高い正答率を予想し、最初に予想がほとんど外れたというウソの情報を伝えられた学生たちは低く予想したのだ。一度根付いた考えは、正しくても正しくなくても、それを取り除くのは難しいのである。

矛盾する証拠によって信念がむしろ強くなる傾向は、バックファイア効果として知られており、これは示された情報があいまいだったり不明確だったりするとさらに顕著になる。別のスタンフォード大学の研究では、死刑について強い思いを持っている被験者に、極刑に関する賛成意見と反対意見を記した紙を読んでもらった。すると、賛成派も反対派も自分と逆の意見を読むと少し見方が変わっても、結局は元のバイアスに戻り、そのうちの二三％は元のバイアスがより強くなった。

テーバーとロッジは、同様の研究で銃規制と差別是正に強い思いを持っている被験者に、二つの問題に関する賛否両論が書かれた資料を読んでもらった。すると、もともとの思いが最も強く、支持する政策が明確な被験者は、その思いがさらに極端な方向に強まった。自分の考えと対立する考えを示されると、急進的な考えがより激化したのである。

　カルトで、最も過激な信者が残っていく過程は「信念の気化冷却」と呼ばれている。カルトに深く根付いた信念（例えば、特定の日に世界が終わる）が実現しないと、信仰の緩い信者は自分の間違いに気づいて脱退する。しかし、最も過激な信者は寓話への思いをさらに強め、信念を維持するための理由を探す（例えば、「自分の信念が足りないから予言が実現しなかった」）。このような過程を繰り返してカルトはますます過激になり、ジョーンズタウンやヘブンズゲートのような悲劇に至るのである。

　体重計に乗って体重が減っていたらどうするだろうか。おそらくすぐに下りてダイエットが順調に進んでいると安心し、次のことを始めるだろう。しかし、もし体重が増えていたらどうだろうか。おそらく一度下りてからもう一度乗り、体をまっすぐにしてみたり力を抜いてみたりするだろう。医者で健康証明書をもらえばウキウキした気分で帰るが、恐ろしい病気を告げられれば信じられなくて二回三回と確認する。私たちは自己肯定的な真実はそのまま受け入れ、不快な真実は深く疑ってかかるようにできているのである。

　投資会社のなかには、エゴのマイナス要素を深く理解したうえで、ポートフォリオマネジャーの考えにわざと反論する「悪魔の主張者」を置いているところもある。しかし、ワクチン接種に否定的な人たちを対象にした研究で、被験者に彼らの非科学的な見方に反する事実を見せると、自分の間違った考えにますます固執するようになった。そこで行動科学的投資家は、間違った考えを軌道修正するのはほぼ不可能だということと、事実ではないことから身を守るためのシステムを設計するほうがはるかに良いということを知っておく必要がある。

投資で最も見過ごされているフレーズ

「知らないことの苦しみを知らなければ、発見の喜びは得られない」――クロード・ベルナール

ジョン・テンプルトン卿の名言「投資で最も高くつくフレーズは『今回は違う（This time is different）』はよく知られている。結局のところ、この新時代的な発想が、ジャズエイジの行きすぎ（大恐慌を招いた）から株価が天文学的な価格に高騰したITバブルまで、あらゆる惨事の原因と言える。利益率や売上成長率といった信頼されている基準が「マインドシェア」や「目を引く会社」に置き換わると、惨事は遠くない。しかし、もし「今回は違う」というフレーズが投資で最も高くつくならば、私は投資で最も見過ごされているフレーズとして「知らない」を挙げ、僅差の二位を「間違っていた」としたい。投資においてこれらの考えの有用性は、多くの場合、行動の難しさと比例している。不確実性を受け入れ、人間の可謬性を認めることは、ヒトにとって非常に困難なことなので、それができれば大いに優位に立てるのである。

多くの効果的な投資戦略の根底には「知らない」があると考えると奇妙な気がする。しかし、

パッシブ運用は「知らない」を具現化したものである。もし何が良くて何が悪いかが分からないのならば、市場全体を買ってしまおうという発想だからだ。人のこのような姿勢は、パッシブファンドがどの時間枠でもアクティブファンドを上回っている理由の大きな部分を占めている。パッシブ運用（ダウ平均）とアクティブ運用を比較したSPIVAスコアカードの結果を見ると、五年と一〇年の運用において大手運用会社のマネーマネジャーのそれぞれ八八・六五％と八二・〇七％がパッシブ運用を下回っていた（しかも手数料差し引き前で）。価格が非効率だと言われている小型株はアクティブ運用が向いていると言われているが、それでも八七・七五％のマネジャーがパッシブ投資に敗れていたのである。

投資先を分散するのも、根底には「どれも絶対ではないから全部買っておこう」というエートスがあり、不確実性を認めることが必ずしも不名誉なリターンにつながるわけではない。実際、幅広く分散してリバランスを行えば、毎年パフォーマンスが〇・五％上がることは分かっている。この差は小さく見えるかもしれないが、投資期間に複利で増えた結果を見れば、その価値が分かると思う。

分散投資とリバランスの効能を示す証拠として、一九七〇～二〇一四年のヨーロッパと太平洋地域とアメリカの株のリターン（年率）を見ると、次のようになっていた（出所はア・ウエルス・オブ・コモン・センス）。

●ヨーロッパ　一〇・五％
●太平洋地域　九・五％
●アメリカ　一〇・四％

どれもだいたい同じリターンになっているが、もし三つの市場を同じ割合で合わせて年末ごとにリバランスを行い、ポートフォリオの構成を同じに保ったらどうだろうか。リターンは、三つのどの市場をも上回る年率一〇・八％になるのだ。これは、分散効果の奇跡としか言いようがない。知らないことがもたらす悪くない成果だ。

これほど有効な投資における「知らない」が、いまだにあまり使われていない理由は、私たちのなかに根深くある個人的な能力を感じる必要性にある。そして、これは説得力のある証拠に直面しても揺らがないのである。

分からない

「確実性を求めることが、リスクに精通するための最大の障害になる」――ゲルト・ギーゲレンツァー

飛行機恐怖症は、飛行機やヘリコプターで飛ぶことに恐怖を感じる症状で、飛行機を利用する人の約二五％が何らかの形で経験していると推定されている。この症状はだれにでも起こり得ることで、ギャングだったラッパーのKRS・ワンやアメリカンフットボール監督のジョン・マッデン、ブリンク一八二のドラマーで体中にタトゥーを彫っているトラビス・バーカー、独裁者のヨシフ・スターリンや金正日といった有名人でもその影響を被っている。このように人類に対して罪を犯そうという人でも、必ずしも飛ぶのが平気というわけではないようだ。ただ、飛ぶことに恐怖を覚える人が多くいたとしても、飛行機は最も（あるいはかなり）安全な移動手段なのである。アメリカの国家運輸安全委員会によると、二〇一四年に民間航空機で亡くなった人はゼロだった（2014 NTSB US Civil Aviation Accident Statistics）。ちなみに、同じ期間に災害で亡くなった人は三万八三〇〇人、交通事故で負傷した人は四四〇万人に上っていた。もしあなたが一年に一回飛行機に乗るとしたら、負傷するリスクは車で二〇キロ弱行くのと変わらないのである。アメリカ人の多くが毎年一万二〇〇〇キロ以上運転することを考えれば、飛行機を恐れる矛盾を笑いたくなるだろう。

しかし、空の旅の安全性は、かつては今ほど高くなかった。改善したのは、「知らない」と「間違っていた」にしっかりと向き合った結果と言える。航空業界は、単純だが強力な安全策を導入し（飛行前のチェックリストを厳守する、システム思考など）、パイロットから整備士、航空管制官、監督当局だけでなく、航空会社が協力して過去の間違いについて話し合い、安全な運航について考えたのである。

ショッキングなことに、この取り組みが当然なされているだろうと思うところでまだ採用されていない。それが病院だ。ゲルト・ギーゲレンツァーは、『賢く決めるリスク思考――ビジネス・投資から、恋愛・健康・買い物まで』（インターシフト）のなかで病院について「航空業界とは違い、重大なミスを報告して、そこから何かを学ぶための国レベルのシステムはほとんど存在しない」と書いている。医学研究所が、毎年四万四〇〇〇～九万八〇〇〇人の患者が避けられたはずの医療ミスで亡くなっていると推定している最大の理由はここにある。病院は交通事故の二倍の人を殺しており、医療ミスは心臓発作とガンに次いでアメリカの死亡原因の第三位になっている。私たちは資本市場で自らの尊大さに法外な価格を支払い、病院では医者の尊大さが多くの命を奪っているのである。

確実性を求めることに対するひねくれた見方の一つを紹介すると、ランダム性が高いほど私たちの自信は高まる。ジェイソン・ツバイクによると、子供の書いた絵がアジアの子供とヨーロッパの子供のどちらによるものかを推測させるというあいまいな実験で、被験者は自分の正答率を六八％と予想した。同様に、大学生にアメリカのどの州の卒業率が最も高いかを聞くと、六六％の確率で当たると予想した。もちろん、どちらのケースも結果は偶然の確率よりも低かった。

これに関連する概念で、心理学のなかで私が最も気に入っているのが、ダニング・クルーガー効果と呼ばれるバイアスである。コーネル大学のデビッド・ダニングとジャスティン・クルーガーによる発見を多少乱暴に説明すると、愚かな人は愚かすぎて自分がどれくらい愚かかが分からないということである（Justin Krugr and David Dunning, 'Unskilled and unaware of it: How difficulties in recognizing one's own incompetence lead to inflated self-assessments' Journal of Personality and Social Psychology 77:6 [1999], pp.1121-34）。ダニングとクルーガーがこの研究を始めたのは、マッカーサー・ウィーラーという銀行強盗の事件がきっかけだった。ウィーラーは、レモンジュースを顔にぬって顔を隠したつもりだった。レモンジュースが不可視インクになることを知っていたため、これを塗れば顔が見えなくなると思い込んでいたのだ。ダニングたちはこのケースやほかの勘違いを調べ、愚かな人は自分にスキルがないことを認識することも、ほかの人たちのスキルレベルを正しく認識することもできないことを発見した。

要するに、医者や投資顧問といった人たちは特殊な知識を持っており、高く評価されているゆえに、チェックリストのような平凡なツールを使ったり、「まったく分からない」というような控えめな発言をしたりすることがなかなかできないのである。その対極にあるのが、限られた知識しか持たない人たちで、彼らはその能力のなさによって自分の能力を過大評価する傾向がある。しかも、状況がランダムであるほど、私たちは結果を確信する。賢くても愚かでも、若くても年を取っていても、専門家でも素人でも、人は不確実性と間違いを認めるのが苦手なのである。

並外れた凡人

ウィラード・バン・オーマン・クワインは、論理学者で哲学者でハーバード大学教授である。彼は、二〇世紀の最も影響力が大きい哲学者であり、大学で使っているパソコンに変わった加工をしたことでも知られている。「私は確実なことを扱っている」と言う理由でクエスチョンマークのキーを取り外したのだ。この行動は、滑稽で大げさだが、多くの人の生き方に共通する素晴らしい比喩でもある。私たちは自分が宇宙の中心にいると思っており、良いことが起こる確率を過大評価し、危険なことは避けられると思っている。この傾向は、朝起きたり、バーで会った魅力的な人に話しかける勇気を与えたり、レストランや会社を立ち上げたりすることを後押ししてくれている。これらのことは、純粋に確率だけで考えればとても合理的とは言えないからだ。

もう分かったと思うが、人生で非常に役立つ適応力が、投資家が必要とすることには合っていない。行動科学的投資家になるということは、世界をこれまでとはまったく違う方法で検証することを意味している。自分は大きな織物のなかの取るに足らない一織りであり、特別な才能も知識も運もないということを認識するということだ。要するに、私たちの多くは平均的なのである。

逆説的ではあるが、自分が平凡だということが分かった人は、厳密に言えば例外になれる。

これは自分を信じないということではないし、むしろその逆だ。特別である必要がないということを理解するほど、特別になれるということである。投資家で作家のジェームズ・P・オシヨーネシーは、『ウォール街で勝つ法則』（パンローリング）のなかで、「投資で成功するためには、自分も隣にいる人と同じように、深刻な行動上のバイアスの影響を受けやすいということに気づく必要がある」と書いている。並外れた投資結果を上げることは、頑張りすぎなければ、だれにでも可能なのである。

まとめ

- 投資家にとって「自分を信じる」という助言は害になる。
- 人は自分自身の信念を証明するような情報を探そうとする。
- 自分の判断を過信すると痛い目に遭う。
- 私たちは自分が信じていることに反論されると激しく反応し、信念はより深まる。
- 「知らない」と言えることは、感情的にならなければ利益につながる。
- パラドックス的だが、状況があいまいなほど私たちは確信的になる。
- 夢中になる投資のアイデアほど、しっかりとは考えていない。

第5章　保守主義

「すべてを失って初めて、何でも自由にできるようになる」――チャック・パラニューク著『ファイト・クラブ』（早川書房）

何十年か前に、ドイツのある村に前代未聞のチャンスが訪れた。村全体を作り替えることになったのだ。この村の地下には西ドイツ政府が切望していた価値ある褐炭という鉱物が埋蔵されていた。しかし、褐炭を採掘するには村を広範囲にわたって掘り起こす必要があったため、政府は住民の望む形で村全体を移転する提案をしたのだ。

政府が迷うことなくこの村を破壊することにした理由は、とりたてて何もないところだったからだ。ここは何世代にもわたって無計画に開発されたため、道は曲がりくねり、移動が面倒なだけで特に機能的でも美しくもなかった。政府の全面的な支援によって新しい村の建設計画が作られた。もう分かったと思うが、出来上がったのはこれから破壊されようとしている小さなさえない村とそっくりな計画だった。

何でも好きなように作ることができるチャンスがあったのに、村人たちは人間の自然な傾向に従って、これまでと変わらない環境を選んだのである。変化よりも変わらないことに恩恵を見いだすということの傾向は、人の行動に幅広く見られることで、投資家の行動の二つ目の柱である保守主義もここから来ている。

知らぬ神より馴染みの鬼

今年も約一万人の人が飲酒運転で亡くなるだろう。三人に一人は一生のうちに飲酒関連の衝突に巻き込まれることになる。家庭内暴力の過半数（五五％）は、アルコール依存症患者がいる家庭で起こっている。

アルコール依存症の危険性はみんな知っているが、それでもこのような統計を見ると心が痛む。飲みすぎによる損害を見ると、若いころにアルコール依存症者からの被害を被った人が大人になってその痛みを避けようとするのは自然なことに思える。それならば、なぜアルコール依存症患者の子供の五〇％がアルコール依存症患者と結婚しているのだろうか。

この「馴染みの鬼」を選ぶ傾向には、いくつかの心理的要因がかかわっている。理由の一つは、同一性が心地良いからだ。人は、自分が足を踏み入れようとしていることを、たとえつまらないことでも、悪いことでも、満足できないことでも、知りたいという性質がある。痛みの研究者によると、まったく同じ痛さでも予期していなかったときは予期していたときよりもはるかに痛く感じる。カート・コバーンもあのかすれた声で「悲しみの心地良さが恋しい」と歌っている。

保守主義は、後悔回避、つまり持っているものを持っていないものよりも高く評価し、利益を求めるよりも損失を恐れるという自然な傾向によってさらに強くなる。特定の心的機能が何であれ、私たちがもともと持っている保守的傾向には私たちを動けなくするという普遍的な落とし穴がある。投資で言えば、これは負けトレードを塩漬けにし、リバランスができず、リスク資産の配分が足りないなどといったたまひ状態をもたらす。

変化は、私たちの心理的に困難な部分――認知的努力や適合や後悔と損失の可能性――の多くを必要としているが、これは行動科学的投資家になるための基本でもある。人生でも市場でも、唯一不変なのが変化そのものなのである。

考えることは難しい

人は一日にどれくらい判断を下しているのだろうか。頭の中で朝からの出来事を思い浮かべて、答えてみてほしい。私がこの質問をした人の多くは、一〇〇回前後の数字を挙げたが、これは大きく外れている。答えは三万五〇〇〇回である（Joel Hoomans, '35,000 decisions: The great choices of strategic leaders,' Roberts Wesleyan College Leading Edge Journal [March 20, 2015]）。

そのとおり、あなたは毎日三万五〇〇〇回もいろんな判断を下しているのである。

意思決定の標準的モデルは、確かな判断（例えば、選択肢とその結果が分かっている）と不確かな判断（その反対）という二つのタイプを扱っている。理論的には、確かな判断の場合、既知の選択肢をランク付けして最も好ましいものを選べばよいので簡単だ。一方、不確かな判断も似たような理論に基づいているが、それぞれの選択肢に主観的な確率が割り当てられているというひねりがある。そのため、何かが起こる確率と起こらない確率で選択肢を比較することになる。

このような考え方は悪くないし、理に適ってもいるが、問題は私たちが毎日下す判断が膨大な数に上ることにある。毎年一二七七万五〇〇〇回も判断を下していれば、確率的効用を評価するときに信じやすいほうに傾倒しやすくなるのも無理はない。これほど多くの判断を下していたら消耗するし、実際にそれを確認した研究もある。こうして、私たちはすでに知っていることに不当に固執してしまうのである。

サミュエルソンとゼックハウザーによる「意思決定における現状維持バイアス」と題した論文によると、意思決定の典型的なモデルは、私たちが現状維持を選ぶ確率を実際よりもかなり低く想定している。二人の研究によって、選挙や事業判断や健康保険選びや退職金口座の管理といった幅広い分野の判断において、私たちは圧倒的に現状維持をデフォルトとして考えていることが分かった。

この傾向の強さを、二人は現職の政治家と対立候補の例を用いて説明している。「私たちが行った実験の外挿によると、支持率が同じならば現職の候補が五九％対四一％で勝つと考えられる。現職は、最悪三九％の支持しかなくても、僅差で勝てるのである」(Samuelson and Zeckhauser, 'Status quo bias in decision making,' Journal of Risk and Uncertainty [1988], p.9)。選挙のとき、有権者はどこまで冷静に候補者のメリットとデメリットを比較しているだろうか。よく考えてみてほしい。すでにその職にある人に票を投じてしまいがちではないだろうか。

コーネル大学のワンシンクとソーバルは、私たちが毎日直面する二〇〇以上の食に関する判断においても保守主義の影響を受けていることを発見した（Brian Wansink and Jeffery Sobal, 'Mindless eating,' Environment and Behavior [January 1, 2007]）。彼らは最初の研究で、被験者が実際に食に関する判断を下したことをどれくらい認識しているかを調べた。すると、一三九人が判断を下した回数を実際よりも低く答え、その差は平均で二二一回に上った。これは、私たちが無意識下で自動的に判断を下すことができることを示している。二つ目の研究では、「環境デフォルト」（お皿が大きかった）によって食べすぎた人に理由を聞いた。しかし、彼らのなかで現状維持がデフォルトだと考えている人はほとんどいなかった。被験者の二一％は食べすぎたことを認めず、七五％は空腹を挙げ、そこにあったから食べただけだと答えた人は四％しかいなかったのである。

いつか見ようと思ってネットフリックスのキューに登録したアートシアター系の映画やドキュメンタリーを結局見ないで終わるのは、脳が消耗しているからだ。仕事で疲れて帰ってきたら、ラース・フォン・トリアーの過激な映画よりもマイケル・ベイの娯楽映画のほうを選びたくなる。これも、毎日膨大な数の選択を迫られているからなのである。

この考えに基づいて、エドワーズ（一九六八年）は私たちの疲れた脳は考えを合理的に更新せず、「証拠が有用であるほど、実際の更新と合理的な更新の差が大きくなる」ことを発見した（W.Edwards,'Conservatism in human information processing,' in B.Kleinmutz(ed.) Formal Representation of Human Judgement [Wiley, 1968]）。ここで一息ついて、この信じがたいフレーズについて考えてみたい。重要な情報は必ずと言ってよいほど要約しにくい。そこで、私たちの疲れた脳は、新しい情報は妥当なものであっても脇に置き、疑わしくても慣れ親しんだ思考経路に頼ってしまうのである。

先述のとおり、脳は最も代謝効率が悪い臓器なので、エネルギーを節約する方法の一つとしてデフォルトを活用する。朝、コーンフレークを食べるときに午前中のエネルギー源としてどれだけのコーンフレークが必要か計算しないで、ただ器に入るだけつぐ。早期退職の選択肢について、メリットとデメリットをスプレッドシートにまとめて比較することもなく、過去五年と同じ選択をする。そして、ポートフォリオはリバランスしないで、そのままにしておく。

保守主義は、人生において少なからずある。意思決定の能力は限界まで使われているからだ。良いとか悪いとかではなく、そういうものなのだ。ただ、この構造を有利に働かせる現実的な方法があり、それをこれ以降の章で説明していく。

行動しなければ謝る必要はない

あなたは赤ん坊と二人で家にいて、赤ん坊はベビーベッドでぐっすりと寝ているとする。ところが急用ができ、一五分程度で終わることだが、今行かなければならない。あなたは子供を起こして連れていくだろうか、それとも起こさないで置いていくだろうか。赤ん坊は目が覚めてもベビーベッドから出る心配はない。それでも、私も含めてほとんどの人は、ある理由から子供を起こして連れていく。それが後悔回避だ。もし出かけている間に家が火事になったり、誘拐されたりしたら、罪悪感に耐えられないからだ。このとき、子供に何かが起こる確率は関係ない。家が火事になるのは極めてまれなことだし、一五分の間にベビーベッドのなかの子供がけがをする確率も極めて低い。一方、交通事故はよくあることなので、子供を連れ出して事故に遭遇する可能性は現実的にある。家に一人で残してきた子供を守れなかったかもと想像する後悔は、自動車事故に関する統計よりもはるかに顕著で強く脳に訴えるのである。想像は心に火をつけ、確率は眠気を誘う。そして、私たちは子供を連れて出かけるのである。

カーネマンとトベルスキーは、私たちがこのような間違った考え方をしてしまうのは、「人は同じ悪い結果に対して、行動しないで起こったときよりも、新たに行動したことによって起こったときのほうが後悔が大きい」からだと書いている（D.Kahneman and A.Tversky, 'Choices, values and frames,' American Psychologist 39 [1984], pp.341-350)。行動は責任を感じさせるが、不確実な結果に対する責任は心の折り合いのつけ方が難しい。もし投資家Aがポートフォリオに大きな変更を加えたあとで市場が二〇％下げると、ほかの条件が同じならば、ポートフォリオを変えないで同じ損失を被った投資家Bよりも投資家Aのほうが大きく後悔する。投資家Aのほうが責任をより大きく感じ、責任は苦痛だからだ。私には、行動しないことによって後悔を回避する概念を思い知った忘れられない経験がある。生まれて初めて患者を診療したときのことだ。患者の名前はブルックとしておこう。

私は仕事のキャリアのすべてを、金融の世界で行動原理を応用することに費やしてきたが、博士号は臨床心理学で修得している。博士課程修了の必須項目の一つとして、大きな問題を抱えた患者に対する一〇〇〇時間のカウンセリングがあった。これは、パニックを起こした投資家と話をするのに非常に有益なスキルとなっている。私の初めての患者となったブルックは、私の部屋に入ってくると、持っていた六枚の封筒を私のデスクに置いて、「悩みがあります」と言った。彼女は魅力的で、身なりも良く、明瞭で、彼女の資料から非常に優秀な学生だということも分かっていた。率直に言って、こんなに落ち着いている人がどんな問題を抱えているのか想像もつかなかった。

診察が始まると、ブルックは自分が抱える問題について詳しく話し始め、私はおびえた新人医師に見えないよう必死に振る舞った。彼女は有望な科学者で、いくつかの一流大学の博士課程に出願し、そのすべてから郵送で結果が送られてきた。それが彼女が持っていた六枚の封筒だった。彼女は小さいころから科学者になることを夢見て、高校時代は良い大学に入るために準備し、大学でも熱心に勉強した。すべてはこの瞬間のためだった。

結果の封書が届き、彼女は……何もしなかった。この瞬間のために多大な時間をつぎ込んで準備してきたのに、実際に合否を知るときになったら身がすくんでしまったのだ。手続きの期限が迫っていて、封筒を開けて手続きをしなければならないのに、怖くて体がまひして動かないと言う。ずっと努力を続けてきたのに拒否されたらと思うと耐えられないというのだ。

診察中、私はずっと混乱していた。ブルックのような訴えは教科書には載っていなかったし、彼女のように冷静に見える人がこんなおかしな行動をとっていることにまったく困惑していたのだ。迷いながら受け答え、途中でカルテを落とすなど、とにかく全体として自分がまったく使い物にならない存在だったことははっきりと覚えている。直接的な助言はしないで、患者が自分で答えにたどり着くための的確な質問をしなければならないということは授業で習っていた。しかし、これは言うのは簡単だが、当時の私にとっては至難の業だった。

彼女を良い方向に導くことができない自分に失望した私は、最後にうっかりこう言った。「リスクをとるのを怖がって、必然的にその怖がっていることを実現させようとしているように私には思えます」。これは素晴らしくはなかったが、効果はあった。ブルックも私もこの日、不確実性に対処するために最善の努力をしても、失望に終わることがあるということを認識したのだ。これは、投資においても人生においても言える現実である。ブルックは、行動したら後悔することを不合理に恐れていた。しかし、彼女は行動をしないことによって、皮肉にも彼女が恐れていることを必然的に招きつつあった。

ブルックと同じように、多くの投資家も現実逃避して、危険が迫っているのに悪いことが起こらないことを期待して見ないふりをしている。しかし、現状を変えたくないという衝動は理解できるものの、それによって被る金銭的な損害が減るわけではない。

合成された幸せ

私たちが保守的すぎる行動をとるもう一つの理由は、私たちが自分が持っていないものややっていないことよりも、すでに持っているものやすでにしたことをより高く評価する傾向にある。前出の自由選択パラダイムのところで、被験者が特に好きでなかった絵を、単純に所有していたというだけで好きになっていたケースを思い出してみてほしい。ダニエル・ギルバートが「合成された幸せ」と呼ぶこの過程は、現実の世界でさまざまなことに応用できる。例えば、配偶者について考えられない選択をしたり、現実的でない高評価をしたりすることは、社会を安定させる効果がある。しかし、愛していれば盲目になってもいいという人の投資判断はそこまで順守しなくてもよい。良い結婚は、寛容と忍耐と不完全で成っている。しかし、良い投資は明敏な判断と、メリットのみに基づいた売買が基本となっている。

一緒にいる人を愛する傾向は、授かり効果として知られている。これが存在することは何百もの実験によって証明されているが、アイン・ランドの小説『水源』（ビジネス社）ほど見事に説明しているものはない。小説のなかで、新聞王のワイナンドがこの効果を分かりやすく説明している。「私はだれよりも攻撃的に所有欲を主張する人間だ。私の物になると何かが変わる。雑貨屋でカウンターにある安い灰皿を買ってポケットに入れれば、それは、ほかのどれとも違う特別な灰皿になる。私の物だからだ」。本書で紹介してきた多くの概念と同様に、授かり効果にも深い進化的な特徴がはっきりと見える。これは三つの異なる霊長類に見られ、生命維持のために必要なもの（例えば、食糧）にかかわる場合のほうが、単純に欲しいもの（例えば、おもちゃ）の場合よりも強くなる。

授かり効果の最も有名な研究は、コーネル大学で行われたチョコレートとマグカップの実験だろう。この実験ではまず、事前にチョコレートもマグカップも同じくらい好きだと答えた学生に、市場価値がまったく同じ二つのものを見せると、約半分の学生がマグを選び、約半分がチョコレートを選んだ。次に、学生たちにチョコレートとマグカップをランダムに配り、最初に選んだほうと取り換えてもよいと伝えた。普通に考えると、ランダムに配ったのだから約半分の学生が交換を望むと予想できるが、実際に交換したのは約一〇％だった。最初はどちらかを選んだのに、いったん自分のものになると、その価値が高まったのである。

この投資への影響は明らかだ。私たちは自分が所有しているものは過大評価し、所有していないものは過小評価する。プロのトレーダーでさえ、たとえ今日買う気がないと認めている株でも、すでに保有していれば売らない傾向がある。

自分の手元にある形ある物を過大評価する傾向は、ある意味、理にかなっているが、同じことはお金と時間を費やした決定についても言える。しかも、判断してより多くの時間と注意を費やすと、正しさの感覚はさらに歪む。これはサンクコストの誤りとして知られている傾向で、過去に多くの資源を投入したことで次の判断を誤って続けてしまうことである。ジムに一度も行っていないのに毎月会費を払い続けているのは、それまで支払った分がすべて無駄になってしまうからだ。ファームビル（農場を経営するアプリ）でデジタル農作物の世話に毎日何時間も費やして、現実の生活ですべきことができなくなってしまうのは、やめるとそれまで投じた何百時間かが無になるからだ。

この現象の影響がデジタル農場やカウチポテト程度ならば、心理学入門の教科書の帯に載るくらいのことだろうが、歴史を見ると、サンクコストの誤りによる劇的な損失はいくらでもある。サミュエルソンとゼックハウザーが「判断における現状維持バイアス」のなかで次のような例を紹介している。

●ティートンダムは建設当初から欠陥が分かっていたのに、それを無視して政府が強硬に工事を進めたため、結局は決壊して、一一人と一万三〇〇〇頭の牛が犠牲になった。

●ロッキードは、過去の研究開発の努力を正当化するために何百万ドルもの公的補助金を使って、L1011の開発を進めたが、結局、黒字にはならなかった。

●ベトナム戦争はアメリカ人の命と資源をあまりに多く投入したため、必要以上に長引いた。

●数十億ドルを費やしたマンハッタン計画は、第二次世界大戦でトルーマン大統領が原子爆弾を日本に投下する決断を促したと言われている。もし原子爆弾を使わずに戦争が終わっていれば、開発に投じた資源が無駄だったと批判された可能性が高かった。

これらの例ほど重大ではなくても、資産運用者が売買の判断を下すときに、サンクコストの誤りの犠牲になることはよくある。あなたの資産運用者が、投資対象候補の会社を実際に訪問したくなったとしよう。これは珍しいことではない。

初めのころは、一種の楽観バイアスを持って投資先を訪問する。その価値があると思わなければ、調べたりしないからだ。しかし、サンクコストがたまってくるとアナリストにもファンドマネジャーにも、対象の会社との面談は良い結果になるというバイアスが組み込まれていく。結局、経営陣をじっくり吟味して失望したら、それまでの調査や出張に費やした時間と費用がすべて無駄になってしまうからだ。プライベートジェットの利用料はとても高額なのである。

二つ目の問題は、調査対象から率直な答えを引き出すことである。相手は当然良い印象を与えようとするし、自分の会社の存続力については無意識のバイアスがかかっている。デューク大学のグレアムとハービーがCFO（最高財務責任者）の楽観度について調べたところ、IT企業のCFOの約九〇％がITバブルピーク時の自社株は過小評価されていると考えていたことが分かった。統計的にあり得なくても、だれでも自分の子供が一番かわいいと思っている。自分の会社についても同じことだ。この過剰な自信によって、経営陣は無意識にかもしれないが、あなたを誤解させる。そしてもちろん、相手が正直に語っている確率は偶然よりも低い。

つまり、経営陣に直接会って行うデューディリジェンスは、当たり前のことを聞かされるだけで、サンクコスト（埋没費用）を増やしてファンドマネジャーに誤った自信を与え、判断を誤らせるという高くつく無駄にすぎないのである。

希望が持てることについて、メリーランド大学が新たに行った調査では、授かり効果の影響を経験によって減らすことができることを示唆している。ジョン・リストは、スポーツ関連の記念品のトレーダーの行動を観察し、経験豊富なトレーダーのほうが初心者のトレーダーよりも保守主義の傾向が少ないことを発見した。初心者は、自分が持っている記念品を過大評価し、売ったり買ったりするのが遅れがちだったが、経験者は大きい金額の取引でも冷静に判断するなど、授かり効果の影響は小さかった。より良い選択肢が目の前にあっても自分の持ち物に執着するのが人の性質ではあるが、十分な経験を積むことでこの習慣を断ち切ることができると思えば希望が持てる。

損失はどうしてもどうしてもどうしても耐えられない

保守主義にはさまざまな理由――後悔を避ける、自分の物を高く評価する、サンクコストを考えるなど――があるが、どれも根底には損失回避がある。ちなみに、後悔回避は基本的に有能感を失うことを避けようとすることで、授かり効果は進化の過程で土地を奪われないようにするためにできた。そして、サンクコストの誤りは時間と資源を無駄にすることを恐れる気持ちが根底にある。保守主義の理由はどれも何らかの損失回避にかかわっているように思える。もしかしたら行動ファイナンスで最もよく知られている発見は、リスクとリワードの選好が非対称的だということかもしれない。私たちは、利益を得ることよりも損失を回避することのほうをはるかに重視する傾向があるのだ。しかし、この現象をもたらす脳の働きはあまり理解されていない。ラッセル・ポルドラック博士のチームは、サイエンティフィック・アメリカン誌で次のような発見について報告している。「……価値や報酬を処理する脳の領域は、損失の可能性について評価するとき、同じだけの利益について評価するときよりも活性化するのではなく静かになった」。損失回避は、心理学的構成概念であると同時に、生理的構成概念でもあるのだ。ポルドラックは、利益を得ると脳の報酬回路の活動が高まったことを発見したが、損失の可能性に対しては、さらに強く反応していたのである。研究者たちは、これを「自然損失回避」と名付けた（Russell A. Poldrack, 'What is loss aversion?' Scientific American）。損失の恐れとそれに伴う行動まひには、私たちに深く埋め込まれた生物的起源があるが、それを振り払わなければ、人としても投資家としても可能性を追求することはできない。

これまであなたがしたことで、最も意味があったことを考えてみてほしい。それを達成するためには、ある程度のリスクや不確実性や努力があったに違いない。どんなリスクにも言えることだが、ここには価値ある教訓がある。確実性を求めれば、平凡に終わるということだ。安全第一で行くのが最も安全だし、損失を回避することが損失を最も抑えられる。さまざまな心痛を避けるために独身を続けてきたのに孤独を感じている人や、起業したくても自分を信じて賭けることができないために嫌いな仕事を続けている人や、ボラティリティを恐れて動けなくなり、退職時に必要な資金が確保できていない投資家を想像してみてほしい。皮肉なことに、脅迫的に損失を回避しようとすると、最も恐れていることが起こってしまうのである。

知っていることの誘惑

一九八〇年代に子供時代を過ごした人ならば、コーラ戦争をよく覚えていると思う。長年、コカ・コーラの二番手に甘んじてきたペプシが、目隠しで飲み比べする一連のコマーシャルによって直接対決に出たのである。すると、ペプシにとってはうれしいことに、そして飲み比べた人の多くが驚いたことに、ペプシのほうがおいしいと答えた人が多いという結果になった。ペプシはこの「科学的」な調査結果を、一九七〇年代半ばから一九八〇年代にかけて、ペプシチャレンジと銘打った伝説的な広告キャンペーンを張って大いに売り込んだ。一方のコーラが他方よりもおいしいと感じる人が若干多ければ、販売上もおいしいほうが有利になると考えるのは当然だ。しかし、本書執筆時点においてもコカ・コーラはアメリカの炭酸飲料市場で一七％のシェアを獲得していて、これはペプシの約二倍に当たる。同様に、ダイエットコークのシェアが九・六％なのに対して、ダイエットペプシは四・九％にとどまっている。

好みと売り上げに差がついた理由はいくつかあるが（例えば、ペプシのほうが甘いので、試飲では上回るが、一缶飲むと飽きるなど）、最も大きく貢献したのは保守主義だと思われる。コカ・コーラの売り上げは一二年連続でペプシを上回っていたし、コカ・コーラはそれまでに奇跡的なブランド構築を行ってきた。この会社は、ライフスタイル広告という概念ができる前からそれを行い、アメリカ人の生活にほかに類を見ないほど組み込まれていたのだ。コカ・コーラほど浸透していると感じるブランドはほかに思いつかない。その結果、ペプシチャレンジで多少負けていても、さほど影響を受けなかったのである。ペプシは合理的な選択によってソーダ好きがペプシを選ぶようになることを期待していたが、コカ・コーラは慣れ親しんだ味に勝るものはないことに気づいて最終的に勝利を収めた（Gus Lubin, 'Here's the real difference between Coke and Pepsi,' Business Insider [December 19, 2012]）。

まとめ

●考えることは脳の代謝に負担をかける。私たちは一日に何万回もの判断を下している。
●最高の情報は数学や複雑な考えを使って表現されているため、理解するのが難しいことが多い。
●結果が同じならば、行動するほうが行動しないよりも後悔する可能性が高い。
●私たちは今までの自分の選択を褒めたたえ、選択しなかった道をこき下ろし、その二つを組み合わせて自分は幸せだと納得している（だから、間違いから学ばない）。
●私たちは自分が所有しているものを高く評価する。
●サンクコスト（埋没費用）を重視すると、質よりも完成を優先させることになる。

第6章　注意

「一人殺せば悪党で、一〇〇万人殺せば英雄になる。数が殺人を正当化するのだ」――アンリ・ベルドゥ（チャーリー・チャップリンの映画「殺人狂時代」）

急いでKから始まる単語をすべて挙げよ。これは真剣勝負だ。できるだけ完全なリストを作ってほしい。

いくつ思いついただろうか。次に、Kが三番目につく単語のリストを作ってほしい。いくつ思いついただろうか。

Kが最初につく単語のほうが簡単だったに違いない。しかし、実際には三番目にKがつく単語のほうが三倍多くあることを知っているだろうか。それなのに、なぜ最初がKの単語のほうが簡単に見つかるのだろうか。

私たちの記憶の想起過程は完璧とはほど遠く、いくつかの認知的奇行が情報の想起の邪魔をする。心理学者は、この記憶想起メカニズムの誤りを利用可能性ヒューリスティクスと呼んでいる。これは何かを予想するときに、可能性が高いことよりも簡単に思い出せることに基づいて判断を下すということである。

カーネマンとトベルスキーは、初めてこの効果を観察した一九七三年の論文で、その特徴が背景や過去の状況と違うと、情報シグナルが顕著で記憶に残ると書いている。つまり、非常にありふれたこと（繰り返す）と例外的に変わっていることは両方とも記憶に残りやすい。行動経済学者のロバート・シラーは、インターネットが普及したことによって、ITバブルで投資家はネット関連株を簡単に空前の高値まで競り上げることができたとしている。インターネットの有用性が至るところで感じられるようになると、インターネットがいかにパラダイムチェンジになり得るかという内的なストーリーが生まれやすくなったからだ。同様に、大恐慌のようなブラックスワン的な出来事は、それが終わったあとも影響力の大きい並外れた出来事としてみんなの意識のなかに長く残る。

ただ、私たちにとって残念なことは、生活や投資の仕方に関してリスクの大きさを測定するときに、この不完全な利用可能性ヒューリスティクスが大いに働いてしまうことである。

ストーリーの力

注意という柱の前提として、私たちには正確な情報よりも鮮明な情報に頼る傾向が事実としてあるため、確率に鈍感な判断を下してしまうことがある。私たちが数学よりも目立つ特徴に頼る傾向は、マサチューセッツ大学でジェリー・ビーンを使った実験ではっきりと認められた。

ここで一緒に体験してみよう（もともとの実験とは少し言葉を変えてある）。

あなたは目隠しをして、二つの容器のどちらからかジェリービーンを一つ取り出すとする。もし白いジェリービーンならば何ももらえないが（正確に言えば、取り出したおいしい白いジェリービーンはもらえる）、赤ならば一〇〇ドルをもらえるとする。容器一には白が九個と赤が一個入っており、容器二には白が九一個と赤が九個入っている。あなたは、一〇〇ドルをもらうためにどちらの容器から取るだろうか。

落ち着いて考えれば、赤を取る確率は容器一が一〇％で容器二は九％なので、合理的な選択肢は容器一になる。しかし、多くの人はそれが最善策とは感じない。数学的に考えたとしても、やはり容器二のほうがうまくいくチャンスが高いように感じてしまうのである。

この感じは何なのだろうか。なぜ被験者の三分の二が、確率を知らされてもまだ容器二を選んだのだろうか。ある被験者は、「私は赤が多く入っているほうが赤を引きやすいと思って選んだ。白も多く入っていて勝率が悪いことは知っていてもそうした」と語った（ジェイソン・ツバイク著『あなたのお金と投資脳の秘密――神経経済学入門』［日本経済新聞出版社］）。理由は、人は確率ではなくストーリーで考えることにある。容器二には、成功につながる九つのストーリー展開があるが、容器一にはハッピーエンドになる展開は一つしかない。

キリストからイソップまで、寓話を使ってメッセージを伝えたのには理由がある。ストーリーは頭に残るのだ。このことは直観的に分かっているかもしれないが、プリンストン大学のユリ・ハッソンがストーリーを語る人と聞く人の脳を調べてストーリーの力への理解をさらに進めた。ハッソンは、語り手が感動的なストーリーを面識のない人たちに話すと、「……聞き手の脳が同期した。語り手の感情系の島が活性化すると、聞き手の脳でも同じことが起こり、話し手の前頭皮質が活性化すると、聞き手にも同じことが起こった。ストーリーを伝えるだけで、話し手はアイデアや考えや感情を聞き手の脳に植え付けることができるのである」。ストーリーを聞いたり語ったりすると、話の内容だけでなく、体の反応も共有されていた。まるで、語り手が心を開いて考えを直接聞き手の頭の中に純粋な形で置いていったような感じだ。

ストーリーは、私たちがそれ以外の情報収集において適用している重要なフィルターを迂回する。そのため、映画に没頭すると、それによって間違った情報が直接脳に入ってしまうこともある。つまり、ストーリーは行動科学的投資家にとっては敵なのである。

ストーリーの力をさらに詳しく見るために、一九八〇年代に流行したスパンコール付きの手袋の片方だけをいくらならば買うか考えてみてほしい。きっと大した金額は出さないだろう。しかし、もしこれがマイケル・ジャクソンが使ったことがあるものだと言われたら、いくら払うだろうか。ストーリーは、その品物の評価をまったく変えてしまうのである。これが一九八〇年代の小物ならばさほど危険ではないが、株を買うときには大きな危険をもたらしてしまう。

ストーリーの力が最も完全な形で発揮されるのがＩＰＯ（新規株式公開）投資である。ＩＰＯはたいていは新しくて成長しているセクターの新会社で、市場が大いに強気なときに株を公開する。私が知っている投資家のほぼ全員が、ＩＰＯ初日にあの会社（例えば、アップル、テスラ、アマゾンなど）を買っていれば……と妄想したことがある。ストーリーや感情やチャンスを逃すことへの恐怖が入り混じって、ＩＰＯはプロの投資家にとっても個人投資家にとっても極めて魅力的に見えるのである。

ＩＰＯに対する興奮は投資家に何をもたらすのだろうか。コグリアティとパレアリとビスマラは、「ＩＰＯの価格――公開価格の成長率」のなかで、アメリカの平均的なＩＰＯは最初の三年で、市場のベンチマークを年率二一％下回ったことを示した。しかし、このひどい低パフォーマンスにもかかわらず、この先ＩＰＯの人気が衰える理由は見つからない。結局、ＩＰＯには必ずストーリーが付いているからなのだろう。

血が流れると引きずられる

ストーリーの多くが頭に強く残るが、なかでも強力なのが怖い話である。怖い話もほかのストーリーと同様に、重要なフィルターを迂回するが、進化的な理由で頭に強く焼き付くようになっている。危険な記憶や怖い記憶がなかなか消えないのは生き残りのためである。良いニュースで死ぬことはないため、記憶からはすぐに消える。その一方で、トラウマ的な出来事によって得た教訓は失敗を避けるために進化してきた重要な機能である。このことを実感したのは、私がまだ新婚のとき、オアフ島のノースショアにある大学で教えるというかなり楽しい仕事をしていたときだった。私が宿泊していたロッジはかなりつつましかったが、妻も私も楽園で一緒に過ごすだけで楽しく、地元の文化や美しい自然をすべて満喫しようとはりきっていた。シャークウイークを見るまでは……。

知らない人のために書いておくと、シャークウイークとはディスカバリーチャンネルが毎年制作している怖いサメがてんこ盛りの七日間のドキュメンタリー番組である。よくあるパターンが、大昔から進化を遂げてきたサメの捕食力を不運なサーファーたちとともに詳しく紹介したあと、番組の終わりにナレーターが、それまでの六〇分間大いに怖がらせた内容を覆すように、この有名な怪物を正しく理解してほしいというお約束の嘆願をするのだ。

私は一週間、毎日、不幸な運命にも負けずに「またボードに乗るぜ」と語る一本足のサーファーや、間一髪で命拾いをした釣り人にくぎ付けになった。私はそれまで泳ぎが得意で海を愛していたが、シャークウイークが終わるとハワイの海には二度と足をつけないと決心し、実際しなかった。悪いニュースがトラウマになり、スノーケリングやダイビングなど、ほんの一週間前には楽しみにしていたことのどれもやってみる勇気がわかなくなってしまったのである。

しかし、現実的にサメに襲われる確率は、実質的にゼロだった。私が殺人に遭う確率（約二〇〇万分の一）や、聖人になる確率（二〇〇〇万分の一）や、パジャマに火が燃え移る確率（三〇〇〇万分の一）のほうが、サメに襲われる確率（三億分の一）よりもはるかに高いのである。

私のリスク認識は、視聴率を上げるために人間の恐怖に訴えかけた番組を見るという選択によって激しく歪み、それに合わせて行動してしまった。私の経験はたわいないことで、大した犠牲もなかったが、怖い情報に大きく影響されると、健康や資産に損害を及ぼすことになる。

二〇〇一年九月一一日の同時多発テロほど現代のアメリカ人の心理に影響を及ぼした出来事はない。この事件によって何千人もの罪のない市民が命を失い、選挙から飛行機への搭乗まであらゆることに影響を及ぼすさまざまな手順が導入され、政治的・軍事的な決断がなされた。もう想像がついたと思うが、九・一一以降、アメリカ人は以前ほど飛行機に乗らなくなった。結局、飛行機にまつわる怖い話がまだ多くのアメリカ人の心理に鮮明に共有されているのだ。二四時間ニュースがビルに突っ込む飛行機の映像を繰り返し放映したことで、多くのアメリカ人の頭の中でこの映像が繰り返し再現されている。確かに、これは前代未聞の出来事なのだから、確率の低い出来事ではある。しかし、そんなことは内臓をえぐるような痛みを味わった国民にとってあまり意味がなく、危機はとても現実的なことに思えた。その結果、多くのアメリカ人が車に乗るようになり、悲惨な結果を招いている。ドイツのリスク専門家のゲルト・ギーゲレンツァーは、九・一一の翌年に人々が飛行機ではなく車を選ぶ傾向によって、死者が一五九五人増えたと推定している。これは、ツインタワーで亡くなった人の数の半分に上る。

より大きな観点に立つと、リスク管理は範囲や確率と切り離して考えることはできない。リスクを冷静にとらえることができなければ、効果的にリスクを管理することもできないのである。

株とストーリー

「もしアップルをIPOのときに買っていれば……」というストーリーは裏を返せば、個別株を買うのは、単体で見れば、本当にリスクが高いということである。JPモルガンによれば、一九八〇年以降、株の四〇％は「壊滅的な損失」（七〇％以上の下落）をもたらした。しかし、リスクが高いこれらの株を分散したポートフォリオに集めたらどうなるだろうか。ジェレミー・シーゲル著『株式投資』（日経BP社）によると、一八〇〇年代から一九九二年のどの三〇年間においても、株のパフォーマンスは債券と現金を上回っていた。一〇年で見ても、株は全体の八〇％の期間で現金を上回り、二〇年では一回も負けていない。多くのリスク基準で安全だとされている債券と現金が、実際にはほとんどの時期においてインフレ率を下回っていたのである。

このねじれた論理について、シーゲルは「株はどの二〇年間でも損失が出ていないが、債券はポートフォリオの半分を失っている（インフレ率調整後）。そうなると、リスクが高いのはどちらなのだろうか。株の三〇年間のローリングリターンは、インフレ調整後で平均七・四％だったが、債券は何とか持ちこたえただけで、実質リターンはわずか一・四％だった。私ならば、年間のリターンが安定的に平均五％上回る資産クラスをリスクが高いとは言わない。

もう一つ危険なのは、日々の変動ばかりが気になって、長期投資に集中できなくなることである。株価を毎日見ていれば、非常に怖くなるのは間違いない。グレッグ・デイビスは、口座の残高を毎日確認していると、四一％の期間は損失を目にすることになることを示した。人間の性質として損失の痛みのほうが利益の喜びよりも二倍大きいことを考えると、これはかなり怖い。しかし、もし五年に一回見れば、損失を目にするのは全体の一二％の期間で、一二年に一回ならば損失は一回も目にしないですむ」(Greg B. Davies, Behavioral Investment Management: An Efficient Alternative to Modern Portfolio Theory [McGraw-Hill, 2012], p.53)。一二年は長く感じるかもしれないが、多くの人にとって投資人生は四〇～六〇年に及ぶことも覚えておいてほしい。

株の投資は、私たちの「ストーリー脳」を欲望と恐怖の方向に活性化する。これは、歴史を通じて大きな富が生まれた例も失われた例も目を引く形で存在しているからだ。ただ、リスク(本当のリスク)とは、資産を永久に失う確率であって、途中の上げ下げではない。意味があるリスク管理を行うためにはストーリーから離れて、できるかぎり冷静に情報を考慮するように自分自身に言い聞かせなければならない。もし適切に分散して、適切なスケジュールに照らして考えていけば、株を主としたポートフォリオは、低リスクで大きなリターンを提供してくれるのである。これこそ価値のあるストーリーではないだろうか。

少ないほど良いこともある

情報と市場の効率性には、正の線形関係があると想定されていることが多い。その理由は、少なくともある点までは株に関して公に入手できる情報が多いほど、株を正確に値付けできるからだ。しかし、情報が多すぎると、少なすぎるときと同じくらい効率性が下がる可能性がある。サイエンティフィック・アメリカン誌によると、私たち人類が生み出してきた累積総データ量は毎年二倍になっている。具体的に言うと、二〇一六年に作られたデータは、人類が誕生してから二〇一五年までのすべてのデータとほぼ同じ量だった。この雑誌の予想では、次の一〇年でネットワーク化された測定センサーは一五〇〇億個、つまり男性も女性も子供も含めて地球上のすべての人当たり二〇個になるという。現時点でも、データ量は一二時間ごとに二倍になっている。

私たちの文化はデータを愛し、世界のあらゆるところを測定し、報告することにおいて、データは多ければ多いほどよいという姿勢で臨んできた。しかし、今、私たちの生活には情報があふれ、それが実際に影響（多くはネガティブな影響）を及ぼしている。次の研究について考えてみてほしい。

レントンとフランシスコニが、八四の合コンで三七〇〇人のデートの判断を分析した。二人は、さまざまなタイプ（身長、仕事、学歴）の人とデートした人ほど、プロポーズの回数が少ないことを発見した。さまざまなタイプに圧倒されて、結局、行動を起こさなかったのだ。

また、ディモーカは複雑なコンビネーショナルオークションに参加している人の脳を調べた。初期の情報が入ってくると、意思決定と衝動を制御する背外側前頭前皮質が活性化した。しかし、研究者が被験者に与える情報を増やしていくと、脳の活動は、ある時点でブレーカーを下げたように突然に下がった。ディモーカは、「人は情報が多くなりすぎると、筋の通らない判断をするようになる」と言っている。

甘いものが欲しくなって菓子売り場に行ったら、あまりにたくさんあって圧倒されたことがないだろうか。実は、選択肢が多すぎると感覚がまひし、やっと決めてもその選択に満足しないという研究結果が出ている。複数の実験によって、広範囲の選択肢があると、限られた量から選ぶ場合よりも買う量が少なくなり、買ったものへの満足度も低くなることが分かっている。

ほかにも、金融情報が多すぎると変数の疑似相関につながることが分かっている。ネイト・シルバー著『シグナル&ノイズ――天才データアナリストの「予測学」』（日経BP社）によると、政府は毎年四万五〇〇〇もの経済変数のデータを作成している。このことと、劇的な経済事象があまりないこと（第二次世界大戦以降、景気後退は一一回しかない）を合わせると、シルバーが言うところの「さまざまなデータをミキサーにかけて作った高級料理」になってしまうのだ。

例えば、S&P五〇〇の動きとバングラデシュのバターの生産量の相関性という奇妙なケースについて考えてみてほしい。読み違いではない。バングラデシュのバターだ。共分散が九五％のこの関係は、ほぼ完璧に適合しているが、もちろん疑似相関にすぎない。この関係性は、相関関係は因果関係とは違うという古い原理を証明するために、多すぎる情報を分析すれば因果関係がなくても何らかの関係性が見つかることを示そうとした研究者が発見して発表したものである。

私たちは、ビッグデータの世界で森（「これは良い会社か」）を見ないで木（難解なデータポイント）ばかりを見ている。学者や評論家がどれほど変わった経済指標を考え出しても、株のリターンと一時期相関するものは必ず見つかるが、「その会社の一部を所有するかどうかの判断材料になるか」と言われれば、ならない。ビッグデータの大きな波は、市場の動きに関する素晴らしい洞察を新たに与えてくれるのと同じくらい、偽りのメリットも大量に生み出していると思う。

良いことが多すぎる

ダニエル・カーネマンとエイモス・トベルスキーによる「リンダ問題」は、情報が多いことが必ずしも良いわけではないことを示すさらなる強力な例を提供している。二人は経験的に観察してきた感情シグナルは確率を圧倒するということを証明した。これは基準率錯誤として知られている。彼らは被験者に次のような質問をした。

リンダは活発で聡明な三一歳の独身女性である。大学では哲学を専攻し、人種差別と社会正義に強い関心を持ち、反核デモにも参加していた。

次のうち、どちらの確率が高いだろうか。

①リンダは銀行の窓口係である。
②リンダは銀行の窓口係で、女性解放運動にも積極的に参加している。

合理的に考えれば、女性解放運動にかかわっている銀行の窓口係は、銀行の窓口係の人の一部分にすぎない。しかし、ほとんどの人が②の可能性が高いと答える。本当のシグナルの周りのたくさんのノイズに惑わされるからだ。私たちは、女性解放運動にかかわっている人たちのタイプについてたくさんの先入観を持っていて、リンダもその枠に入ってしまったのである。

リンダに関する情報が多かったことで、本当に大事なことを見極めることができなかったように、投資のアドバイスと呼ばれるものの多くは実は単なる宣伝のたぐいで、教育的効果は薄い。株を選択するための理にかなった手法は、必ず最も重要な変数に注目し、それ以外のノイズを排除するようになっている。もしすべてが大事ならば、それはどれも大事ではないということなのである。

イングランド銀行で貨幣分析と統計部門のエグゼクティブディレクターを務めるアンドリュー・ハルデーンは、「犬とフリスビー」というスピーチのなかで、単純であることについて興味深い議論を展開している。彼はまず、フリスビーをキャッチするためには「物理的要素や大気の要素に加えて風速やフリスビーの回転を考慮した複雑な計算が必要になる」としたうえで、なぜ多くの人がこのような複雑な計算を瞬時に行うことができ、犬はさらにうまくできるのかと問いかけている。答えは、単純な経験則を使っているからだ。飛んでいるフリスビーがだいたい目の高さにある速さで走るのである。つまり、問題が複雑であるほど、統計の過剰最適化を避けるために、解決策は単純でなければならない。

ハルデーンは、過剰最適化の例をいくつか挙げている。最初の例は、過去のパフォーマンスに基づいた複雑なスポーツくじのアルゴリズムで、これは再認ヒューリスティクス（単純に聞いたことがある選手やチームに賭ける）に負けるという。また、「実験によって、ほかのさまざまな活動についても同じ結果になった。心臓発作を診断している医師にとって、単純な決定木が複雑なモデルを上回る。犯罪者を追う刑事にとって、単純な捜索経験のほうが複雑な心理プロファイリングに勝る。……小売店の店主にとって、リピーターのデータのほうが複雑な購買行動モデルよりも役に立つ」。複雑な問題はノイズの多い結果を生み出すため、それを理解するためには大局的で単純化した枠組みが必要なのである。

ハルデーンは、既知のリスクを管理するためのルールと、不確実性にあふれた状況で活動すること（例えば、株の投資）を比較して次のように言っている。

「リスク下での方針は、すべての雨粒に対応しなければならないため、最適化が必要だ。しかし、不確実性の下ではやるべきことは逆になる。複雑な環境では単純な決定規則が必要になる。なぜなら、単純なルールは未知の減少に対してロバストだからだ。つまり、不確実性の下で対応しなければならないのは各雨粒ではなく雷雨だけであり、そのためには粗い調整で十分なのだ」

市場には影響を及ぼす変数があまりにもたくさんあって複雑だからこそ、それに精通するためには単純なルールが不可欠になる。人がフリスビーを投げたときの速度や回転や風速や軌道を計算しようとするように、投資家も市場のささいな動きをすべて見なければ気が済まないならば、特大の悩みと劣ったパフォーマンスという運命が待っている可能性が高い。

ノイズの利点

科学と工学の分野で、SN比（シグナル・トゥ・ノイズ・レシオ）は対象の信号（通常、単位はデシベル）と偶発的な背景雑音の比率を示す値である。これと投資との類似点は明らかで、シグナルは追加的な情報、ノイズは適正価格を見極めるというタスクを迷わす燻製ニシン（おとり）に当たる。ガセ情報（宣伝）はノイズをもたらし、いわゆるノイズトレーダーが得ている情報がこれに当たるが、金融市場はそれがなければ存在することはできない。ノイズがまったくない市場を想像してみてほしい。唯一のシグナルは完全に合理的な市場参加者によって明確に解釈される効率的市場である。このような市場では、ほぼ何も起こらない。結局、もし人々がみんなが理解している資産に適正価格しか支払わなければ、売ったり買ったりする理由がないからだ。

フィッシャー・ブラックは、「ノイズは金融市場を成立させている一方で、不完全なものにもしている」と言っている。ノイズがなければ動きもない。ノイズが多いほど、トレードが活発になり、市場の流動性も高くなる。ただ、市場の明らかなジレンマは、ノイズが多ければ資産の流動性も高くなるが、価格は不完全になるということである。また、多くの人が直観で行動すれば、ノイズがシグナルになり、さらなる混乱を招く。市場もほかのところと同様に、実際に知覚されるとそれが現実になるのである。

市場が機能するためにはノイズトレーダーが必要だからといって、あなたがわざわざ市場の効率を悪くする必要はないということも言及しておきたい。ノイズトレーダーは船主のようなもので、ほかの人に任せておいたほうがよい。ノイズの多い市場（つまり、私たちの市場）で利益を上げるためには、そもそもなぜノイズでトレードするのかを理解しておかなければならない。このことについて、フィッシャー・ブラックが二つの理由――①所属意識、②ノイズに気づいていない――を挙げている。

行動科学的投資家はノイズトレーダーの天敵として、その逆を行かなければならない。つまり、①信念に基づいてコントラリアンであることを楽しむ、②経験的マーカーや心理的マーカーが付いたシグナルについて理解を深める――ということである。

知識を持った投資メディアの消費者になる

●情報源を吟味する　その人はこの件について語るに足りる信頼がおける人か、それとも不適切な理由で選ばれたのか（見た目、カリスマだから、大きなことを言うから）。

●メロドラマにだまされない　ボラティリティは良い投資の敵ではあるが、混沌と不確実性はクリックや視聴率が欲しいメディアにとっては恩恵となる。

●論調に気を付ける　報道に含みのある言葉が使われていたり、個人攻撃になっていたりしないか。もしそうならば、事実ではなく意図的な報道かもしれない。

●動機を考える　ニュース番組は慈善団体ではなく、ほかの会社と同じように利益第一で運営されている。報道の趣旨は、彼らのニーズにどのようなメリットがあるのか（意思決定者としてのあなたではなく）。

●事実確認　報道内容は学術的な通例や同じ分野のほかの専門家の意見と一致しているか。

報道されている事実や意見はどのような調査に基づいているのか。

「難しい話はいらない」

市場が何週間か高いボラティリティに見舞われたあとに、よく大手の金融ニュース番組から私に連絡がある。何が起こっていて、それが投資家にどのような意味があるのかについて意見を聞かれるのだ。これは私にとって良い宣伝チャンスなのでいつでも歓迎なのだが、最初のうちはテレビ出演になかなか慣れることができなかった。ケーブルテレビのニュースに出演するときは、どこか遠くにあるカメラに向かって話をするので、聞き手の状況がまったく分からない。しかも、イヤフォンからは番組の司会者の声だけでなく、プロデューサーが指示を叫ぶ声や、タイムキーパーのカウントダウンや指示出しの声も聞こえてくる。声が重なって聞こえると、頭の中が一種の統合失調症のような状態になり、それに合わせて話をするのは難しいといつも感じている。

この日、もっと大げさで独断的な意見を語るよう明確に言ってきたプロデューサーに、私は高説を垂れた（実際には、自分の清廉がメディアの扇情主義に改竄されないことを願いながらぼそぼそと意義を唱えたにすぎない）。プロデューサーがカウントダウンを始めた。「オンエアまでのあと、五、四……」、私は咳払いをして喉をすっきりさせ、「三、二……」、私はテレビ用の精いっぱいの笑顔を作ったが、「一、スタート。難しい話はやめてくださいよ。ニュースは売り込むものですよ」とイヤフォンから声がした。そのとき、私のショック状態の顔がカメラにそのまま映っていたのは間違いない。

私だって、メディアが必ず投資家に最善の情報を提供しようとしていると言うつもりはないが、冷めた目で見ても、「ニュースを売り込む」などと堂々と言われるとショックだった。金融ニュースで大事なのはクリック数を増やしたり、注目を集めたりすることであり、お金の話ではない。その日、それに沿わない私の考えはほとんど取り上げられなかった。ニュースが情報ではなく刺激を提供するためのものだと、直近のフランクリン・テンプルトン・グローバル・インベスター・センチメント調査結果のようなことになる。この調査では、二〇〇九年と二〇一〇年と二〇一一年のS&P五〇〇がどのような動きをしたかを質問した。ちなみに、S&P五〇〇は最初の二年は二桁の成長を見せ、三年目もわずかに上昇していた。つまり、この期間は素晴らしいパフォーマンスだったにもかかわらず、多くの投資家が急落したと回答したのだ。私たちは進化の過程で、怖いことやいつもと違うことに固執するようになり、特にメディアが得意なストーリー仕立てになっているとその効果はより高くなる。私たちは、これまでになく情報にあふれた時代を生きているが、情報が入手できることが必ずしも役に立つわけではない。

ニュース番組がより偏った考えを持ったり専門分野に特化したりしていくと、情報の価値は下がり、むしろ害を及ぼすこともある。彼らは、シグナルを売るつもりでも、ほとんどノイズの提供者になっているからだ。しかも、今後ますます情報が増えていけば、私たちはヒューリスティクスをますます頼るようになる。しかし、判断を助ける近道として進化したヒューリスティクスを過剰な情報に直面したときに使ったらどうなるのだろうか。

ノイズに見せかけたシグナルは、それに伴う危険に気づいている行動科学的投資家にとっては実は利点になる。ラドヤード・キプリングが息子に贈った詩に次のような一説がある。

もし、みんなが冷静さを失ってあなたを責めても冷静でいられるならば
もし、すべての人から疑われてもそれを許し、自分を信じることができるならば
もし、待ち続けることに耐えることができれば
ウソをつかれても、自分はウソをつかなければ
憎まれても、憎むことをしなければ
自分をよく見せたり、賢いふりをして話したりしなければ

損をさせるための情報の時代に冷静でいることは、行動科学的投資家の永遠の課題である。そのためには、信念に基づいてコントラリアンでいることを覚え、人の行動を理解し、ファイナンスの不朽の経験的原理は自然に身につくことではないが、自分自身を知り、富を手に入れ

る過程で偽情報を除去するときのカギとなることを知っておく必要がある。

まとめ

●私たちは、思い出しやすいことと確率を混同する傾向がある。
●人は確率ではなくストーリーで考える。
●私たちは、衝撃が大きくて確率が低い怖い出来事が起こる可能性を過大評価する。
●人の行動を無視したリスク基準は役に立たない。
●情報が多すぎても少なすぎても市場は非効率的になる。
●逆説的ではあるが、複雑で動的な系においては、過剰最適化を避けるための単純な解決策が必要。
●ノイズは市場を機能させていると同時に、市場を打ち負かすのをほぼ不可能にしている。

第7章 感情

「この世は、感じる者にとっては悲劇だが、考える者にとっては喜劇である」――ホレス・ウォルポール

感情は友か、それとも敵か

行動ファインスの世界では、この分野の研究が始まった当初から投資判断を下すときに感情は助けになるのか、それとも障害になるのかについて議論がなされている。感情は、文脈を深める価値ある情報を提供すると考える人たちもいれば、合理的な思考を邪魔すると考える人たちもいる。どちらの言い分にも一理あるため、ここでは感情が行動科学的投資家になるために必要かどうかを知る助けになる研究を見ていくことにする。

感情が助けになるとする人たちは、現実の世界で判断を下すために感情は必要だと正しく主張している。デニース・シュールは、『マーケット・マインド・ゲームス』（D. Shull, Market Mind Games [McGraw-Hill, 2011]）のなかで、脳の感情中枢に障害がある人にとっては、簡単なこと（例えば、今日はどの服を着て会社に行くか、朝食に何を食べるかなど）でも難しい判断

になると指摘する。日常のささいな判断でも、その根底には感情があるが、それは失って初めて分かるのである。さらに、ロバート・ザイアンスは、無意識で感情的な反応には、情報処理と判断の方向性を助ける定位効果があるという説得力のある主張をしている（R. B. Zajonc 'Feeling and Thinking,' American Psychologist [1980]）。これだけで全容が分かるわけではないが、正しい方向を示してだいたいのところまで導いてくれるため、あとは細かい論理的思考で目的地にたどり着くことができるのである。

ローウェンスタインとシュカーディィは、感情がこのような定位機能を助ける例はたくさんあると指摘している。彼らは、「感覚的な予想のほとんどが、かなり正確であることは間違いない。人は仕事を失ったり、恋人にふられたり、試験に落ちたりしたら、不愉快になることが分かっているので、新しい職場での最初の二〜三日はジョギングのあとのような『ハイ』な気分になる」と書いている。処理要求に圧倒されている脳にとって、方向性を知るための脳の大まかな近道の重要性はどれほど強調してもしきれないが、感情がそれをうまく助けているのである。

感情は認知的な近道であるだけでなく、深遠な進化的利点もある。ポール・スロビックのグループは、感情処理によって「ヒトは長い進化を遂げる間、生き延びることができた。確率論やリスク評価や決定解析ができるはるか前から、直観や本能や第六感が、その動物は安全に捕獲できるか、その水を飲んでも大丈夫か、といったことを教えてくれていた」とまで言っている（P. Slovic, E. Peters, M. L. Finucane and D. G. MacGregor, 'Affect, risk, and decision making,' Health

Psychology [2005])。彼らはさらに、意思決定において感情よりも分析を重要視するようになったのは、私たちの生活が複雑になってからだともしている。ＭＩＴ（マサチューセッツ工科大学）のアンドリュー・ローもこの考えを支持して、「進化の観点から見ると、感情は動物が環境や過去の経験から学ぶときの効率性を劇的に改善する強力な適応機能なのである」と言っている（A. W. Lo and D. V. Repin, 'The psychophysiology of real-time financial risk processing,' Journal of Cognitive Neuroscience 14:3 [2002], pp.323-339）。このことは、進化的な証拠から明らかで、感情がなければ人類もいなかったのである。

しかし、かつて進化的な効用があったといっても、必ずしもそれが現代も必要だということではない。その好例が盲腸だ。感情が意思決定のいくつかの側面で助けになっていることは間違いないが、それ以外のところでは妨げになっているように見える。前出の感情の定位効果は、実は方向感覚を失わせることもある。感情は、離婚すれば辛いと正しく教えてくれるかもしれないが、その一方で大きな家や高い給料が幸福のカギとなるという間違った考えに導くこともある。ちなみに、この論文はどちらも明らかに違うということも示している。

イーゼンは、多少の積極性は意思決定をより創造的にするが、積極性はほかの認知機能（例えば、記憶、演繹的推論、計画性など）を弱めるとも言っている（A. M. Isen, 'Positive affect and decision making,' in M. Lewis & J. M. Haviland [eds], Handbook of Emotions [Guilford Press, 1993], pp.261-277）。例えば、前向きな感情は前向きの情報を思い出すときに効果があることや、幸せなときは処理機能を抑止するため、認知処能が妨げられることを示す論文もある。幸福感はいくつかのタスクのパフォーマンスを高めることが分かっているが（例えば、ダンカーのロウソク課題）、その反面、ほかの実行機能を妨げている（例えば、ストループ課題、ロンドン塔課題）。まだ混乱しているだろうか。

ポジティブな感情は意思決定の一部を改善しても、それ以外の部分を妨げるように見えるが、実はあまり注目されていない発見がある。幸福感がヒューリスティクス、つまり認知的近道への依存を高めるということである。ボーデンハウゼンとクレーマーとサッサーは、ポジティブな気分のときに人を判断すると固定概念への依存が高まることを発見した（G. V. Bodenhausen, G. P. Kramer and K. Susser, 'Happiness and stereotypic thinking in social judgment,' Journal of Personality and Social Psychology 66:4 [1994], pp.621-632）。また、フォーガスとフィードラーも、ポジティブな感情は外集団に対する差別につながるとしている（J. P. Forgas and K. Fiedler, 'Us and them: Mood effects on intergroup discrimination,' Journal of Personality and Social Psychology 70 [1996], pl.28-40）。これらのことからは、人間の心は幸福保存マシンであり、うまくいっているときは深く考えないことでその状態を維持しようとすることを覚えておいてほしい。微妙な違いについて考えたり、投資で言えば、会社の財務内容に関する掘り下げた分析を読んだりすることは良い気分を台無しにしてしまうのである。

包括的な水準から見れば、感情を持つことの効果には良いことと悪いことが混じり合っているが、投資判断という観点で検証すると、感情の利用と悪用についてより具体的に助言できる。感情は、ヒューリスティクスへの依存を高め、そうなるといくつかの副作用が出てくる。ルールを無視する、確率を重視しない、予定を切り詰める、同じ行動をする、リスク認識が変わる――などといったことだ。しかし、どんなときでも一番大事なのは文脈である。前述の影響は、時間がないなかで生死を分ける状況では役に立つ。しかし、私たちはもうジャングルに住んでいない。金融市場があるコンクリートジャングルでは、まったく違うルールで戦っていかなければならないのである。

さまよう旅人

あなたはお気に入りの映画館の席で、公開されたばかりの「スター・ウォーズ、エピソード一九、ジェダイの帰還」が始まるのを楽しみに待っている。このとき、周りの観客を見回すと、さまざまな行動が見られる。ある夫婦は子供の学校をどこにするか話している。書店のオーナーは駄作を見なくてすむように、新作のレビューを読みながらポップコーンを貪っている。子供たちは、兄弟にちょっかいを出して嫌がられている。初デートの若いカップルは、ぎこちなくお互いのことを知ろうとしている。要するに、みんな同じ場所にいて遠い遠い銀河の物語に関心を持っていても、まったく異質なことをしているのである。

　しかし、もしこのときだれかが立ち上がって「火事だ」と叫んだらどうなるだろうか。観客たちに何が起こるだろうか。みんな取り乱して走り出し、さっきまでの異質な行動はなくなって、みんなただ一つの目的、つまりドアに向かう。下位レベルの感情は考えや行動のばらつきをもたらしたが、上位レベルの感情は断固たる同質化効果を持ち、それがよかれと思ってしたことでも投資家に害を及ぼす。感情は、あなたのルールを無視するのである。

『予想どおりに不合理――行動経済学が明かす「あなたがそれを選ぶわけ」』（早川書房）のなかで、ダン・アリエリーは感情がルール順守を無効にすることを示すある研究、というよりもかなり刺激的な実験を行った。アリエリーのグループは、男子学生の群に性的嗜好に関する一九の質問をした。このなかには「特異」な性行為に関する質問や、性的に不道徳な行動、安全な性行為、パートナーに敬意を持って接しているかなどの質問が含まれていた。

　アリエリーたちは、これらの質問をまず学生たちが「冷静」な状態（感情的にも性的にも興奮していない状態）にあるときに質問した。想像はつくと思うが、学生たちは付き合っている相手と合意に基づく安全で相手が望むセックスをすると答えた。

　次に、アリエリーたちはポルノ画像を使って被験者を性的にも感情的にも興奮した状態にした。すると、先の一九の質問に対する答えが劇的に変わってしまったのである。浮気の可能性は一三六％増え、特異な行為をする可能性は七二％、避妊しない可能性は二五％増えた。この結果について、アリエリーは「レーダー画面から予防と防備と用心と道徳心が完全に消え去った。彼らは情熱によって予想できないほど変わってしまった」とまとめている。

　このふざけたような実験を見て、このような影響は性的興奮に限られると思うかもしれないが、それは違う。アリエリーは注釈で次のように書いている。「ほかの感情（怒り、飢え、興奮、嫉妬ほか）でも同じようなことが起こる。私たちは自分自身のことを分かっていない」

　実験に参加した学生たちは、全員ルール（必ずコンドームを使い、浮気はしない）を理解していたが、興奮しているときはルールなどどうでもよくなった。あなたも、たくさんの賢い投資のルールを分かっているが、恐怖や欲望にとらわれているときにはそれらのルールが使われなくなってしまうのである。

　このことについては、心理学者でトレードコーチのブレット・スティーンバーガーが、トレーダーの行動研究に基づいてうまく言い表している。「……要するに、感情はルールに基づくトレードを破綻させる。……感情的な状態のときは、……自己中心的になり、ルールに注意を向けることができなくなる。多くの場合、感情的になると自分のルールを疑問視するようになるのではなく、単純に忘れてしまうのだ」（ブレット・スティーンバーガー著「精神科医が見た投資心理学」［晃洋書房］）。どれほど賢い投資家でも、感情的になると自分自身とも自分のルールとも違う行動をとってしまうのである。

ミネソタ多面人格目録（ＭＭＰＩ）は、精神疾患の評価に幅広く使われている性格検査で、アメリカ人の心理に関する興味深い洞察を与えてくれる。一九三八～二〇〇七年にかけて、ＭＭＰＩで測定したアメリカ人の心理スコアは大きく上昇した。具体的には次の分野で上昇が見られた。

●気分の変化
●落ち着きのなさ
●不満
●不安定性
●自己愛性
●自己本位性
●不安
●非現実的に高い自己評価
●衝動制御

この期間は社会が大きく発展したが、精神的安定はあまり得られていなかったように見える。感情を適度なレベルに保つことが投資における優位性の永遠のカギだと思われるが、実際には感情はさらに不安定になっているようだ。

感情が確率評価を歪ませる

投資家が確率に従うのを難しくして利益を減らしている理由の一つは、感情が確率の評価に顕著な影響を及ぼしていることである。予想はつくと思うが、ポジティブ感情は良い結果の可能性を過大評価させ、ネガティブ感情は過小評価させる。このような確率の勝手な色付けは、リスクを誤解することにつながる。

人は、怒るとリスクへの恐れが減ることも分かっている。また、行動に対する個人的な親近感にも、多かれ少なかれリスクがあるように見える。ボートやスキーは比較的危険なスポーツだが、非常に楽しいため、体に危害を及ぼす原因としては見過ごされることが多い。良い投資は退屈なものだが、それが不適切にリスクが高いと分類されてしまうことがある。私たちは、リスクを評価するとき「これは危険か」ではなく、「これは楽しいか」と考えてしまうことがあまりにも多くあるのだ。

幸せな人は、自分は宝くじに当たると思いがちだが、それでくじ運が上がることはない。感情とリスクを関連付ける包括的な傾向があることを直観したとしても、それがどれほど確率を歪ませるかを知れば驚くと思う。ロッテンストリーチとシーの研究によると、賭けの結果が感情を誘発した場合、確率が九九％（ほぼ確実）から一％（ほぼあり得ない）に変わってもその賭けの魅力は変わらなかった（Y. Rottenstreich and C. K. Hsee, 'Money, kisses, and electric shocks: On the affective psychology of risk,' Psychological Science [2001]）。また、ローウェンスタインのグループの研究では、被験者に宝くじに当たる確率を予想させると、勝率が一〇〇〇万分の一のときでも一万分の一のときでも同じだった（G. F. Loewenstein, E. U. Weber, C. K. Hsee and N. Welch, 'Risk as feelings,' Psychological Bulletin 127:2 [2001], pp.267-286）。彼らは、感情が不確実な結果を「確率」ではなく「可能性」（全部かゼロか）としてとらえさせるとも書いている。

つまり、私たちは、自分が思っている以上に映画『ジム・キャリーはMr.ダマー』のバカな主人公と同じようなことをしている。彼女と結ばれる可能性が一〇〇万分の一だと言われても、彼はホッとして笑顔で「つまり、チャンスはあるということだよね」と応じるのだ。私たちは、強い憧れと勝つ確率を混同してしまうことがあまりにも多くあるのだ。

雨の日と月曜日

ハーシュレイファーとシャムウエーは、気分に直接的な影響を及ぼす天候が日々のリターンに及ぼす影響を、二六カ所の証券取引所について検証した。すると、二六カ所のなかの一八カ所において曇りの日が株のリターンの低下と関連していることが分かった。ニューヨーク市で、晴れの予報日のみに投資した場合と曇りの予報日のみに投資した場合の仮定のポートフォリオのリターンは、それぞれ二四・八％と八・六％になったのだ。地元の気象学者と組んでヘッジファンドを始めるべきかもしれない。

タイムトラベル

「楽しいときは時間が速く過ぎる」とよく言うが、これにはもっと大きな真実が隠されている。感情は、私たちの時間に関する知覚に劇的な影響を及ぼすのである。特に、激しい感情は、スケジュールを破棄させて、「今ここで」がすべてになる。時間が大きな富を生み出す投資において、感情によって短期的な見方しかできなくなる傾向は大きな障害となる。

リンチとボニー（一九九四年）が行った禁煙に関する長期的な研究は、一瞬の強い感情が一生にかかわる有害な決定をもたらすことを示した。この研究では、高校生の被験者に、五年後も喫煙をしているかと質問した。タバコをときどき吸う生徒たちは一五％が吸っていると予想し、毎日一箱吸っている生徒たちは三二％と予想した。そして五年後、まだ喫煙を続けていたのは前者が四三％、後者は七〇％だった。彼らの一〇〇〇の感情的欲求が合わさって、一生にかかわる有害な決定をもたらしていたのだ。同様に、投資家も市場の日々の動きに目を奪われていると、それに伴う感情に惑わされて一〇〇〇の小さな間違った判断を下し続け、引退資金を失うことになる可能性が高い。

機能的反社会的人間

もし激しい感情がこれほど投資結果に悪影響を及ぼすならば、感情が結果に与える影響を最低限にするかなくすかする方法を考えたくなる。ソコル・ヘスナーのグループ（二〇一二年）は、賭け金を下げて感情を落ち着かせ、幅広い視野を持つと、生理的な興奮度が下がり、判断結果が向上することを発見した。また、マイアミ大学の研究によると、投資家は自分のポートフォリオで保有している資産に関するニュースよりも、一般的な経済ニュースを聞いているときのほうがより良く学んでいる。被験者は、一般的な経済ニュースならば私情を挟まないで聞くことができるが、ニュースが自分の人生に金銭的な影響を及ぼすときは感情が学びの過程を歪ませるのである。最後に、サイエンティフィック・アメリカン誌が、バイリンガルの人たちが外国語で考えているときは反射的になったり感情的になったりすることが少なくなるため、より良い判断を下すことができる証拠を紹介している。

ほかの部分では適応できる感情が、健全な投資においては障害になるという証拠が次々と見つかっている。このことをより直接的に検証するため、ローとレピンとスティーンバーガーは、オンライントレード講習に参加した八〇人の被験者の行動を観察し、正規化した損益に対する感情的な反応の影響を測定した。すると、ポジティブでもネガティブでも最も感情的になった人は「トレードのパフォーマンスが著しく低かった。これはトレードがうまくいく行動と感情的反応が逆相関になっていることを示している」。研究者たちはさらに次のように言っている。「この結果は、恐怖や欲望といった感情の無意識の反応が、より制御された『高次元』の反応に勝るという最新の神経科学の証拠とも一致している。感情反応がより複雑な意思決定能力を『省く』と……当然、トレード結果は劣ることになる」

もし感情を抑止するほうが良いのならば、それをなくしてしまえばさらによいのだろうか。この考えを追求したのが、スタンフォード大学で行われた「投資行動と感情のマイナス面」という研究である。このなかで、研究者たちは脳の感情処理中枢に障害のある一五人と「神経機能が正常」な一五人をギャンブルで競わせた。すると、脳に障害がある被験者は、大きく賭けることと失敗しても素早く回復することで、「正常」な被験者を簡単に上回った。「正常」な被験者は全般的に安全にプレーしていたが、低パフォーマンスが続くと（市場では投資の好機）、リスク回避の傾向が特に強くなった。一方、脳に障害がある被験者は、傷口を癒やしたり、傷ついたエゴを慰めたりする必要性を感じないため、同じスタイルを維持して勝利に邁進したのである。

ここでの教訓は、ロボトミーを受けて金持ちになる、ということではないが、感情は投資にとってとんでもない敵であるということは間違いない。神経学者のアントイン・ベッチャーラの、「投資家がお金儲けがうまくなるためには機能的反社会的人間のようになるべきだ」という言葉は、まんざら冗談ではないのかもしれない。投資家は、感情を常に追い払っていなければならないのである。

良いことばかり

赤信号で止まるとき先頭になるのは名誉なことであり、神聖な特権でもある。しかし、青になれば信号が変わるまでにできるだけ多くの車が通れるよう細心の注意を払って素早く発進するという大きな責任も負っている。みんなが私ほど高い使命感を持って信号に臨んではいないだろうが、ときどき携帯電話などに気を取られて曲がり損ねたり、信号が変わったことに気づかなかったりする人がいる。そのようなとき、私は前の車の不名誉な行動に対してクラクションを鳴らして注意する。

つい最近の週末、前の車の運転手があまりに注意散漫だったので、私はいつものようにクラクションを鳴らした。すると、相手は瞬時にこちらをにらんで中指を突き上げてから道を曲がった。そのあとたまたま次の信号でその車の隣に並ぶと、さっきの運転手が窓を開けて謝ってきた。「さっきはこちらの注意不足でした。でもクラクションを鳴らされるとイラっとするんです」。彼の最初の感情反応は、クラクションを鳴らした私に対する怒りだった。しかし、少し考えると、自分が他人にどのような行動をとったか理解し、彼の「遅い思考」反応が責任を感じさせたのだ。信号での交通ルールを怠るのは特別変な人だと思いたいが、彼も私たちと同じで、思考が追い付く前に感情が出てしまったのである。

ルドゥ（一九九六年）のグループは、私が信号で経験したような感情が理性に勝ることを示すいくつかの興味深い研究を行っている。彼らはラットを使った実験で、感覚を司る視床（基本的な信号処理が行われるところ）から偏桃体（感情中枢）に直接的な神経経路があることを発見した。この新皮質を通らない直接経路は、理由付けをする前に信号が感情的に処理されることを意味している。ラットが理由を知る前に怖がることができるのは、行動の選択肢を粗くても素早く評価するためである。前出のザイアンスの研究（一九八〇年、一九八四年、一九九八年）と合わせて、これは人間も対象が何か分かる前に直観でそれが好ましいかどうかを見分けることができることを示している。さらに、私たちの刺激に対する感情反応は、ほかのどの反応よりも記憶に長くとどまることが分かっている。例えば、内容はまったく覚えていなくても、その映画が直観的に大嫌いだったことは長い間、覚えているのである。

意思決定において合理的な方法と感情的な方法がどのように結びつくのかは、その度合いが大きくかかわっている。感情を測定すると、それに圧倒されることなく情報を伝える助言的な役割を果たしているように見える。これは役に立つし、判断を助ける情報をもたらすかもしれない。しかし、感情は小さくではなく、大きく出てくるよう調整されており、さらに激しくなると意思決定すらできないようにしてしまう。ジョージ・ローウェンスタインの言葉を借りれば、「ハンドルを握ったまま寝ようと『決めて』いる人はいないが、多くの人がそうしてしまう」。

アンソニー・グリーンワルド（一九九二年）の研究によると、人間の脳に感情的にタグ付けされたものはすべて簡単に思い出せるようになっているが、合理的な事実にはそのような検索のメカニズムがない。この研究では、一四〇〇の広告キャンペーンを使って感情に訴えるものと合理性に訴えるものを比較した。すると、被験者は感情的なほうを合理的なほうよりも二倍多く思い出すことができた。研究者たちは、その理由として感情は苦労せずに処理され、脳により定着しやすいという事実を挙げている。リタ・カーター（一九九九年）によれば、「思考と感情が対立したときは、後者が勝つように脳の神経回路は設計されている」。感情に理論で挑むのは、銃にナイフで挑むようなことなのである。

感情は、それが役に立つときのためにとっておく

多くの動物は、危険なときのストレスに対する適応反応を進化させてきた。コブラは危険を感じると頭巾をもたげ、フグは体を膨らませ、亀は甲羅に閉じこもる。一方、人間という動物は、プレッシャーにさらされたときに、最もやってはいけないことをする運命にあるようだ。自分を一番よく見せたいときに大量の汗をかき、大事なスピーチを控えた楽屋では口のなかがカラカラに乾く。私たちの予想したり予期したり心配したりする能力が、ヒトとそれ以外の動物を分けていると同時に、私たちと大金も分けている。私たちにとって人生で最も良いときは感情が高まっているとき（結婚、子供の誕生、友人の大学卒業など）だが、人生で最も悲しい瞬間でもその非凡な記憶によって学び、行動する永続的な力を持っている。とはいえ、感情は私たちに豊かさをもたらすのと同じくらい散財もさせるため、これが最も役に立つときのためにとっておくべきだろう。

まとめ

●お金への愛着によって、金銭的な判断を下すときに感情への依存が強まる（弱まるのではなく）。

- 感情は知的能力を温存するために、粗いが重要な近道を提供する。
- 強い感情はヒューリスティクスへの依存を強める。
- 感情は人生や死に関する判断や時間がないときの選択には適しているが、それ以外のときは役に立たない。
- 感情は私たちが順守するつもりのルールを無視させる。
- 強い感情は行動を均質化させる。
- 私たちは大きな成果への欲求と可能性を混合する傾向がある。
- 私たちは楽しい行動のリスクを低めに見積もる傾向がある（逆もある）。
- 激しい感情はスケジュールを破棄し、将来を無視して今を優先させようとする。

第3部

行動科学的投資家になる

「私たちは毎日自分の運命を作り出している……私たちを苦しめる病気のほとんどは、自分自身の行動に直接帰することができる」――ヘンリー・ミラー

日本の映画監督の黒澤明と言えば、彼の最高傑作と言われる『七人の侍』がよく知られているが、彼の成功のきっかけとなったのは、実は『羅生門』だった。一九五二年にアカデミー賞の最優秀外国語映画賞を受賞したこの映画は、侍を殺し、その妻を辱めて告訴された悪党の裁判の様子を描いている。この事件について五人の当事者と目撃者――被告、侍の妻、殺された侍(巫女が霊を呼び出して)、旅法師、杣売り――が、それぞれ熱心に異なる証言をする。映画は真実の主観的性質を検証し、経験と動機と性格が私たちの判断に影響を及ぼすことを誇張して描いている。この話の教訓は、各人の証言が実際に起こったことよりも証言した人について多くを語っているということである。

制御された学術的設定のなかでの真実の主観的性質について最初に研究した一人が、ケンブリッジ大学心理学部長のフレドリック・バートレット卿だった。彼は、記憶の操作を可能にするため、被験者にネイティブアメリカンの民話を読ませて、数日後に思い出してもらうという

実験を行った。すると、被験者が民話を思い出すときに自分の優先事項と文化的環境を反映して内容を改竄する傾向があることが分かった。彼らは、話のなかの不快な部分や馴染みがない部分を省略し、ネイティブアメリカンの文化的特徴を自分たちの規範に合うよう置き換えていたのだ。モー・コスタンディはバートレットについて、記憶は再生可能であるのと同じくらい再構築も可能だという考え方の先駆者だと言っている（Mo Constandi, 'Reconstructive memory: Confabulating the past, simulating the future,' Neurophilosophy [January 9, 2007]）。

私たちは自分の裁量で、イメージに従ってポートフォリオを構築する。アメリカ人はアメリカの株を買う。鉄鋼会社の労働者は製造業を多めに組み込み、金融業界の人たちは銀行株を多めにする。臆病な人は分散投資しないで過剰に信頼する銘柄のみを大量に保有する。保有銘柄は、老夫婦と同じように、保有者と似てくるが、この類似性には大きな危険が潜んでいる。

個人差は、生物的・心理的・神経的な違いから生まれ、それが世界を魅力的にしている。しかし、ウォール街は独自性を表明する場所ではない。個人の仕事は自分だけにしか書けないストーリーを考え、だれとも違うレンズを通して世界を見ることである。反対に、投資家の仕事は今日の市場をみんなの明日の視点で見ることである。個人に求められるのは自分自身を表現することだが、行動科学的投資家に求められるのは、自分を服従させることなのである。原始の時代から続く生物的・心理的・社会的な切望に基づく意思を曲げるのは非常に難しい反面、大いに報われる可能性もある。この第3部では、その方法を具体的に紹介していく。

ジークムント・フロイトは、人間の心理がどのように壊れるかの概要（ヒントは母親）から研究を始め、そこから精神分析学は一世紀以上、研究が重ねられている。臨床心理学が今日、ポジティブ心理学（幸福感、強さ、特別感に関する研究）と呼ばれているものに方向転換する約一五〇年前のことである。

臨床心理学者にとって診断は必要だが、それだけで治療はできない。一時間二〇〇ドルの診療費をとって、病名を付けるだけの精神科医はいないが、行動経済学者はそれを投資家にしている。たくさんのバイアスを並べては見せるが、解決策はほとんど示していないのだ。しかし、それも今日までだ。これから、第2部で挙げた行動科学的リスク管理の四つの柱の意味を、資金運用の観点から説明していく。まずは四つの柱をおさらいしておこう。

一．エゴ　自信過剰で、明敏な判断よりも自分の能力を信じた行動をとる傾向

二．保守主義　利益よりも損失、変化よりも現状維持を不当に優先すること

三．注意　情報を相対的に評価する傾向で、意思決定において確率よりも顕著な特徴を優先すること

四．感情　リスクと安全性に対する見方が、一時的な感情と個人的な情緒安定性に影響されること

第1部と第2部を読んで、間違った行動が「なぜ起こるのか」は理解できても、「それならどうすればよいのか」はまだ明らかではないと思う。

それを理解するために、まずは「自分はうぬぼれるほどの人間か」と自問することでエゴ耐性のポートフォリオを構築する方法を見ていこう。

第8章　行動科学的投資家はエゴを克服する

「現代において辛いことの一つは、確信に満ちている人は愚かで、想像力や理解力を持ち合わせた人は疑念と優柔不断に陥っていることだ」――バートランド・ラッセル

「自分は負け犬と思うときもあれば、全能の神と思うときもある」――ジョン・レノン

タイタニック号の沈没や、チェルノブイリ原発のメルトダウン、スペースシャトル・チャレンジャー号の爆発、メキシコ湾原油流出事故、こだわりのレストランを始めることにあまり共通点はないように見える。しかし、これらのもとにはすべて根深い自信過剰（オーバーコンフィデンス）がある。ただ、自信過剰がすべて悪いわけではなく、文脈によっては良いこともある。私たちは政治家にはある程度エゴを求めるし、レストラン経営者や起業家が可能性が極めて低くても新たに挑戦しようというときにはエゴが必要なこともある（オハイオ州の調査では、レストランの八〇％が最初の三年でつぶれる。Lorri Mealey, '10 reasons restaurants fail,' The Balance Small Business [October 10, 2016]）。それでは、何が「起き上がって夢を追いかける」タイプの自信過剰と「壊滅的な惨事」タイプの自信過剰を分けているのだろうか。その答えを探すために、まずはエゴの進化的起源と、エゴが助けになるときと邪魔をするときについて検証してみよう。

ユニバーシティ・カレッジ・ロンドンで認知心理学の教授を務めるターリ・シャロット博士は、八〇％以上の人が過剰な楽観主義の影響を受けていると言う。博士は『脳は楽観的に考える』（柏書房）のなかで、自分の家族の将来について聞くと楽観している人が七五％に上ったが、一般的な他人の家庭の将来について聞くと楽観していたのはわずか三〇％にすぎなかったというユーモラスな例を紹介している。また、ダニエル・カーネマンも『ファスト&スロー』（早川書房）のなかで、自信過剰が蔓延しているとして、これを「最も顕著な認知バイアス」と呼んでいる。ちなみに、彼はインタビューで魔法の杖があれば消したいものを聞かれ、自信過剰と答えている（D. Shariatmadari, 'Daniel Kahneman: 'What would I eliminate if I had a magic wand? Overconfidence',' Guardian [July 18, 2015]）。また、カーネマンは、自信過剰はほかのすべてのバイアスをあおり、不注意で軽率な行動を正当化するものだともしている。人間の性質は勝手に進化しないことを理解したうえで言えば、自信過剰はいつかどこかで役に立つはずだし、実際にそうなのである。

自信過剰（オーバーコンフィデンス）の進化的な適応要素を紐解くため、まずは自信過剰自体が多角的な構成になっていることを理解しておく必要がある。具体的に言うと、自信過剰には三つのタイプがある（D. Moore and S. A. Swift, 'The three faces of overconfidence in organizations,' in David De Cremer, Rolf van Dick and J. K. Murnighan (eds.) Social Psychology and Organizations [Routledge, 2012]）。

一．**オーバープレシジョン**　自分の信念に過剰に固執すること
二．**オーバープレースメント**　自分の能力を他人と比較して高く評価すること
三．**オーバーエスティメーション**　自分の思いどおりになることや成功することを非現実的に楽観し、過大評価すること

オーバープレシジョン

オーバープレシジョンの例として次の質問について考えてみてほしい。聖書は何巻あるだろうか。確実に答えを含むと思う範囲で答えてほしい。とりあえず、何か範囲を挙げてみよう。この質問に、多くの人は二五～五〇巻などと答える。実際には、欽定訳聖書ならば六六巻だし、外典を含めれば八〇巻になる。ここで、この質問について考えてみてほしい。私は、ほぼ確実に正しい数字を含む範囲を聞いただけなので、答えは「一～一〇〇万巻」でもよかったのだ。このような答えは理論的には間違っていないが、実際には何の役にも立たない。人間は、不確実な状況で、たとえ精度は落ちても役に立つ答えを出すために最善を尽くそうとするのである。

同様に、もし株のアナリストがアップルの一年後の株価を予想することになれば、必要以上に細かい数字（例えば、一七三・四二ドル）を挙げるだろう。これはよかれと思ってやってい

ることで、あいまいな答えを出すことよりも、間違っていても、正確な数字を出すという当然ともいえる傾向に基づいている。残念ながら、これは気づかないうちに誤解を与え、これらの予測に基づいて行動する人たちに、世界は実際よりも予測可能だと思わせてしまう。

オーバープレシジョンの直接的な結果として、コントラリアン投資家で『**株式投資は心理戦争**』（パンローリング）の著者であるデビッド・ドレマンはウォール街の「コンセンサス」の多く（五九％）が目標値を大幅に外しており、役に立たないと言っている。つまり、一五％以上高すぎたり低すぎたりしているのだ（ジェイソン・ツバイク著『**新賢明なる投資家**』［パンローリング］）。ドレマンはさらに、一九七三～一九九三年にかけた八万近い予想を調べると、実際の数字から五％以内になった確率は、わずか一七〇分の一だった（C・H・ブラウン『バリュー投資』［日経BP社］）とも明かしている。

ジェームス・モンティエは、『リトル・ブック・オブ・ビヘイビラル・インベスティング』（Little Book of Behavioral Investing）のなかで予想の難しさについて次のように書いている。二〇〇〇年の株の目標値は、市場価格よりも平均三七％高かったが、結局は一六％しか上昇しなかった。また、二〇〇八年には、平均で二八％上がるという予想に対し、市場は四〇％下落した。二〇〇〇～二〇〇八年の九年間で、アナリスト予想は方向すら当たらなかった年が四年もあった。

最後に、ハーバード大学のマイケル・サンドレットとMIT（マサチューセッツ工科大学）のスティール・ミルクリシュナムルティは、アナリストが最もよく分析している一〇〇〇社の一年後の予想を調べた。すると、予想は安定的に不安定で、毎年平均三一・三％外れていた（バートン・マルキール著『ウォール街のランダム・ウォーカー』［日本経済新聞出版社］）。株の予想で唯一正確だったのは、「まったく分からないし、みんなもそうだ」という答えだが、これではお金にならないし、未来が分かると信じたい気持ちにも応えることはできない。

オーバープレースメント

自信過剰と聞くと多くの人がオーバープレースメントを思い浮かべる。自分のパフォーマンスがほかよりも優れていると評価することである。二〇〇六年に、研究者のジェームス・モンティエは「悪い行動」と題した研究で三〇〇人のプロのファンドマネジャーに自分の仕事ぶりを評価してもらうと、七四％が平均以上だと考えていた。そして、残りの二六％も、多くが平均的だと答えた。つまり、ほぼ全員が自分は平均以上の仕事をしていると考えていたのだ。もちろん平均以上の人は全体の五〇％しかいないため、自信過剰な人が不当に多くいることになる。

ジョンソンとフォウラーは、「自信過剰の進化」という研究で、自信過剰は希少な資源を獲得するための決意と野心とこだわりと競争心を高めるとしている（D. D. P. Johnson and J. H. Fowler, 'The evolution of overconfidence,' Nature [2011]）。彼らは、自信過剰は自然なことであり、競争にさらされている資源の価値が競争のコストよりも高いときに、個人の適応力とグループの安定を最大化するためにはむしろ望ましい進化の産物だということを示すモデルを示した。

オーバーエスティメーション

過大評価は、クック大学の研究でも明らかになっている。この研究では、被験者にいくつかのポジティブな出来事（宝くじに当たる、一生添い遂げる相手と結婚するなど）とネガティブな出来事（ガンで死ぬ、離婚するなど）が人生に影響を及ぼす可能性を評価してもらった。すると、ポジティブな出来事に対しては一五％の過大評価、ネガティブな出来事に対しては二〇％の過小評価という予想どおりの結果となった。同様に、ヘザー・レンチとピーター・ディトーの研究では、被験者に人生における六つのポジティブな出来事と六つのネガティブな出来事をそれぞれの一般的な発生確率とともに提示した。すると、被験者は六つのポジティブな出来事のうちの四・七五が自分に影響を与えていると答えたのである。

ＴＥＤトークで、ターリ・シャロット博士は自信過剰が論理的思考に影響を及ぼす理由のいくつかを紹介している。博士によると、自信過剰は新しい情報から学ぶことを難しくし、私たちが考えを修正するのはそれが自分に都合が良いときのみだという。例えば、自分が五〇％の確率でガンだと思っている患者に平均確率はそれよりも低い（例えば三〇％）と伝えると、次に予想を聞いたときには三五％程度に意見が変わっている。しかし、一〇％だと思っている人に平均は三〇％だと伝えると、次の予想は一一％程度と少ししか上がらない。自信過剰は、自分の人生にはほかの人の確率とは違う法則があると考える傾向で、事実に基づいた情報があっても、その見方が大きく変わることはないのである。

＊　＊　＊　＊　＊　＊

自信過剰はたいていコミカルに「私たちはそれほどおバカで生意気ではないはずだ」という態度で示され、多くの領域で複雑で現実的な社会的・金銭的・進化的利点を利己主義者にもたらしている。自信過剰が、スポーツや政治、そして健康においても利点があることは分かっている。また、自信過剰な人は自信がない人と比べて失敗しても回復力があり、より意欲的なプロジェクトに挑み、精神的にもより健康だと考えられている（M. Muthukrishna, S.J Heine, W. Toyakawa, T. Hamamura, T. Kameda and J. Henrich, 'Overconfidence is universal? Depends what you mean' [2015]）。

しかし、自信過剰にいくつかの具体的な利点があったとしても、その構成に関する私たちの関心はごく小さな部分にある。そして、ビジネス全般、特に投資について言えば、勧められる点はあまりない。ベインの研究によると、ＣＥＯ（最高経営責任者）の八〇％は、顧客に「素晴らしい経験」を提供していると考えているが、それに同意した顧客は八％しかいなかった（J. Allen, F. F. Reichheld, B. Hamilton and R. Markey, 'Closing the delivery gap,' Bain & Company [2005]）。

また、ＥＢＲＩ（従業員福利厚生研究所）の調べによると、回答者の六〇％は十分な引退資金を貯めることができると感じていた一方で、十分な引退資金がどれくらいの額かを計算したことがある人は全体の四一％しかいなかった（M. W. Riepe, 'Is overconfidence affecting your investing outcomes?' Charles Schwab [February 12, 2018]）。

スタットマンとソーリーとボーキンクは、投資家は完全に「ブル相場で脳が混乱し」、成功したのは自分のスキルによるもので、「上げ潮ですべてのボートが持ち上がったという事実によるものではない」と考えることを発見した（M. Statman, S. Thorley and K. Vorkink, 'Investor overconfidence and trading volume,' AFA 2004 San Diego Meetings [2003]）。その結果、良い時期のあとは出来高が劇的に増え、悪い時期のあとは出来高が急激に減り、それによって実質的に高値で買い、安値で売ることになる。「投資信託の判断における良い錯覚と予想の間違い」によると、ファンドマネジャーの多くが、自分が判断した投資の将来と過去のパフォーマンスを、毎回、過大評価していた（D. A. Moore, T. R. Kurtzberg, C. R. Fox and M. H. Bazerman, 'Positive illusions and forecasting errors in mutual fund investment decision,' Organizational Behavior and Human Decision Processes 79:2 [August 1999], pp.95-114）。市場を上回るパフォーマンスを上げたと思っていた人の三分の一は、実際には五％以上下回っており、別の四分の一は一五％以上下回っていた。もっとひどい結果の調査もある。グレーザーとウェバーは、「投資家は自分のポートフォリオの過去のパフォーマンスを正しく分かっていない。彼らが主張するリターンと実際のリターンの相関係数はほぼゼロだった」ことを発見した（M. Glaser and M. Weber, 'Why inexperienced investors do not learn: They do not know their past portfolio performance,' Finance Research Letters 4:4 [2007]）。

投資家が自分の上げたリターンを間違えるのは驚くほどのことではないが、問題はその程度である。対象者のなかで、自分が「平均的」な投資家だと答えたのはわずか三〇％で、過大申告した過去のリターンは年率平均一一・五％に上っていた。しかも、ポートフォリオのパフォーマンスが、記憶と実際のリターンの差と逆相関になっており、リターンが低い人ほど実際のリターンを思い出すことができなかった。自信過剰が、自分のリターンを正確に思い出すことを阻んでいたのである。

高い自己意識は結婚や選挙においては助けになるかもしれないが、政治家を押し上げた同じエゴが投資家を破滅させる。合理的な行動とは、よく考えれば明晰な思考の普遍的な基準に従うことではなく、自分の都合に合わせて方法を変えることである。投資の判断を下すとき、合理的な人はまず入り口でエゴを別のところに預けてしまうのである。

エゴと戦うためのツール

投資においてはさらなる謙虚さが必要だということに納得できたら、次は当然「どこから始めるのか」が知りたくなる。無知と責任を認める旅は、曲がりくねった厳しい道を行くことになるが、金銭的な利益と人間関係の改善という報酬がついてくる。

できることをいくつか紹介していこう。

富を分散投資する

私が講演をするとき最も楽しみにしているのは、私がかつて通った段階にいる聴衆と気持ちがつながることである。このような交流（ウェブ上に掲載した記事にコメントが寄せられるのも同様）には、たいてい称賛、批判、相談という三つのタイプがある。私は、近づいてきた人の顔を見れば、たいていどのタイプか分かる。ある講演で珍しくたくさんの人が私に会いに来たときのことはよく覚えている。彼らは予想どおり、私の話に感謝し、私は愚か者だと批判し、無料の助言を求めてきた。

このなかで最も興味深く、そして、もしかしたら正しいのは、私を愚か者だと言う人なのかもしれないが、ここでは特定の銘柄（アップル）について助言を求めてきた人に注目してみたい。この紳士的な男性は、講演について短く感謝したあと、私にアップルについて意見を求めた。彼の二〇〇万ドル相当のポートフォリオの大きな部分を占めているということだった。当時、私もアップルを分離勘定で保有しており、最も高く評価する株でもあったため、私としても大いに強気になっていた銘柄だった。

私は、アップルは大幅に上昇するという見通しを持っていたものの、質問の別の部分に注目して「どれくらいのポジションを持っているのですか」と聞いた。すると彼はおずおずと「資産の半分です」と答えた。私は反射的に「それが愚かなことだということは分かっているはずです。私の考えと関係なく、その配分は大いに間違っていますよ」と言った。そのあと、アップルは七四ドルから一四二ドルに上昇したが、それでも彼が私の警告を心にとめ、ポジションを分散してくれていればよいと思う。行動科学的投資家の最も重要なルールの一つは、運用プロセスのほうが結果よりも重要だということである。正しいことをしても悲惨な結果に終わることもあるということだ。

分散投資は、資産管理において広く受け入れられているが、その本当の理由を忘れている人が多いように思う。行動学的に見れば、分散投資は謙虚さを具現化し、エゴのリスクを管理するための方法なのである。分散投資は、資金運用に内在する運と不確実性を受け入れ、将来は知ることができないということを認めることとも言える。

ＪＰモルガンが調べた次のページの表から分かるとおり、株の半分近くがどこかの時点で壊滅的な損失を被るため、一つの銘柄を保有していると悲惨なことになる。

しかし、分散投資はある程度は良いが、しすぎると必ずしも良くないという意味で、薬（あるいはお菓子や子供）と非常に似ている。実際、分散は多くの人が思っているよりも少ない銘柄で効果的にできるし、分散しすぎるのはむしろ害をもたらす。

意味のある分散ポートフォリオを構築するのに何百種類もの銘柄は必要ない。このような誤

一銘柄に投資して壊滅的な損失を被る可能性

セクター	壊滅的な損失を被った会社の割合（1980～2014年）
全セクター	40%
一般消費財	43%
生活必需品	26%
エネルギー	47%
素材	34%
工業	35%
ヘルスケア	42%
金融	25%
情報技術	57%
通信サービス	51%
ユーティリティー	13%

出所＝アイザック・プレスリー（blog.cordantwealth.com, 'How Concentrated is Too Concentated? A Mistake That Costs you the Whole War'）

解に異を唱えた初期の研究の一つを、ワシントン大学のジョン・エバンズとスティーブン・アーチャーが行っている。二人は、ポートフォリオに二〇銘柄以上の株を加えると分散投資の効果は急激に下がることを発見した。また、レイリーとブラウンもこれに賛同しており、『インベストメント・アナリシス・アンド・ポートフォリオ・マネジメント』（Investment Analysis and Portfolio Management）のなかで「……最大の分散効果の約九〇％は、一二～一八銘柄の株で構成するポートフォリオから得られていた」と書いている。また、投資家で億万長者のジョエル・グリーンブラットは、**『グリーンブラット投資法』**（パンローリング）のなかでマーケットと関連しない（つまり分散することで対処できる）リスクは、二銘柄保有するだけで四六％減らすことができ、四銘柄ならば七二％、八銘柄ならば八一％、一六銘柄あれば九三％まで減らすことができると書いている。この研究では、分散投資の効果がすぐに得られることだけでなく、二〇銘柄を超えるとその効果が急速に衰えていくことも示されている。

最後に、モーニングスターが組み入れ銘柄数が四〇銘柄未満の確信的なファンドと二〇〇銘柄を超えるファンドのボラティリティを比較して、「……平均的に集中型のほうが幅広い分散型よりもボラティリティが低く、なかには銘柄数が少ないのに驚くほど安定していたファンドもあった」と報告している。分散効果とパフォーマンスのバランスをとるための保有銘柄の数について、世界の偉大な投資家たちの意見が次のように一致していることは偶然ではない。

有名投資家の分散投資に対する考え方

●**ベンジャミン・グレアム**　「保守的な経営の大手有名企業」を一〇～三〇銘柄保有する。

●**ジョン・メイナード・ケインズ**　「自分にとってなじみがあり、経営陣を十分信頼できる会社」を一二～一三銘柄保有する。

●**ウォーレン・バフェット**　「投資について多少の知識があり、経営を理解していて、長期的に重要な競争力があって妥当な価格の会社が見つけられるならば」五～一〇銘柄を保有する。

●**セス・クラーマン**　「少数の投資先を詳しく知るほうが、多数の銘柄について少ししか知らないよりも良いから」一〇～一五銘柄を保有する。

分散の効果をきちんと理解していれば、分散投資とは好きな銘柄をたくさん集めることではなく、壊滅的な損失を被らないようにするためだということが分かるだろう。そう考えると、分散投資は自分が保有する銘柄についてだけでなく、どのくらい保有すべきかを知っておくことも同じくらい重要なことなのである。

行動科学的投資家がすべきことは、さまざまな学派の極端な主張に惑わされることなく、自分が納得できる中道を行くことである。少数の株しか保有しないというのは、運や不確実性や人間の可謬性を無視した考えなのでバカげている。その一方で、分散するために市場全体を買うのも同じくらいバカげている。株について知っていることは何もないとか、何の情報（価格、トレンド、財務内容、経営指数、インサイダーの行動など）も持っていないという考えは、投資のリスクの高さに関する鋭い洞察ではあるが、不条理と言えるほど悲観的である。将来を予測できるなどというのはエゴイスティックだが、その対極である何も知ることはできないというのは虚無的である。

妥当な中道とは、適切に分散して特異なリスクを最小限に抑えて壊滅的な損失からポートフォリオを守りつつ、十分知り得ることができる数の銘柄に抑えることである。バフェットが一九九三年の株主への手紙に書いているように、「当たり前のことですが、投資家が株を買う前にその会社について熟考し、その経済性に安心感を持てるならば、集中的なポートフォリオで運用しても十分リスクを下げることができます。ちなみに、ここで言うリスクの定義は辞書に載っているとおり『損失や損害を被る可能性』のことです」。

セス・クラーマンは、『マージン・オブ・セーフティ』（Margin of Safety）のなかで、確信とリスク管理の関係について次のように言及している。「私は、投資家が少数の投資先を詳しく知るほうが、多数の銘柄について少しずつ知っているよりも良いと思っている。その人の一番のアイデアのほうがおそらく一〇〇番目や一〇〇〇番目のアイデアよりもリスクに対するリターンは高い」。富を破壊するような出来事に対する防御は、保有銘柄の数と同じくらい保有銘柄に関する深い理解も重要なのである。

何かに従いたいという欲求は、それを強く拒否する人であっても（もしかしたらこういう人こそ）人間の性質の一部としてある。正確（exact）と姿勢（attitudes）を合わせた『エグザクティチュード』（exactitudes）というタイトルの本は、自称不適合者でも一定の社会規範に従っていることを示している。この本で、独創的な写真家アリ・ヴェルスルイスとスタイリストのエリー・イッテンブロークは、パンクやサッカーのフーリガンやグラビアアイドルやバックパッカーといった文化的なグループに属する人たちの写真を一二人ずつ年代順に並べて見せている。これらの写真は、表面的には社会から逸脱した人たちのはずが、皮肉にもそれぞれのグループ内では服装にも姿勢にもまったく逸脱したところがないことを示している。スタッズ付きの革のチェーンやモヒカン刈りに破れたジーンズのガターパンクも、名門校の紺のブレザーとローファーと同じくらい制服化しているのだ。私たちはみんな雪の結晶のようにみんなとほとんど同じなのである。

同様に、アクティブ運用のファンドマネジャーのほぼ一〇〇％が、コントラリアンを基盤としていると言いつつも、その四分の三はベンチマークをまねたポートフォリオで不当なほど高い手数料を取っている。パッシブ運用は理にかなっている。本当のアクティブ運用も理にかなっている。しかし、手数料が高くて信頼できない資産運用（今日のアクティブ運用のほとんど）は、投資家にとってガンと同じで、しっかり取り除かなければならない。分散投資にはみんなが考える以上の意味がある。きちんと理解すれば、数字的にロバストであり、ファンダメンタルズ的に吟味され、独自の視点を与えてくれる可能性がある概念なのである。

教えてみる

ここで優しい読者に質問しよう。「トイレはどのような仕組みになっているのか」。このことについて自分がどれくらい知っているかを一〇段階で評価してみてほしい。さあ答えて。次に、トイレの仕組みを詳しく説明してみてほしい。時間は十分ある。できただろうか。ここでもう一度聞く。トイレの仕組みについてどれくらい詳しく知っているか一〇段階で評価してみてほしい。

ブラウン大学のスティーブン・スローマンとコロラド大学のフィリップ・ファーンバックの研究によると、人は何かを教えると謙虚になり、自己評価を自分の実際の理解度に近づける効果がある。二人はこのテクニックを使ってあらゆること（単一支払者医療保険制度からトイレまで）に関する考えを抑制し、「概して何かに関する強い感情は、深い理解から起こることではない」としている。

理解を深めるための方法は、通常、ファインマンテクニックと呼ばれている。これは量子力学の研究で知られる理論物理学者のリチャード・ファインマンが考案した簡単に知識を深める方法で、三つの部分から成っている。

一．自分が何が分からないかを見つける。
二．自分で学ぶ。
三．それを子供や初心者に教える。

ファインマンのテクニックは、単純さが美しいだけでなく、人間の傾向である自分の能力を過大評価することと、複雑さと理解を融合することの両方に効果がある。書いたり、教えたり、まったくの初心者に説明したりすると人は謙虚になり、理解度がより正確に分かる。次に何かの株をどうしても買ったり売ったりしたくなったときや、市場の方向に絶対的な自信があるときは、そう思う理由を事実に基づいて詳しく説明してみてほしい。おそらく、熱意が脳を圧倒し、教えることができるつじつまの合う内容が何もないことに気づくと思う。

アウトサイドビューを取り入れる

私たちは判断を下すとき、社会科学者が言うところのインサイドビューに頼る傾向がある。インサイドビューとは、自分の偏見や逸話的な経験や、最初に頭に浮かんだことに基づいて意思決定をするようなことである。反対に、アウトサイドビューとは、手軽な例や個人的な経験ではなく、確率や事実に基づいた冷静な評価をすることである。マイケル・モーブッサンは『まさか!?――自信がある人ほど陥る意思決定八つの罠』（ダイヤモンド社）のなかで、問題に対してアウトサイドビューで見るための四つのステップを紹介している。

一．**参照するグループを決める**　自分の問題をほかの似た問題と比較する。

二．**結果の分布を検証する**　成功と失敗の割合を調べる。

三．**確率を推定する**　外部の証拠に基づいて、スケジュールや失敗率や成功への障害を見積もる。

四．予想を微調整する

道路の凹凸や状況の変化に応じて予想を変えていく。

外部のデータに頼ることで、個人的な経験に基づくよりもずっと現実的なイメージを描くことができる。そうすれば、みんなが完成までに二年かかるタスクを、あなたが六カ月で終わらせる可能性は低いことが分かる。アウトサイドビューは、自分はみんなと変わらないということを思い出すことで、エゴのリスクに対抗する効果的な方法なのである。

鉄の男

ストローマン（案山子）論法は、相手の意見を正しく引用せず、捻じ曲げて引用し、それに反論することである。これほど有名ではないが、もっと効果的な批判的思考法はスチールマン（鉄の男）を作ることである。スチールマンとは、あなたが反対する意見に対し、高度な思考と綿密な実証に基づいた証拠を提示することである。ストローマンをあなたのエゴを満たすための口先だけのサンドバッグにするのではなく、思考を磨くためにスチールマンを作って見えていなかった部分に目を向け、新しい利益を検討したほうがずっとよい。

疑問を愛する

ライナー・マリア・リルケは、『若き詩人への手紙』のなかで、詩人志望の若者に次のように書き送っている。

「君に全力でお願いしたいことがある。君の心のなかの未解決なことすべてに対して、鍵のかかった部屋や未知の言語で書かれた本に対するように、忍耐を持ってその問い自体を愛してほしい。あわてて答えを探さないでほしい。君はまだそれを経験することができないのだから、すぐには見つからない。大事なことは、あらゆることを経験することだ。今はその問いを経験してほしい。そうすれば、かなり先になるだろうが、いつか気づかないうちにその答えにたどり着くかもしれない」

西洋文化は確実性と虚勢を愛すが、市場の不確実性は銀の弾丸（確実な方法）を探すことよりも、プロセスを重視した動的な手法を追求することを私たちに求めているのである。逆説的ではあるが、問いを愛することを学ばないかぎり真の答えは見つからないのである。

あわてない

科学者たちは長年、鬱病がなぜ進化の過程で消えなかったのかについて悩んできた。生き残るべき種の傾向として自分を傷つけるようなことはしないものだし、表面的にもあまり良いことがないことに加え、実際、それに関係するとさまざまな害があるからだ。しかし、最近の研究で、深い悲しみには進化的に強い目的があることが分かった。鬱の傾向は問題を熟考するときでもあるのだ。頭の中で悪い出来事を繰り返し考えることで、将来、役に立つ解決策にたどり着くのである。今の苦しみは、将来大いに役に立つかもしれないのだ。

私たちは、『ハウ・ウィー・シンク』(How We Think)のなかのジョン・デューイの警告に従うべきなのだろう。「本当に思慮深くあるためには、あるアイデアを簡単に受け入れたり、ある考えに関して前向きな主張をしたりしないように、正当な理由が見つかるまで徹底した調査を行う疑いの状態を保ち続けなければならない」

達人の話を聞く

ダニング・クルーガー効果を定義したデビッド・ダニングは、自信過剰を制御するための四つのヒントを挙げている(J. Stillman, '4 tricks to avoid overconfidence,' Inc. [December 1, 2014])。

一．学び続ける　人間にはおかしな癖があり、学べば学ぶほど確かだと思えなくなる傾向がある。逆説的な方法ではあるが、生涯、学ぶ姿勢を持つことが謙虚さにつながるとダニングは言っている。

二．最初が肝心　最初のヒントに従って、ダニングは「知識が少ないのは危険なこと」だと警告している。上辺だけの知識でその考えや計画に没頭すると、それを実際よりも有意義なことのように感じてしまうおそれがある。

三．あわてない　速い思考にはバイアスがかかっている。素早く動くためには、問題をくまなく検証するのではなく、過去にうまくいったヒューリスティクスに頼る必要がある。これは少額の賭けや日々の選択にはよいが、大事なことに時間やお金を投資する場合には向いていない。

四．自信を持つべきときを知る　ダニングは、自信が必要なときもあると認めている。特に、ほかの人たちを説得するときには必要だ。ただ、提案の評価と準備は注意深く行い、自信はそれを実行するときに必要になるとしている。

みんなに従う

行動ファイナンスの世界では「群衆」は評判が悪いが、特定の状況ではさまざまなステークホルダーの意見が知恵をもたらすこともある。集合知には優れた予測力があることは、ハリウッドの大ヒット映画からスポーツや選挙の結果まで、幅広く証明されている。経済指標の平均も、典型的な予想を使った判断よりもはるかに優れている（S. M. Herzog and R. Hertwig 'The wisdom of many in one mind,' Psychological Science 20:2 [2009]）。しかも、この効果は比較的早く表れ、場合によっては八～一二程度の予想でも、それよりはるかに多いサンプルを使った場合とほぼ同じロバストな結果をもたらすこともある（R. M. Hogarth, 'A note on aggregating opinions,' Organizational Behavior and Human Performance 211 [February 1978], pp.40-46)。

つまり、偏った言い方をすれば、さまざまな誤差があることは分かっていても、人が集まれば異なるアイデアや前提が出てくる。ただ、ここで危険なのは、人は確証バイアスの傾向があるため、周りを自分と似たような考えの人たちで固めてしまうことだ。それでは群衆の知恵の潜在力を生かすことはできない。

投資家にとってこの研究結果を理論的に応用する方法が少なくとも二つある。一つ目は、価格が今の状況から急激に乖離することが予想できる場合、常にエッジを明確にしておく必要があるということだ。結局、株の価格は常に何百万人もの市場参加者のコンセンサス予想なのである。もし大胆にも何百万人もの人たちがもうすぐ間違っていることに気づくと言うならば、そう考える強力な理由を用意しておくべきだろう。二つ目は、投資チームは心理的にできるだけ多様な構成にしておくことである。投資委員会が、学歴的にも、社会経済的にも、人種的にも、ジェンダー的にもほとんど同じ人たちで構成されていることはよくあることで、これも認知的均質性の結果なのだろう。

さらに考える

群衆にも何らかの知恵があることと、誤差を含む多くの情報源に基づいた予想のほうが一つの情報源に基づいた予想よりも優れている場合が多いことは分かったと思う。しかし、機転の利く行動科学的意思決定者であっても一人のときはどうすればよいのだろうか。恐れることはない。弁証法的ブートストラップを使って考え方を分けることで、判断ミスを減らすことができるからだ。

この言いにくい概念の弁証法の部分は、哲学者のゲオルグ・ヘーゲルが真実に至るアイデアについて議論するために提案した三部から成る手法である。ヘーゲルは、まず定立（命題、テーゼ）を示し、次に反定立（反対意見、アンチテーゼ）を示し、修辞的な議論をへて統合（シンテーゼ）、つまり矛盾する二つの考えの理論的な中間点に到達できると考えた。

証券分析においても、ヘーゲルの概念と同様に、対象の株について特定の条件に基づいた意見があると思う。例えば、アクメ・コーポレーションの経済的な堀やマクロ的な強さやそれ以外のさまざまな理由を評価して強気になっているとする。これが定立で、たいていの金融アナリストはここで分析を終える。しかし、もしこれらの前提を逆にして、起こり得るリスクをすべて挙げてみたらどうなるだろうか。もし新興企業がアクメのブランドを脅かすようになったら、愚かな大統領が経済的に見合わない貿易戦争を始めたら、などと想定するのだ。反定立としてこのような異なるシナリオを考えると、新たな目標価格が出てくるかもしれない。元々の前提と修正した前提に基づく目標価格を平均すると、最高のシナリオと最悪のシナリオの中間点である統合を得ることができる。

この考え方の実証実験として、ハーゾグとハーウィッツは弁証法的ブートストラップがより良い判断を下すための強力なツールになることを発見した。さまざまな人の意見を集めた場合よりは劣るとしても、さまざまな前提に基づいていくつかの予想を合成すると、予想の間違いが七五％も減ったのだ。群衆の知恵を借りることができないときでも、この単純な方法で、一人でもそれを模倣することができたのである。

＊　＊　＊　＊　＊　＊

要するに、エゴのリスクは、明敏な意思決定を犠牲にして、自分の直感的な本能を優先して行動することで現れる。具体的な例としては、古くからある自信過剰だけでなく、持論に異議を唱えられると防御的になる（バックファイア効果）、自分が少しかかわっただけでプロジェクトの成功率が高まると思う（イケア効果というイケてる名前が付いている）などといったことがある。

エゴのリスクは、例えば過度に集中的なポジションや、チャーニング、過度なレバレッジなどといった形で、トレード日誌にその存在を見ることができる。どのような形であっても、元となっているのは常にエゴで、正しい判断よりも自分が気にかけていることやかかわったことを優先させてしまう。自分がみんなとは違うとか平均よりも上だと感じたいのは、人間の自然で避けることができない傾向だが、行動科学的投資家は自信過剰はそれが必要なときのためにとっておくという永続的な教訓を覚えておく必要がある。愛や人生については最善の結果を期待しても、投資においては確率を考えてほしい。

エゴ耐性のポートフォリオを構築する

●**事実**　投資には、運とスキルの両方の要素があるため、エゴを認識しておく。
対策　ルールを順守することで天才を上回ることができる。
●**事実**　予想が当たる確率はコイントスとさして変わらない。
対策　将来の見通しをどうしても出さなければならないならば、ストーリーではなく長期的な平均を使った前提に基づいて算出する。
●**事実**　投資家は過去の実績を自分に都合が良いように大きく間違って記憶している。
対策　トレード判断を日誌に記録し、ヒット率やパフォーマンスや金銭的な判断に悪影響を及ぼす可能性がある外部の変数を観察する。また、人の自慢話やパーティーで聞いた話は無視する。

●事実　分散投資は謙虚さを具現化する行為で、最大の目的は資本を温存すること。
対策　壊滅的な下落から資産を守るには、十分な数の異なる資産を保有し、かつ自分が保有するものを十分知っておく必要がある。

●事実　みんな自分のことをコントラリアンだと思っている。
対策　真にコントラリアンでいることは痛みを伴うもので、かなりの自己疑惑に襲われる。流れに逆らって泳いでも痛みを感じないならば、おそらくあなたは本当のコントラリアンではない。

第9章 行動科学的投資家は保守主義を克服する

「だれもが世界を変えたいと思っているが、だれも自分自身を変えようとは思っていない」――レフ・トルストイ

「港に泊まっている船は安全である。しかし、船はそのために作られたのではない」――ウィリアム・G・T・シェッド

静かな土曜日の朝、あなたがソファで今日一杯目のコーヒーを飲みながら、お気に入りの作家の小説を夢中になって読んでいると、不意にだれかがドアをノックした。あなたは立ち上がり、大事な週末の楽しみを邪魔してくれた人物を見に行った。訪ねてきたのはおせっかいな感じの男性で、生え際が後退し、パイロット用のサングラスをかけ、黒いスーツを着ている。彼はバッジを一瞬見せたあと、スミスと名乗り、辛いニュースを伝えに来たという。

男が「とんでもない手違いがありまして」と言ったところで、あなたの早朝の良い気分は不安に変わった。「あなたの脳が間違って神経生理学者が作った経験製造機につながっていたことが判明しました。あなたがこれまで経験してきたことはすべて科学者が作ったシミュレーションのなかのことで、要するに白昼夢です」。この驚くべき事実をあなたが理解するのを待って、

スミス氏は選択肢を示した。機械を外して何の知識もないまま「本当の人生」を始めるか、そのまま機械をつなげたままにしておくかである。スミス氏はあまり忍耐強いタイプではないようで、すぐに決めろとせかしてくる。あなたならばどちらを選ぶだろうか。

このシナリオは、デューク大学の研究者のフェリッペ・デ・ブリガードが提起した問いを多少変えたものだが、その結果には驚くかもしれない。現実に触れることが大事だということは直観的に分かるし、多くの人が神経科学者がでっちあげたシミュレーションの世界よりも「現実の世界」を生きたいと思っている。しかし、質問に答えた人たちの五九％は機械につながったままのほうが良いと答え、「目覚める」ことを選んだのは四一％にすぎなかった。現実を生きたいという衝動は強いが、なじみのものに引かれる気持ちほど強くはなかったのである。

私たちの保守的な傾向は、ビジネスにおいておそらく最も有名なケーススタディーと言える一九八〇年代のニューコークの発売においても見られる。このときのことを、ビジネススクールでは一生に一度あるかどうかの誤算として取り上げている。しかし、コカ・コーラの幹部は移り気なホモサピエンスとしては判断を間違ったかもしれないが、合理的なホモエコノミクス（経済人）としては正しい判断を下していた。

コカ・コーラは、広範囲のブラインドテストを行って、より甘いほうを好む人のほうがかなり多かったという裏付けデータがあったからこそあれほど大きな変更を決断した。しかし、元の味のコカ・コーラ・クラシックを再び販売すると、ニューコークの三倍も売れたのである。このことについては、ジャーナル・オブ・リスク・アンド・アンサーテンティー誌でサミュエルソンとゼックハウザーがうまくまとめている。「ニューコークの味のほうが明らかに好まれていたにもかかわらず、従来のコークのほうが売れたのは、好みよりも慣れ親しんだものへの安心感が上回ったからなのである」（W. Samuelson and Richard Zeckhauser 'Status quo bias in decision making,' Journal of Risk and Uncertainty 1:1 March 1988], pp.7-59)

保守主義の原因

現状に引かれる傾向がマトリックスのようなシナリオやコカ・コーラの好み程度のことならばあまり気にする必要はないが、保守主義が私たちの選択に与える影響は、実は私たちの人生や投資判断の質と密接にかかわっている。

軍人で再入隊する人が多いのは、ほかの選択肢を知らないからである（R. Henderson, 'How powerful is status quo bias?,' Psychology Today [September 29, 2016]）。自分の会社の製品やサービスの地位がライバルの製品よりも上回るように努力するセールスのプロは、実は惰性というもっと手ごわい敵と戦っている。経営コンサルタントのセールス・ベンチマーク・インデックスによると、クオリファイドリード（有望見込み客）の六〇％は結局「何もしない」、つまり選択をしない。一方、リチャード・セイラーのグループは、将来の生活に備えて退職金を貯蓄するという重要な問題で、単純に会社が勧める選択肢を採用する人が多いことを利用して、投資家のためになる制度を考案した（Simon Rooze's review of R. Thaler and C. Sunnstein's Nudge [Penguin, 2009] in Amsterdam Law Forum 1:4 [2009]）。このように、保守主義はあらゆるところにあり、そのことは心理的・神経的過程で説明がつく。

ユニバーシティ・カレッジ・ロンドンで行われた研究では、現状維持バイアスがかかわる中立的な経路を検証し、私たちが難しい判断を迫られたときほど行動しない可能性が高くなることを発見した。プロシーディングス・オブ・ザ・ナショナル・アカデミー・オブ・サイエンス誌に掲載されたこの研究では、被験者がテニスの「ライン判定ゲーム」（ラインぎりぎりのボールがインかアウトかを判定するゲーム）をするときの脳の動きをｆＭＲＩ（磁気共鳴機能画像法）を使って観察した。

このゲームでは、デフォルトの選択肢が与えられており、それに同意するならばボタンを押し続け、反対するときはボタンから指を離すことになっている。結果は、デフォルトへのバイアスが安定的に見られ、審判の判定がはっきりしているときほどバイアスもより強くなった。この傾向は、判断が難しくなるとバイアスがより強くなり、誤判定につながった。その一方で、ｆＭＲＩの結果は、デフォルトに反対するときに視床下核が活性化することを示していた。さらに、研究者たちは前頭前皮質（精神的に難しい問題に対処する領域）の活動も高まっていたことに気づいた。この初期の研究は、現状維持をやめて難しい判断を下すという努力を要し、認知的負担が大きい活動において、視床下核が最もかかわっているということを示唆している（S. M. Fleming, C. L. Thomas and R. J. Dolan, 'Overcoming status quo bias in the human brain,' Proceedings of the National Academy of Sciences of the United States of America 107:13 [February 2010], pp.6005-6009）。

二つ目の研究では、誤って現状を拒否すると、誤って現状を受け入れたときよりも神経により深い影響があることが分かった。簡単に言えば、間違う可能性があるならば、脳は何もしないで間違うほうを選ぶのである。この非対称性は、心理的概念の後悔回避（同じ損失を被っても、行動した場合のほうが行動しなかった場合よりも腹が立つこと）とも一致する。人は、現状維持は選択とはみなしていないが、それは間違いだ。しかも、私たちは自己満足が悪い結果をもたらすと、自分に甘くなる傾向がある（A. Nicolle, S. M. Fleming, D. R. Bach, J. Driver and R. J. Dolan, 'A regret-induced status quo bias,' Journal of Neuroscience 31:9 [March, 2011], pp.3320-3327）。

これまで見てきた保守的な行動に向かう傾向の多くは、実際には脳の情報処理の仕方によって変わる。脳が落ち着いているときは新しい情報を八～一〇秒で処理しているが、ストレスにさらされているときは反応する時間がかなり長くなる。ストレスは、処理を遅くすることで私たちに一つの解決策（デフォルトや既存の解決策）に固執させ、ほかの選択肢を考えられないようにしているのかもしれない。進化心理学者は、このまひに近い状態が動物によっては生き残るための利点になっている可能性もあるとしている。静止していると、捕食者に見つかる可能性が低いからだ。ただ、シカは森のなかで全力で逃げるよりも静止したほうがよいのかもしれないし、あなたもアフリカの平原では動かないほうがよいのかもしれないが、ウォール街では違う。

人が保守主義に向かう傾向はこれまで書いてきたとおり、神経系の処理によるところもあるが、授かり効果、単純接触効果、ホームバイアス、後悔回避、損失回避などを含むさまざまな非合理的な認知過程の相互作用による行動でもある。前に書いたように、人間の脳と体は常にエネルギーをできるかぎり節約しようとする。過去にうまくいったことや、いつもと同じことをするのは、同じことをするだけならば認知的に非常に効率的なのである。複雑な判断を下すときや、代替案を考えるのが大変なときは何もしない傾向がより顕著になる。

リチャード・セイラーは、この傾向の原因は授かり効果（自分が持っているというだけで高く評価すること）にあると示唆している。世界に対する見方でも、政治的イデオロギーや物理的なものでも、人は自分が持っているというだけでそれが好きになる傾向がある。この傾向は、明らかに自尊心には良い効果があるが、なじみのあるものの本当の価値を新しいものと比較して冷静に評価するのは難しくなる。ダニエル・カーネマンは、活発に行動しない原因は損失回避にあるとしている。現状維持が基準になり、そこから乖離すると、たとえ良い意味での乖離であっても、損失とみなしてしまうのである。潜在損失への恐れは潜在利益の喜びの二倍以上強いことを考えると、古い行動の仕方が固定されて石灰化してしまう傾向があるのだ。

保守主義と戦うためのツール

人は判断を下すときに、安全でなじみがある方法に頼る傾向があり、それには危険な結果が伴うという知識は身に付いた。しかし、この保守主義という自然の傾向を実践的に克服するためにはどうすればよいのだろうか。

世界に目を向ける

ホームバイアス（自分の国の株のほうが外国の株よりも安全で理解しやすいと思う傾向）によって、世界中の人たちが自国以外の株には過少投資している。経験則として、特定の国の株の配分は、世界的に見たその国の市場の割合とだいたい同じ程度にすべきである。モルガン・スタンレーによると、すべてのアメリカ株の時価総額は、世界中の市場価格の半分弱にすぎない。しかし、アメリカの投資家のアメリカ株への配分は、なんと九〇％に上っている（'Overcoming home bias in equity investing,' Janus Henderson Investors [September 2017]）。この地域的なえこひいきは、アメリカの地方にも及んでいる。北部の人たちは金融株、中西部の人たちは農業株やエネルギー株に多めに配分する傾向があるのだ。

もし自分の知っているものを買うという傾向が超経済大国であるアメリカにおいても危険な

らば、世界の市場価値に占める割合が小さい国だとどれだけの損害をもたらしかねないか考えてみてほしい。例えば、イギリスの平均的な投資家は保有株の約八〇％をイギリスの会社に投資しているが、イギリスの市場価値は世界の一〇％にも満たないのである。

驚くことに、ホームバイアスはプロの投資家にも新人と同じくらい大きな影響を及ぼしている。マンチェスター大学とランカスター大学がアメリカとイギリスとヨーロッパ大陸と日本のファンドマネジャーに、アメリカ株について聞いた調査がある。対象期間は一九九五～一九九九年で、アメリカのファンドマネジャーの一二カ月予想は、それ以外の地域のマネジャーたちよりもはるかに強気だった。同様に、アメリカのマネジャーが予想したほかの地域の成長率は、それぞれの地域のマネジャーの予想よりもはるかに低かった（M. Hulbert, 'A plan to overcome investors' home bias,' New York Times [January 23, 2000]）。

マーク・トウェインの有名な言葉がある。「旅は先入観や偏見やけちな了見をぶち壊してくれる。そのためだけでも旅に出る必要がある。地球の片隅で一生ぼんやりしていても、人や物事に対する幅広く健全で寛容な見方ができるようにはならない」。もちろん、これは文字どおり新しい場所を訪れることについて言っているが、投資家はこの言葉を投資に当てはめて留意しておくべきだろう。

多くの投資家が、なじみがないところに投資することに偏見を持っている。しかし、賢明な投資家は勤勉さや創意工夫がさまざまな場所で行われていることを認識し、それに合わせて投資していくとよいだろう。

今日よりも明日

自己保存システムの進化的起源は理にかなっている。進化の過程ではそれほど昔ではない時期まで、私たちの先祖は毎日生死を分ける判断を迫られていた。アフリカのサバンナに住んでいた人たちは、進む方向を間違えれば死を意味するかもしれなかった。歴史的に、意思決定において最も重要なことは物理的な安全を維持し、物理的なニーズを確保することだった。この生きるか死ぬかのシナリオで、自己実現を犠牲にしてでもリスクを最低限に抑えることは合理的以外の何ものでもない。しかし、それから数千年の間に状況は変わっていったが、私たちの思考パターンはそれに追いついていないのである。

先進国では、ほとんどの人たちがマズローの欲求ピラミッドのベース部分（十分な食べ物と水と睡眠と安全が確保されている）は満たされている。このような基本的ニーズが満たされると、所属や自己実現といった抽象的な問題に関心が移っていく。しかし、脳と現代の環境には適さない意思決定の感覚は残っている。私たちは、楽しみを犠牲にしてでも安全を選ぶようにできており、それは安全が確保され、楽しみはなかなか見つからない環境でも変わらない。そのため、リスクとリワードをより公平に評価するよう脳をあえて訓練しなければ、リスク回避の人生から抜け出すことはできないし、幸せをもたらすかもしれないリスクをとることもできないのである。

投資の選択肢が資産Aか資産Bの二つしかなく、リスクの小さいほうを選ばなければならないとする。資産Aのパフォーマンスは、過去一〇〇年余りにおいて、一〇カ月のローリング期間の八〇％で資産Bを上回っており、三〇年ローリング期間（三〇年は退職金の貯蓄期間）になると、一〇〇％上回っていた。また、資産Aは二〇年のローリング期間の一〇〇％でインフレ率を上回っていたが、資産Bは三一％の期間しか上回っておらず、インフレ調整後のリターンは資産Aが七％、資産Bは一％だった。

あなたは資産Aと資産Bのどちらがリスクが高いと思うだろうか。二つの資産をこのように紹介すると、ほぼ全員が資産Aを選ぶ。ほとんどの期間でインフレ率を大きく上回ることができなかった資産Bは、要するに「お金を失っていた」ことになるからだ。実は、資産Aは株、資産Bは債券なのだが、株は債券よりもはるかにリスクが高いと考えられている。

それならば、私たちのリスクの見方は、どうして二つの資産クラスの実際のパフォーマンスとこれほどかけ離れてしまったのだろうか。市場も人生と同じで、人はリスクを長期的な報酬ではなく、短期的な害で評価する。株に短期的な損失の可能性があるのは間違いないが、長期間保有すれば利益が上がることが大いに期待できることも事実なのである。おびえた投資家は、明日よりも今日を優先したり、大きな潜在利益よりも平凡な利益を選んだりすることで、行動科学的投資家に驚くほど大きな株のリスクプレミアムを提供しているということだ。このプレミアムを得るためには、普通の投資家の逆、つまり今日よりも明日を優先すればよい。

知らないものを買う

世界で最も有名な絵画は何だろうか。おそらく多くの読者が世界で最も象徴的な芸術作品とも言われているダ・ビンチのモナリザを挙げるのではないだろうか。ちなみに、彼の代表作と言われているこの作品が、一〇〇年ほど前まではダ・ビンチの多くの作品の一つにすぎなかったことを知っているだろうか。モナリザが卓越した芸術作品の象徴になった背景には、人の心理に大きく訴えかける犯罪行為や興味をそそるストーリーがあったからなのである。

一九一一年、ルーブル美術館の雑用係だった男がモナリザを壁から外して自宅に持ち帰った。この安全対策の低さは、この作品が当時は特別なものではなかった証と言える。しかも、絵画がなくなっていることに、盗難から二四時間だれも気づかなかった。しかし、新聞で盗難について報道されると、絵を取り巻く謎が世間を騒がせ、モナリザは多くの人に知られるようになった。そして、二年後に発見されると、この作品はルーブルで最も有名な絵画となり、騒ぎの元となった作品を見ようと大勢の人が訪れるようになった。盗難とそのあと話題になったことで、モナリザは芸術界で崇拝され尊重されるようになったのである。この絵に人気があるのは特別だからだと思っているかもしれないが、現実的には最初に人気が出たから特別であるようにも見えるのである（D. Sasson, Becoming Mona Lisa [Harvest Books, 2003]）。この単純になじみがあるものを選ぶようになる現象は、心理学では単純接触効果と呼ばれている。

ピーター・リンチが投資家に「身近な株を買え」と勧めていたことはよく知られている。毎日使う製品やサービスのなかから、次の偉大な銘柄を探そうというのだ。ただ、リンチは尊敬すべき素晴らしい投資家だと思うが、このアドバイスはとてもバカげている。私たちは保守的な性質によって、なじみのある銘柄のリスクを低く見てしまうため、そのような資産の配分はすでに大きくなりすぎている可能性が高い。既知の銘柄と推奨銘柄を混同する私たちの癖は、発音しやすいティッカーの銘柄（例えば、MOO）が発音しにくいティッカー（例えば、NTT）よりもリスクが低いと誤解するなどということにまで及んでいる。つまり、地元のショッピングセンターで次の成長株を探すよりも、知っている銘柄も知らない銘柄も含めて、地域や資産クラスを分散する計画を立てるべきなのである。

何を保有しているか分からない

哲学や倫理の授業でよく使われる課題に、トロッコ問題がある。内容を一部変えてあるが、次のような問題である。

制御不能になって暴走しているトロッコがある。トロッコが向かう先には線路で五人が作業していて逃げる暇はない。あなたは操車場から少し離れたところにいて、すぐ横には分岐器がある。レバーを引けばトロッコの進路を変えることができるが、そちらの線路ではあなたの友人が一人で作業していて、やはり動けない。あなたには二つの選択肢がある。

一．何もしない。トロッコはそのまま本線を進んで五人を轢き殺す。
二．レバーを引いてトロッコを支線に引き込み、友人を轢き殺す。

あなたならば、この不快な選択肢のどちらを選ぶだろうか。実利的な見方をすれば、より多くの命を救うためにはレバーを引くのが望ましい。ほかの条件が同じならば、多くの人は一人よりも五人を救うことを選ぶと思う。しかし、実際には劇的に結果が改善するにもかかわらず、多くの人がレバーを引かないと思う。理由は二つあるが、どちらも根底には保守主義がある。

まず、レバーを引いて現状を変えると、判断を下したような気持ちになる。しかし、ここで間違ってはならないのは、どちらにしても判断は下しているということである。ただ、行動を起こすほうが起こさないほうよりも自分の意思がかかわったような気分になる。二つ目に、友人に対しては親近性バイアスがあるが、ほかの五人にはない。あなたは友人を知っているため、そのことが善悪の知覚を根本的に変えてしまう。これほど激しくはないが、似たようなケースとして、特定の株について調べると、それを買って追いかけるようになるということがある。授かり効果によって、知っていることと保有していることがその株に対する評価を実際よりも高めてしまうのである。

これを最も確実に回避する方法はあるだろうか。自分が保有するものを知らなければよいのだ。この提案を聞くと、ほとんどの人が大げさだと思うが、実は常識に根付いている。実際、ファンドマネジャーのなかにはすでにこのアイデアを取り入れている人もいる。USAトゥデー紙に掲載された行動科学を取り入れている投資マネジャーのC・トーマス・ハワードに関する記事に次のように書かれていた。

「トーマス・ハワードの投資は、これまでで最も変わっている手法の一つかもしれない。ビジネススクールの元教授で六六歳のハワードは、会社の名前すら知らない株を売買している。しかも、その株にいくら支払ったかも、含み益や含み損が出ているかも気にしない。それでも、この一二年間におけるウォール街の激しい上げ下げのなかで、ハワードの旗艦ファンドであるアテナ・ピュア・ファンドはこの『目をつぶった』手法で年率二五％という高いパフォーマンスを上げている」（S. Butler, 'To get rich, stifle emotion-driven investment picks,' USA Today [January 25, 2015]）

これは、保有することが価値の見方を歪め、劣った売買判断につながるため、保有状況をファンドマネジャーに知らせないという手法である。それによってのみ、マネジャーは授かり効果に惑わされることなくルールに基づいた冷静な売買の判断を下すことができるのである。

乱雑なリスクを受け入れる

「高度一万メートルで非常口の開閉手順だって、うーん、まったく意味がない」

映画「ファイト・クラブ」に出てくるタイラー・ダーデンが航空会社の安全手順に関する欺瞞に不満をぶちまけているが、これは金融顧問が顧客のリスク許容度を知るために行う無益な質問にも通じるものがある。リスク許容度に関する質問（ＲＴＱ）は、安全と洞察に関する幻想を与え、リスクをとることは特定の領域に限った話であり、あくまで文脈依存で動的な行為であるとする研究結果をまったく無視しているのである。学者のなかには、この矛盾を回避するために、リスク許容度とリスク認識の違いを巧妙にごまかしている人もいる。

リスク許容度は、リスクに対する静的で長期的な姿勢と定義できる。一方、リスク認識はリスクに対する動的で文脈に依存する姿勢で、市場が大きく変動している時期には変化する。リスク許容度というと、学者はすぐに静的なものとして研究結果を示そうとする。要するに、リスク・リワードの評価（リスク許容度）について正しい考えを持っていても、その場の勢いにのまれたリスク認識によって間違った行動をすることがあると暗に言っているに等しい。この象牙の塔の欺瞞は、間違ったタイミングで仕掛けたり手仕舞ったりしている投資家やパニックに陥った顧客から電話を受けて困り果てた投資顧問にとって何の役にも立たない。結局、大事なのはリスクをとることで、その姿勢は文脈によって変わるという事実は変わらない。

リスク許容度に関する質問のなかには、金融以外のリスクのとり方を質問して投資家のリスク許容度を判断しようとするものもある。これは、いつもは退屈な作業を活気づけるかもしれないが、バンジージャンプを好む傾向と、ベア相場のときも株を保有し続ける能力には何の関係もない。ニコルソンとフェントン・オクリービーとソーンとウィルマンは、次のように指摘している。「複数の分野のリスクのとり方を推定したり、金融判断においてリスク回避志向が強い人が極めて危険なスポーツを好む理由を説明したりできる心理的なアンケート調査はない」(N. Nicholson, E. Soane, M.F.-O'creevy and P. Willman, 'Personality and domain-specific risk taking,' Journal of Risk Research 8:2 [2005])

リスク許容度に関する質問には、ほかにも市場が混乱した場合を想定して、「市場が二〇%調整したらどうするか」などといった仮定の質問もある。しかし、これも科学的に見れば目が覚める。「さらに言えば、つもり売買での仮定の判断と実際に市場でトレードしているときの判断の相関性を示す証拠はほとんどない」(A. W. Lo, D. V. Repin and B. N. Steenbarger, 'Fear and Greed in Financial Markets: A Clinical Study of Day-Traders,' MIT Sloan Working Paper No. 4534-05 [March 2005])

リスクをとることと、心の状態と、感情を生み出すタスクの特性に密接な関係があることは複数の研究で分かっている。例えば、人はタスクがネガティブな提示の仕方(「これくらいの損失が出るかもしれない」)をされると、ポジティブな提示(「これくらいの利益が出るかもしれない」)をされたときよりも大きいリスクをとる。また、気分もリスクのとり方と密接な関係があり、良い気分のときはリスク認識が歪むことが分かっている。アンドリュー・ローのグループは、リスクのとり方と情緒不安定さは相互作用するため、状況変数に大きく影響されるとしている。

「このような限界は、リスクをとるということが文脈に依存していることを示唆しており、文脈をいくつかの標準的な特徴で性格づけるほうが、生産的な問いかけができるのかもしれない。私たちは、判断する人の心理的または感情的な状況と、環境の特定の感情的特性を、このような性格づけにおける妥当な候補として提案したい」（Lo, Repin and Steenbarger, 'Fear and Greed in Financial Markets'）

リスク許容度に関する質問の多くは脳のリスクの概念という無益の基準でしかないが、リスクをとるという乱雑な経験は、個人の神経症的傾向とそのときの状況の恐れを誘発する性質が交差して起こる。ほとんどのリスク許容度に関する質問が文脈的反応や感情的反応を測定できていないため、実際にはあまり役に立たない。もしかしたら、ジェイソン・ツバイクがリスク許容度に関する質問の信頼性（同じ人が次のときも似たような回答をするか）が「コイントス」とさして変わらないと報告しているのはそのためなのかもしれない。ヘラクレイトスが言った「同じ川に二度入ることはできない。川自体も変わっているし、人も変わっている」という考え方は、リスク管理にも大いに応用できる。

損失の恐れを取り除く

アメリカ史上二番目に厳しかった金融危機の苦しみのなかで、現代自動車が人間の心理を深く理解した打開策で窮地を乗り越えた。経済的な不安から高額な消費が敬遠され、あらゆる経済階層で失業のリスクが現実のものとなっていたとき、この会社は購入後に失業したら車を買い取るという保障プログラムを発表したのだ。結局、車を売ることになったのはわずか三五〇人だったが、現代自動車は車を買うときの恐れと不安を取り除き、多くの自動車会社が破産に向かうなかで二〇〇九年に八％増の四三万五〇〇〇台を売り上げた（R. Schmidt, 'Frozen: Using behavioral design to overcome decision making paralysis,' Deloitte Insights [October 7, 2016]）。

もしかしたら、今日のアクティブ運用の最も知られたくない秘密は、多くのマネジャーが仕事を失うのを恐れてアクティブファンドと称してアクティブ運用の手数料を取りながら、パッシブ運用をしていることかもしれない。アテナインベストのトーマス・ハワードは、クローゼットインデックスファンドについて調べて「典型的なファンドでは自信のないポジションは、自信があるポジションの三倍もあった」と述べている（T. Howard, Behavioral Portfolio Management [Harriman House, 2014]）。

マーティジン・クレマースとアンティ・ペタジストは二〇〇九年の論文で、ポートフォリオが比較対象のベンチマークとどれくらい違うかを示す「アクティブシェア」という概念を紹介した。二人は歴史的に見て、インデックスファンドとは六〇％以上異なる本物のアクティブマネジャーのパフォーマンスはベンチマークを上回り、インデックスファンドとの違いが大きいほどパフォーマンスが高かったとしている。

また、二〇一三年の改訂版で、ペタジストは一九九〇〜二〇〇九年にかけてアクティブシェアが高いポートフォリオのパフォーマンスは、ベンチマークを劇的に上回り、アクティブファンドのほうが危機の期間もパフォーマンスを維持できる傾向があるとして、次のように書いている。「積極的に株を選ぶマネジャーの多くは投資家に付加価値を与えることができ、ベンチマークの指標を年率一・二六％上回っていた（手数料と経費差し引き後）」

コーエンとポークとシルヒ（二〇一〇年）は、ファンドの最高のアイデア（最大ポジション）が、ベンチマークを年率六％上回っていることを発見した。そしてさらに重要なのは、ポジションサイズが減ると、パフォーマンスも段階的に下がっていったことだった。アクティブ投資が歴史的に低パフォーマンスだったという話は、これらのマネジャーが株を選ぶスキルがないという誤った結論を導いていた。しかし、実際にアクティブマネジャーを悩ませていたのは正しい株を選択することではなく、十分な集中投資をして、高いパフォーマンスにつなげていく勇気だったのである。

運用のプロを雇うならば、現代自動車を見習ってトラッキングエラーや仕事を失うリスクといった恐怖や不安を彼らから取り除く必要がある。行動科学的投資家は、革新と勤勉さと誠実さと何よりも熟考したプロセスを順守する（仕事を失うのを恐れるのではなく）ことで、報われるはずだ。仕事への動機と最善の方法と人間の行動を深く理解することによって初めて、価値あるアクティブマネジャーになることができるのである。

少しだけ遅らせる

過度な保守主義を直す驚きの方法は、あなたがすでに仕事でやっているかもしれない先送りである。ティルバーグ大学のインスティチュート・フォア・ビヘイビラル・エコノミクス・リサーチが行った研究で、被験者は即決を求められると、八二％がデフォルトの選択肢を選んだが、少し先送りすると五六％に下がった。スピードは、良い意思決定の敵であり、急がされるとバイアスのかかった思考や現状維持に過度に依存するようになる（B. Frick, 'How to beat out status-quo bias,' Kiplinger [December 2, 2010]）。そのため、大事な投資判断を下すときは、時間をかけて最初の選択を再考し、それでもまだ同じ選択をするかどうか確認してほしい。

惨事を軽減する

ピータースとスロビックは、リスクの心理的要素を、恐怖と未知のことに対するリスクの二つに分けて説明した。恐怖は資本への壊滅的な損害で、未知のことは予期しない災害に関するリスクである。

リスクと不確実性の違いは、学術的には前者が確率密度分布が分かっていることで、後者は確率密度分布があいまいなギャンブルとされている。ブラックジャックをシングルデックでプレーするのはリスクが高いが、資本市場での投資はリスクと不確実性の中間に近い。これは意味的には些細なことに見えるかもしれないが、実際に神経画像で見ると、リスクと不確実性では脳の異なる領域が使われている。ｆＭＲＩで見ると、あいまいさ（リスクではなく）は前島皮質と偏桃体を活性化させていた。しかし、脳に損傷がある被験者は、リスクが高い状態と不確実性の状態において脳の動きに違いがなかった。皮肉なことに、それによって後者は脳が正常に機能している人たちよりも合理的に行動できるのである。

確率が分かっているリスクが高い状況ならば、論理的で統計的な考え方ができる。一方、「未知の未知」でうわさが飛び交う資本市場のような不確実な状況では、経験則という緩い制御をしていく必要がある。資本の投資には、さまざまな未知の要素があるが、結果が不確実なときは、それに合わせたプロセスが必要になる。行動科学的投資家としては、長期間における確率を重視すれば、不確実性を減らして正しい理由で良い結果になる確率を上げることができる。

私たちは不確実性が嫌いだが、それがなければ世界はまひしそうになるくらい退屈になる。株は儲からなくなり、スポーツの試合は退屈で、コメディーも刺激がなくなる。悩みたくないという理由で結婚しないのに寂しいと思う人や、起業したいのに自分を信じて踏み出せないまま嫌な仕事を続けている人について考えてみてほしい。皮肉なことに、リスク回避に取りつかれていると、最も恐れていることが現実になってしまうのである。行動科学的投資家はリスクと不確実性を恐怖で歪んだ目ではなく、明敏な目で見極めれば、より豊かな人生をおくることができる。

後悔しない

保守主義は結局のところ後悔回避であり、これは行動して勝つ可能性よりも何もしないで損をするほうを選ぶことである。前にも書いたが、ルールに基づいた運用システムは後悔回避によるまひを避ける最善策になる。買うか売るか保有するかの判断は、落ち着いた状態でリサーチに基づいて下すものである。このルールに基づいた手法は自由裁量を完全になくし、ファンドマネジャーは精神的なスケープゴートを手に入れることになる。仮にうまくいかなくても、自分ではなくモデルを責めればよいからだ。

最悪の事態に備える

ポンペイの住民は、なぜベスビオス火山が噴火したときに何時間も逃げなかったのだろうか。なぜ、ニューオーリンズの何万人もの市民はハリケーン・カトリーナが迫っているのに逃げなかったのだろうか。なぜ、タイタニック号の船客たちは、氷山に衝突したとき命を落とすことになっても下船しなかったのだろうか。

惨事を前にしてまひしてしまうのは、想像ができなくなるからで、これは正常性バイアスとして知られている。簡単に言えば、正常性バイアスは「これまでのことがこの先も続く」と考えることである。ポンペイでは以前にも地震が起こっていたし、ニューオーリンズも何回も豪雨に見舞われていた。どちらの住民も、今回も同じだろうと思っているうちに手遅れになったのである。正常性バイアスは、最大七〇％の人が影響を受けていると言われている。そのせいで、私たちは自分が経験したこと以上のことは起こらないと思ってしまうのである（E. Inglis Arkell, 'The frozen calm of normalcy bias,' Gizmodo [May 2, 2013]）。

社会学者のトーマス・ドラベックの二〇〇一年の研究によると、自然災害による避難命令が出たとき、人は逃げる判断を下す前に平均四つの情報源を確認している（A. Ripley, 'How to get out alive,' Time Magazine [April 25, 2005]）。ジャーナリストで『生き残る判断生き残れない行動』（筑摩書房）の著者でもあるアマンダ・リプリーは、危機に直面したときに行動するという判断は、「否認」と「思考」と「決定的瞬間」の三つから成っていると書いている。この本は自然災害に立ち向かうためのものだが、リプリーの枠組みは金融危機の可能性におびえる投資家にとっても価値がある。

行動科学的投資家は、まず否認するのをやめ、金融市場の混乱は投資家の人生に普通にあることで、平均すると調整は毎年起こり、本格的なベア相場は三年半に一回起こることを理解してほしい。また、ボラティリティが高くなることを最初から理解し、受け入れておくことも、健全な投資の必須条件と言える。もしすでに経験していても、また起こるし、もし経験していなくても、そのうちに起こるということだ。

慎重に検討し、断固として行動することが問題になることもある。私たちは、能力をフル活用しなければならない瞬間に心理的に最悪の状態になってしまうことがよくあるからだ。拙著『ザ・ロウ・オブ・ウエルス』（The Laws of Wealth）にも書いたように、平均的な投資家は金銭的に切迫しているとき、ＩＱが一三％も下がる。脅威が迫っているかもしれないときに間違った行動をしないための最高の対抗手段は、すべての状況に対処できるリスク管理システムを持つことである。ただ、システムの具体的な内容（単純な分散投資であれ、より複雑な戦略であれ）よりもはるかに大事なのは、平時にルールを定義し、有事にはそのルールを順守することなのである。

行動学の知識に基づいた投資のパラダイムは、かつてのバブルやパニックよりもさらに大きな出来事に対応できるようにしておくことである。世界の先進国はどこも株式市場で七五％以上の損失を記録しており、少なくともその程度の惨事はあなたが生きている間に起こる可能性がある。しかし、行動科学的投資家は過去だけでなく将来の可能性にも備える。結局、長期の視点で考えれば、大恐慌が最大の恐慌だという保証はないのだ。行動科学的投資家にとって最も難しいのは、市場のほとんどのボラティリティは短期的な動きにすぎないという現実を認識したシステムを準備すると同時に、まれに金融市場が資本を回復不能なまでに一気に破壊することができることを謙虚に受け止め、それに備えることなのである。

逆から考えてみる

ウォーレン・バフェットの右腕であるチャーリー・マンガーの「常に逆から見る」という警告はよく知られている。ただ、この言葉を広めたのはマンガーだが、元々は高く評価されている数学者のカール・ヤコビが行っていた「なぜ自分が間違っているかもしれないのか」「この状況を別の見方をしたらどうなるか」という思考法だった。人工知能と人類滅亡の議論で知られるニック・ボストロムは、同じ見方でもさらに精巧な「反転テスト」という方法を提案し、次のように書いている。

「特定の変数を変える提案が全体として悪い結果をもたらすと考えられるときには、同じ変数を逆にしてみることも検討すべきである。もしこれも全体的に悪い結果をもたらすならば、なぜこの変数を変えても現状が改善しないのかを説明する責任は、その結論に至った人にある。もし説明ができないならば、その人の現状維持バイアスを疑うべきだろう」（N. Bostrom and T. Ord, 'The reversal test: Eliminating status quo baias in applied ethics,' Ethics 116 [July 2006], pp.656-679）

このアイデアをもう少し直観的に理解するために、朝に飲むコーヒーについて考えてみてほしい。あなたはたくさんの金融界のカリスマの助言を受けて日々の支出を見直しており、毎朝スターバックスに依存しているという問題に直面した。そこで、反転テストを行って、コーヒーに五ドル使う代わりに「コーヒーを飲まなければ五ドルもらえるとしたら、そうするか」と自問してみる。もし答えがイエスならば、スターバックスに行くべきではない。マンガーとヤコビの逆から考えてみるという考え方も、ボストロムの提案を反転してみるという方法も伝統的なやり方ではないが、より明快に考え方を見直すための単純だが強力な方法と言える。

＊　＊　＊　＊　＊　＊

保守主義のリスクは、私たちが利益と損失や、現状と変化を非対称的に選好することの副産物である。私たちは、負けるよりも勝つほうがずっとよいし、新しいやり方よりも古いやり方のほうがずっとよいと思っているが、それらの考えが世界を正確に見る能力を歪めている。この保守主義の影響は、新しい在り方に抵抗したり（現状維持バイアス）、全体のリスクが大きく下がることよりも特定のリスクをゼロにすることを選好したり（ゼロリスクバイアス）、将来のニーズよりも今のニーズを優先したりする傾向（双曲割引）にも見られる。

知っていることを好む気持ちは理解できるが、それが新しい人との出会いや、新しい生き方や、富を適切に配分する機会を奪っているのかもしれない。なじみのないものを受け入れることで、投資が改善するのと同じくらい人生も豊かになることは間違いない。

保守主義を防ぐポートフォリオを構築する

●事実　資産クラスに対する知覚リスクは長期のパフォーマンスよりも短期のパフォーマンスのほうに目が行く。
対策　実際よりもリスクが高いと思われている資産（例えば、株）を組み入れる。
●事実　自分の好みではなく状況に応じてリスクをとっている。
対策　恐怖を誘発する状況を避け、ポートフォリオは必ず裁量ではなくルールに基づいて管理する。
●事実　バブルは資本市場では自然に繰り返し起こる。
対策　たまに（例えば、二～三年に一回）起こる壊滅的な損失を避けるため、ルールに基づいたシステムを使う。

第10章 行動科学的投資家は注意バイアスに惑わされない

「近ごろは悲しいことに無用な情報がほとんどない」――オスカー・ワイルド

植民地時代のマサチューセッツ州で一六九二～一六九三年にかけて行われたセイラム魔女裁判では、二〇人以上の女性が処刑された。新世界における魔女の恐怖は、一三〇〇年代から一六〇〇年代の終わりまでに悪魔と同盟を結ぶ恐れがあるとして何万人もの女性が処刑されたヨーロッパから持ち込まれたものだった。一六〇〇年代末に、フランスとイギリスの間で起こったウィリアム王戦争は、アメリカにも飛び火し、何百人もの難民がセイラムに逃げ込んだ。彼らの流入がすでに混乱していた地域にさらなる緊張を強いて、完璧な興奮状態を生み出した。一六九二年一月、地元の聖職者の娘とその友人二人がおかしな症状を見せ始めた。意味不明な言葉を発し、体を歪め、発作的に激怒するようになったのだ。

これは、小さい子供が三人いるクロスビー家の火曜日の風景によく似ているが、それはどうでもよい。地元の医者がこの症状を超自然現象だと診断したことから、少女たちは自分たちに呪いをかけたのは三人の女性（年老いた女性とホームレスの女性とカリブ人の奴隷）だと非難した。最初の二人はこの告発を強く否定したが、奴隷（名前はティチューバ）は闇の力と同盟を結んだと自白した。これが導火線に火をつけ、休止状態だった魔女狩りが再燃すると、植民地全体に広がった。

表向きは法と秩序を守る植民地の善良なクリスチャンたちは、証拠もないのに魔女を火あぶりにすることはできなかった。そこで、魔女狩りの「専門家」たちは、魔女を見分けるために目撃者の報告や「特別な証拠」（被告人に呪われる夢を見たなど）といった理論を打ち立てた。なかでも有名なのが水を使った検証だった。被告人は水に投げ込まれ、浮かんできたら有罪、おぼれ死んだら冤罪と判定された（死亡して無罪と認められても何の慰めにもならない）。告訴人は、適切なデータに基づかないルールを用いた裁判という名のつるし上げを行った。有罪か死しかない水を使った裁判は明らかに矛盾しており、重大な決定を下すときに期待すべき証拠の冷静な考察はほとんどなかった。

注意リスクは、情報を相対的に評価する傾向で、投資判断においては確率よりもサリエンスを優先してしまう。サリエンスは顕著性を意味する心理学用語で、私たちは確率が高くてもあまり恐ろしくないリスク（例えば、車の交通量の多い通りの側で自撮りする）よりも、確率は低くてもひどく恐ろしいリスク（例えば、サメに襲われる）のほうに注意を奪われる（ちなみに、昨年の死者はサメに襲われた人よりも自撮りしていた人のほうがはるかに多かった）。

また、この傾向はなじみのないものをよりリスクが高いと評価し、ファンダメンタルズ的な質と関係なく、自国の株（ホームバイアス）やなじみのある名前（単純接触効果）を好むことにつながる。注意が貴重な資源である世界では、私たちはあらゆる音に気を配り、意味のある情報とただの雑音を区別しなければならない。これが次の課題だ。次の三つのテストは、確率で判断する助けになると思う。

投資可能なアイデアを見極めるための三つのテスト

行動科学的投資家にとって明らかに価値あるアイデアかどうかを見極めるための最初のハードルは、十分な経験的裏付けがあるかどうかで、その主張にはデータによる支持が不可欠である。

しかし、データのない理論が魔女裁判をもたらす一方で、理論のないデータも同じくらい危険だ。前にも書いたように、バングラディッシュのバターの生産量とS&P五〇〇の動きには九五％の共分散が認められているが、データは存在しても理論はない（この二つにどんな関係があるというのか）。同様に、スーパーボウルでAFC（アメリカン・フットボール・カンファレンス）が勝てばベア相場になり、NFC（ナショナル・フットボール・カンファレンス）が勝てばブル相場になるというスーパーボウル指標も、同じように意味のない相関関係と言える。この指数は、一九七〇年代にレオナード・コパートが「発見」したもので、その時点まではぴったりと当たっていた。そして、二〇一七年の時点でもスーパーボウル指標は八〇％の勝率を誇っている。

データのない理論が魔女裁判を招いたように、理論のないデータは真実に見える幻影を追いかけることにつながりかねない。データが大きなリターンと相関性があるように見えても、それ相当の理由がなければ、おそらく相関性はないのだろう。そのため、二つ目のハードルとして、理にかなった理論がなければならない。

真実の追求の多くは、説得力のある理論的枠組みに裏付けられた経験的証拠だけで十分とみなされている。しかし、金融市場は特殊なところで、理論的に妥当で、経験の裏付けがあるアノマリーも、見つかったらすぐにアービトラージされる傾向がある。賢い人が市場に関する真実を発見し、それを世界と共有すれば、リターンに飢えたアービトラージャーによって、すぐにそれは真実ではなくなってしまうのである。

例えば、カレンダー効果は、週や月の特定の日に、資金の流れやほかの変数などによって、大きなリターンが得られるという市場のアノマリーである。カレンダー効果は、データを検証するなかで発見されたので、経験的なハードルはクリアしている。また、その存在には合理的な理由もある。納税日、給料日、ポートフォリオのリバランス日などのタイミングには何らかの規則性があり、そこにはチャンスがあり、理論的ハードルもクリアしているのだ。

しかし、カレンダー効果やそれ以外の市場のアノマリーの多くに欠けているのが三つ目の特徴で、行動科学的投資家が求める行動上の心理傾向が続くかどうかである。カレンダー効果を使ってアービトラージをしても、心理的な痛みはない。つまり、特定の日に買うのがそれ以外の日よりも行動学的に難しいわけではないと、みんなが買うことで効果は発見されてもすぐに消えてしまう。行動科学的投資家にとって価値がある要素は、経験的な裏付けがあり、理論的に説明ができ、行動上の効果が続くことでなければならないのだ。

変数がこの三つ目の最も分かりにくいハードルを満たすかどうかを判断するには、時間が大いに助けになる。ニューヨークのレストランから名付けられたリンディ効果は、アイデアの平均余命が現在の年齢と比例するという考えである。要するに、時の試練に耐えてきたアイデアは、これからも耐えていくということである。ホメロスの作品は何千年と読み継がれてきたが、おそらく五〇〇〇年後の中学生も『オデュッセイア』を読んでいることだろう。これと、最近ニューヨーク・タイムズ紙のベストセラーに登場し、『オデュッセイア』を超える売り上げを記録しているキミ・カーダシアンの自撮り写真集の『セルフィッシュ』（Selfish）を比較してみよう。リンディ効果は、今は強く支持されていても、時の試練を経ていない『セルフィッシュ』が『オデュッセイア』ほど長く支持される可能性は低いと教えてくれる。

カレンダー効果が発見され、何人かの教授が終身在職権を手に入れたが、すぐにその効果は消滅した。反対に価値やモメンタムといった要素は時間を経ても持続し、リンディ効果はロバストである。これらはすでに持続してきたため、これからも持続する可能性が高い。この効果の持続性は、質やオリジナリティや重要性などによるものとされているが、資本市場の場合は心理がその役割を果たしているように思える。

バリュー投資は心理的に難しいが（このことについては、もう少しあとで書く）、だからこそバリュー投資は長期的には儲かるとみんなが分かっていても効果が続いている。学術誌のあらゆる記事やウォーレン・バフェットの伝記を読んでも、バリュー株の特徴を備えた人気のない株を買うときは胃がねじれるような苦しみがある。つまり、バリュー投資は、経験的に実証されており、理論的にも妥当で、行動に根差しているため、行動科学的投資の三つの条件を満たしているのである。

直観とは反して、戦略の健全性に関する予想は驚くほど当たらない。市場を三年間上回る実績（大部分の機関投資家にとって最低限のハードル）を上げたとしても、そのうちの一二・五％は単純に運が良かっただけにすぎないのだ。本当に運とスキルを見分けるためには、約二五年の実績が必要だと言われており、これではファンドマネジャーの本当の実力は引退するころまで分からないことになる。実績が当てにならないのならば、私たちは理論やデータや心理を始めとするもっと関連性のあるものに目を向ける必要がある。

信心深いロータリークラブの会員だった私の父は、会員の行動基準を記した額をデスクの前に掲げていた。この基準は「四つのテスト」と呼ばれている。

一．真実かどうか
二．みんなに公平か
三．好意と友情を深めるか
四．みんなのためになるか

この簡単な四つのステップは、父が行おうとしていることの質を評価するための指針となっていた。それと同じように、行動科学的投資家も投資候補の三つの条件を使って、既存のリサーチと必然的に生じた新たなアノマリーの健全性を評価できる。資本市場の真実は、感覚的に明らかで、心地良い形で出てくるが、人間の心理に根付いていることによって持続する。

ただ、この必然的なアイデアを見極めるための三つのテストが、金融の世界の雑音から身を守るための唯一の方法ではない。これから、大事なこととそうでないことを見分けるためのもっと実践的な方法を紹介していく。

注意バイアスと戦うためのツール

ストーリーは無視して確率を使う

田舎者をネタにしたジョークが人気のジェフ・フォックスワーシーは、以前、「あなたは五年生より賢いの？」というクイズ番組の司会をしていた。この番組では、小学校で習う内容を問題にして大人に出すのだが、今日は私が「あなたはネズミより賢いの？」という番組の司会を務めることにする。問題は、米英戦争や割り算ではなく、ランダムに点灯する二つのライトのうち次に点るのが青か赤かを当てるのだ。回答しやすくするために、確率を伝えておこう。青いライトは全体の八〇％、赤いライトは二〇％点ることになっている。あなたの対戦相手のネズミは当然ながら説明しても分からないため、青ならば食料をもらい、赤ならば軽い電気ショックを受けることにする。

まずは戦略を考えてみよう。配分が八〇対二〇と分かっているなかで、次の色を当てるためにはどうすればよいだろうか。ほとんどの人は、混沌のなかのノイズを探し始め、パターンを見極めようとする。これは、本書の冒頭で書いたように、機能的なフィクションを組織して強力な社会を構築したことが、ヒトとそのほかの動物を分けたことを考えれば理にかなっている。人間の参加者は、実際にはただのノイズを信号に変換して、赤か青かを六八％の確率で当てることに成功する。一方、ネズミには高度な思考は必要ない（あるいはできない）が、確率でプレーすることはすぐに覚える。彼らは食料のほうがショックの四倍多くあることに素早く気づき、結局八〇％の確率で当てることができるようになったのだ。ネズミはシステムを打ち負かしたり、美しいストーリーを作ったりする必要がなく、単純な方法だけで、彼らよりも賢く見える相手を出し抜いたのである。

似たようなことは、金融ニュース番組を見るたびに起こる。高級スーツを着たアイビーリーグ出身のマーケットのカリスマが、地政学的な脅威からFRB（連邦準備制度理事会）の動向予想、大豆の生産量まであらゆることを織り込んだ複雑なマクロ分析を解説するのを聞いていると、人間の高度な思考能力とパターン認識力に圧倒されて催眠状態に陥る。しかし、マーケットの魔術師もクイズでネズミと対戦した人も、課題を複雑にしすぎていることのほうが多い。ストーリーの美しさが、実際の確率よりも重視されてしまっているのである。

行動科学的投資家はネズミのように考え、洗練されたナンセンスを欲しがる世界においても確率だけを気にしておけばよい。有名な金融ニュース専門番組に魅力的なストーリーを求められても、行動科学的投資家には壮大な理論も大がかりなストーリーも持ち合わせていないため、再度声がかかることはない。それでも、行動科学的投資家は投資において「確率」が強力な言葉だという知識に従って、自分に有利な確率に毎回合わせながら、ひたすら手順を順守していくのみである。

平均に依存する

あなたの思考における注意バイアスの存在を確認するため、次の質問について考えてみてほしい。

警察が使っているアルコール検知器が、飲酒している人を一〇〇％検知することができるが、飲酒していない人も五％の割合で誤判定するとしよう。飲酒運転する人は平均して一〇〇〇人に一人いる。仮に、警察官が検問でランダムに車を止めてアルコール検査を受けさせ、飲酒ポジティブの判定が出ると、その人が本当に飲酒をしている確率はどれくらいか。

多くの人は、先の説明の五％につられて、検査を受けた人が本当に飲酒している確率は九五％だと答える。あなたはどうだろうか。実際は、それよりはるかに低い。これは人が基準率（注意サリエンスが低いこと）を無視して特定の観察（注意サリエンスが高いこと）を優先する傾向があることを示している。速い思考は、検査を受けた人が九五％の確率で飲酒運転をしていたという結論に至るが、事実をじっくりと見極める遅い思考を使えば、まったく違うストーリーになる。

検問所で一〇〇〇人の運転手が検査を受けたとすると、平均的にそのうちの一人が正しく飲酒運転だと判定される。つまり、九九九人は飲酒していないが、そのうちの五％に当たる四九・九五人は飲酒していると判定される。つまり、ランダムに飲酒していると判定された人が本当に飲酒している割合は、実際の一人と誤判定の四九・九五人を足した五〇・九五人のなかの一人、つまり〇・〇一九六二七（約二％）で、九五％よりもはるかに低いのである。

ただ、間違ったとしても気にする必要はない。同じような問題をハーバードの医学大学院の学生に出しても、半分近くが九五％と答えたのだ（D. Greller, 'Jumping to conclusions - base rate neglect,' Invisible Laws [September 11, 2011]）。実は、この原稿を書きながら実際に計算をしてみたが、私自身のなかにもストーリーの理論よりも見たことの力を信じたい部分がある。これが、平均を無視するという私たちのあまりにも人間らしい傾向なのである。

ここでの教訓は、平均を考慮すると不確実な将来に適切に備え、リスクを管理できるということである。もし五〇％の夫婦が離婚するならば、結婚式の日（人生で最も幸せな日）には、いずれ離婚する確率が五〇％ということになる。ロングボード・アセット・マネジメントの研究によると、株の四〇％は、その存続期間に資金を失い、六四％は幅広いマーケット指数を下回り、二五％が長期間の市場の利益をほぼ担っている。株のアクティブ投資をしている人にとって、何カ月もかけて調べ、全面的に信頼している株が本当の勝ち組になる確率は四分の一ということである。

この厳しい現実に気が滅入るかもしれないが、これによって惨事を避けることができるかもしれないと思うと、見方が変わるかもしれない。カップルがバージンロードを歩む前に適切な結婚前のカウンセリングを受け、熟考のうえで一緒になることを決意する世界を想像してほしい。あるいは、資金運用業界が虚勢によってではなく、他人の資金運用とそれに伴う困難を解決するという仕事に対して敬意を持ってマーケティングを行っているというのはどうだろうか。自分が平均だと考えると今の時点では辛いかもしれないが、それを自覚しておけば、辛い明日が一生続くのを避けることができるかもしれない。

単純な解決策を探す

私はアラバマ州ハンツビルで育った。この町は、古くから航空宇宙産業にかかわってきた誇りと親しみを込めてロケットシティーと呼ばれている。スペースキャンプやアメリカ宇宙ロケットセンターがあるハンツビルのスカイラインの中心は、サターンVロケットである。ちなみに、サターンVが一番人気なのは間違いないが、私が最近、帰省して気になったのは、ロケットセンターの敷地に展示されていたスペースシャトルだった。シャトルの横を通りながら、ざらつき色あせた外部燃料タンクのそぐわない感じに目を奪われたのだ。シャトルのほかの部分の白い光沢のある外観とはかなり違っていた。調べてみると、燃料タンクのオレンジ色は、デザインに手を抜いたからではなく、絶大な効果をもたらす単純な解決策の威力を示す一例だったのである。

スペースシャトルの最初の二回のミッションはＳＴＳ１とＳＴＳ２で、当時は外部燃料タンクも固体燃料補助ロケットや軌道船と同じように白く塗装されていた。しかし、初期の探査を終えて、シャトルを軽量化したほうがよいことが明らかになった。最適な容量で機能するためには、約二七〇キログラム落とす必要があったのだ（T. Rogoway, 'This is why the space shuttle's external fuel tank stopped being painted white,' Foxtrot Alpha [October 16, 2015]）。不屈のロケット科学者たちは、彼らしくこの難題に取り組み、宇宙時代の素材を用いて空気力学的な効率化を追求したが、うまくいかなかった。イライラがたまってきたころ、この試みを知っていた低賃金のライン労働者が、簡単な提案をした。「タンクの塗装をやめたらいいのでは」。タンク部分の塗料はちょうど二七〇キロで、その後、タンクは醜いオレンジ色のまま使われている。

本書を読んでいるあなたは、おそらく金融市場で使える何らかのエッジを求めているのだろう。市場からさらに二～三ポイント絞り出すための洞察は、驚くほど効率的に感じることがある。これは価値のある動機ではあるが、それを探すなかで、目の前にある単純で効果的な解決策を見逃してはならない。金融データという金鉱のカギを握っているモーニングスターは、ファンドのパフォーマンスを説明する力が最も高い変数は手数料だということを発見した。スター並みの人気を誇るマネジャーでも、経験に基づいた有効な手順でも、情報力でもなく、手数料だったのである（R. Kinnel, 'How fund fees are the best predictor of returns,' Morningstar [October 4, 2016]）。

また、フィデリティのチームは、並外れた投資家の行動を調べるために、最高のパフォーマンスを上げている個人口座の動きを調べることにした。そこで、トップクラスの個人客に話を聞くと、共通していたのは、彼らが口座のことをすっかり忘れていたか、すでに死亡していたということだった。優れた投資家の行動学的に複雑な特性を探し出す必要はなかったようだ。注意バイアスは、行動ファイナンスの専門家であるブライアン・ポートノイが「複雑フェチ」と呼ぶ行動につながる。簡単に利用できる重要なツールを無視し、もっと壮大なものを求めて無駄足を踏ませるのだ。

中途半端に賢くなりすぎない

アレキサンダー・ポープの『批評論』（一七〇九年）に書かれている「浅学ほど危険なものはない」という言葉はよく知られているが、これには続きがある。「浅学ほど危険なものはない。大いに飲め。さもなくばピエリアの泉を味わってはならない。浅くすすれば脳が酔うが、大いに飲めばまたしらふに戻る」

しかし、ポープの中途半端な知識に関する警告は、それよりも前にイニシャルのABしか明かしていない匿名の著者の『ザ・ミステリー・オブ・ファナティシズム』（The Mystery of Phanaticism）に記されている。「……浅い知識しかないと人は傲慢で浅はかになるが、たくさんの知識があれば正しく修正され、自分自身を低く、謙虚に見ることができるようになる」

元々の内容はともかく、この考え方は行動ファイナンスの研究で絶対的な影響力を持ち、意思決定過程のミスを根絶しようとする人にとって有用な警告になっている。自分自身と人間の思考のたくらみについて精通すると、私たちはその知識を応用したいという興奮にかられ、浅はかで愚かなことをしかねない。しかし、その知識をいい加減に応用すると、知識が多い分、既存の判断ミスを悪化させることもある。心理バイアスの知識も、悪い言い訳を生み出す一端を担うだけなのかもしれない。

テーバーとロッジによる「政治的な信条の評価における動機づけされた懐疑論」という研究がある（C. S. Taber and M. Lodge, 'Motivated skepticism in the evaluation of political beliefs,' American Journal of Political Science 50:3 [July 2006], pp.755-769）。二人は、世界に関する以前からある信条が私たちの思考に影響を及ぼし、そのうちのいくつかはさらなる教育によって悪化したことを発見した。その例を二つ挙げておこう。

一．**姿勢の両極性**　被験者に賛成意見と反対意見をバランスよく聞かせると、元々の意見がより強まった。

二．**洗練効果**　知識が多い被験者は、確証バイアスや反証バイアスや事前態度効果（支持する意見を反対意見よりも優先すること）の影響を受ける傾向が強かった。

行動上の傾向に関する知識は、私たちの動機に関する内省を照らす光として使うことができる一方で、現状を維持するために反対者を攻撃するための武器としても使える。このような知識の誤用を避けるため、行動科学的投資家は個人的に意味があることや、正しいことや間違っていると自分が強く信じることについては、必ず追加的に精査する必要がある。また、常にさまざまな意見の人たちからのフィードバックを求め、自分の判断の効力を追跡し、自分の思考や行動の裏にある最も深い動機を検証していく必要がある。それをすることによってのみ、私たちは自分が大事に思う情報を保持したり、自慢できない緩い基準としたりする人間の傾向に抗うことができるのである。

サイズも重要

ウォーレン・バフェットは、バークシャー・ハサウェイがしていることの中核には、すべて可能性と影響力があると言っている。「私たちは、いつも利益の確率と可能な利益額の積から損失の確率と可能な損失額の積を引いて、その差を計算しています。完璧な方法ではありませんが、大事なことです」。もっと具体的に言うと、確率が低いが利益や損失の可能性が大きいことは、参加する価値がある。逆に、発生確率が高くても利益幅が限られていれば、その投資機会は無視したほうがよいのかもしれない。

悪い出来事の心理的現実（私たちは損失を利益の二・五倍嫌っている）や数学的現実（五〇

イベント	確率	結果	期待値
市場が上昇する	70%	＋１％	＋0.7
市場が下落する	30%	−10%	−3.0
合計	100%		−2.3

%の損失を回復するには一〇〇%の利益が必要）を考えると、行動科学的投資家は特別な配慮をする必要がある。

ナシーム・タレブが、『まぐれ』（ダイヤモンド社）のなかで、このことの素晴らしい例を挙げている。彼は、同僚のトレーダーと会ったときに市場が翌週上げるという考えを述べたときのことを書いている。同僚たちは彼が空売りのポジションを抱えていることを知り、困惑した。なぜ上げると思っているのに空売りをしているのか。タレブは次の表を使って説明した。

タレブは、起こる可能性がある損失と利益の大きさが同じではないと考えていた。市場は上がる可能性が高かったが（常にそうなっている）、可能性は低くても下落の影響のほうがはるかに大きかった。そのため、単純な確率ではなく、最善の期待値に従って空売りをしたのである。

情報を持った投資家の実際のポジションが楽観主義だということは、確率を見れば分かる。市場はたいてい上昇している。しかし、投資家を立ち止まらせて、より防御的なポジションをとらせることが二つある。一つ目はモメンタムが弱まったときで、それによって市場が下落する確率が上がる。二つ目は市場からの評価が急に上がったときで、それによって暴落の可能性が高まる。長期的な平均からの乖離が大きくなるほど、反転したときの暴落は激しくなるのだ。

そのため、行動科学的投資家のデフォルトポジションは、モメンタムが緩み（確率）、評価が極端になる（激しさ）までは積極的に投資していく。そうすれば、価値の確率と低確率の出来事の激しさの両方を考慮することができる。行動科学的投資家は、「どれくらいの確率で起こるのか」と「どのくらいの大きさになるのか」の両方を考慮するということを覚えてほしい。

時間をかける

確率に基づいて投資をして最もイラつくのは、正しいことをしてもうまくいくと保証されているわけではないことだ。時には、心地良いストーリーもなければ結果も悪いという二つの最悪の結果に見舞われることもある。率直に言ってひどい気分になるが、ルールに従ってプレーできたことを多少の慰めにしてほしい。ただ、こうした背景から確率を使った投資はたいていは人気がなく見向きもされない。しかし、確率に基づく投資の本当の価値は時間と反復によってしか立証することができないのである。

カレン・ロッシは自身のプラグマティック・キャピタリズム（https://www.pragcap.com/）というブログで、市場の日々の動きは本質的にランダムだと書いている（C. Roche, 'Great investors think in terms of probabilities,' Pragmatic Capitalism [November 10, 2014]）。ルールに基づいた行動学的な方法を順守する投資家は、良い結果を目指してダーツを投げるサルよりも少ないかもしれない。日々のバラつきに耐えても平均利益は日次で〇・〇三％にしかならないのだ。月次リターンで見ると少しマシになるが、それでもまだノイズは大きい。そのため、正しい行動をとっても正しい結果が得られるとはあまり感じられない。

しかし、さらに引いて見ると、本当のパターンが見えてくる。一九五〇年から現在までの市場の平均リターンは年率一三％近くあり、明らかな上昇トレンドが見えてくる。そして、さらに長い目で見れば、正しい理由で正しい結果に至る可能性はさらに高くなる。行動科学的投資は、長期で見なければ、効果は得られないのである。

行動学的な情報に基づいたポートフォリオを構築することは、現実社会で保険会社を経営するのと似ている。まず、弱者をふるいにかけて負の外部性を排除する。倫理的には疑問の余地があっても、保険会社は喫煙者や肥満者や持病のある人には追加の保険料を課す。保険金が高くなる可能性が高いからだ。同様に、行動科学的投資家も害を及ぼさない会社を選ぶため、不正や破産や経営不振に陥るリスクがありそうな会社を排除することから始めるとよい。

次に、保険会社と賢明な投資家はどちらも分散投資を行う。健全なトライアスロンの選手でも不慮の事故で亡くなることがあるように、安いけれど質が高い株でも触媒によって不安定な運命に見舞われることもある。そこで、分散投資によってリスクを割り振れば、正しい理由で正しいことをしたことが報われる可能性は高くなる。

最後に、忍耐を持つ。人の長期予想は、それほど素晴らしくはない。正しいダイエットや運動をしても、必然的な病気や死を避けることはできないが、それでも保険会社はうまくやっている（率直に言ってうまくいきすぎていて、それだけで一冊の本になる）。ほとんどの人は、ほとんどの時期は健康だからだ。同様に、ほとんどの株の長期的な予想は恐ろしく悪い。ロングボード・アセット・マネジメントが行っている「ザ・キャピタリズム・ディストリビューション」という調査がその実態を説明している。

●株の三九％は、利益が出ない。
●株の一八・五％は、七五％以上の壊滅的な損失に見舞われる。
●株の六四％は、ラッセル三〇〇〇のパフォーマンスを下回る。
●株の二五％が、市場のパフォーマンスのほぼすべてを担っている。

保険会社が、病気や死に見舞われる人間のリスクを引き受けて利益を上げているように、行動科学的投資家もほとんどの株が低パフォーマンスや破綻に見舞われるなかでも大きな金銭的報酬を確保することができる。そのためには、短期的な失敗に遭っても、時の試練を経た原則を粘り強く順守する必要がある。そして、何より必要なのが忍耐なのである。

これまで紹介してきたさまざまな傾向と同様に、注意バイアスも緊張した脳が実践的な近道を探すなかで起こる副作用である。ただ、最も怖くて最も目立つ情報を前面に押し出すこの機能が、状況によってはうまく利用できる。例えば、評論家が息を殺し、市場参加者がパニックを起こすなかで、何もしないことが理にかなっていることもある。一歩引いて、これまで述べてきたことを応用すれば、みんなが興奮しているときでも行動科学的投資家は冷静さを保つことができるのである。

注意バイアスに負けないポートフォリオを構築する

●**事実**　「確率」は投資における強力な言葉。
対策　複雑なマクロ解説はまったく無視する。

●**事実**　あることが起こる確率と、その影響の大きさを考慮することが重要。
対策　戦略のデフォルトは強気だが、確率は低くても影響が大きい不測の事態にも備えておく。

●**事実**　理論がないデータとデータがない理論はどちらも誤った結果を生む。
対策　投資可能な事実は、経験的な裏付けがあり、理論的に妥当で、現実の行動に根差したものでなければならない。

第11章 行動科学的投資家は感情を制御する

「私は自分の感情に翻弄されたくない。感情を利用し、楽しみ、支配したいのだ」――オスカー・ワイルド（『ドリアン・グレイの肖像』）

マーティン・ルーサー・キング・ジュニア（キング牧師）は八月二六日の夜にワシントンに到着したとき、翌日、リンカーン記念堂に集結する何十万人もの支持者の前で話す内容を何も準備していなかった。仲間の講演者たちは細心の注意を払って原稿を用意し、事前にコピーを配っていたが、キング牧師はそれをせず、むしろ準備をしすぎると真実味と緊急性を訴えるには逆効果になると思っていた。その夜、この偉大な人物は初めてペンと紙を用意し、深夜をはるかすぎたころに原稿を完成した。彼はペンを置いて床に就いたが、このとき「私には夢がある（I have a dream）」という有名なフレーズはどこにも書かれていなかった。

翌日、キング牧師が演壇に上がり、今では彼の代名詞となっているフレーズはないまま人種間の融和について演説を始めようとしたときだった。観客のなかにいたゴスペル歌手のマハリア・ジャクソンが「あの夢について話して」と叫んだ。彼が五年前にデトロイトで語った民族統一の夢のことだ。キング牧師は原稿を脇にやり、心から語り始めた。これが、アメリカ史上最強とも言われる演説の始まりだった。彼は即興の語りに公民権運動において感じたことをすべて込め、それが全世代のアメリカ人の感情を動かし、過去の偏見を見直すべきだという考えを浸透させた。牧師はこの日、感情の力を利用して彼の遺産を確立し、国の行く末を変えたのである。

感情がキング牧師の役に立ったのは、人の心を動かすという任務があったからだが、何よりも奴隷制度やジム・クロウ（アフリカ系アメリカ人を指す蔑称）といった負の遺産にまみれたアメリカ人の心があったからだった。しかし、これまでの章で学んできたとおり、合理的で文脈的に望ましい行動上の適合は、投資家にしばし課される普通ではない要求には不向きなのである。以前、『ザ・ロウ・オブ・ウエルス』（The Laws of Wealth）で、私たちの日々の現実と、ウォール街という奇妙な世界の食い違いをいくつか紹介した。例えば、ウォール街では将来のほうが現在よりも確かであり、群衆は個人よりも知性が劣り、行動するよりしないほうがよいといったことだ。日々の生活の中で素早く良い判断を下す助けになるよう進化した感情が、投資判断をひどく鈍らせることも、このリストに加えてよいだろう。

感情リスクは、私たちの危険に対する知覚が一時的な感情の状態と、個人的な傾向（ポジティブかネガティブか）に影響されるという事実に由来する。感情は、自分に悪いことが起こる可能性を過小評価し（楽観バイアス）、悪いことが起こる可能性について考えることさえ避けようとし（ダチョウ効果）、判断における感情の重要な役割を無視しようとする（感情移入ギャップ）。そして、恐怖が限界を超えて強くなると、人は痛みを避けようとして動けなくなる（ネガティビティバイアス）。しかし、感情が合理的な運用プロセスを破壊してあらゆる惨事をもたらしているにもかかわらず、多くの投資家が第六感に頼って判断を下している。感情的な側面を減らした投資は可能なのか、あるいは望ましいのか、それとも価値ある強みを取り残しているのだろうか。

私たちの感情に対する理解は広がっているだけでなく、感情の種類も増えている。ルネ・デカルトは、人間には六つの基本的情念があるとし（ピクサー映画の『インサイド・ヘッド』に出てくるのは五つだった）、現代の研究者たちは、文化によって微妙に違うたくさんの感情を発見している。ティファニー・ワット・スミス博士は次のように言っている。

「恐れは私たちが動物としてそれ以上細かく分類できない感情のように思える。しかし、オーストラリア西部の砂漠に住むピンチュピ族は、異なる恐れを表す一五種類もの言葉を使い分けている。例えば、飛び上がって周りを見回したくなるような強い恐怖、ライバルに復讐されそうな忍び寄る恐怖、周りに邪悪な霊魂がいる恐怖には、それぞれ異なる言葉があるのだ」

また、気持ちには二つ以上の感情が混ざっていることがあり、それが感情の説明をさらに複雑にしている。例えば、ノスタルジアという言葉には、悲しみと憧れと好みと喜びが同じくらい含まれている。感情の百科事典（『The Book of Human Emotions: An Encyclopedia of Feeling from Anger to Wanderlust』）の編集も手掛けたワット・スミス博士は、デカルトの六つの情念よりもはるかに多い一五〇種類以上の異なる感情を紹介している。

感情の決定的な分類法が近いうちにできるかどうかは分からないが、感情が強力で、私たちのなかに浸透してあらゆる選択に毎日毎分、影響を及ぼしていることは変わりない。感情は、私たちの判断を助けることもあれば、破壊することもあるが、その威力とそれが偏在していることを知らなければ、効果的に使いこなすことはできない。そのために、次のことを考えてみてほしい。

感情を克服するためのツール

打ち破るのではなく参加する

マーシャルアーツの多くは、護身術における合気理論、つまり攻撃側の勢いと力を自分に有利に使う方法を用いている。もし敵があなたに向かって手を伸ばして迫ってきたらどうすればよいだろうか。その瞬間の相手のすべての力を受け止める代わりに、横に動いて相手の腕をよけ、攻撃をやりすごせば、相手は反撃に無防備な状態になる。強力な力に対抗するのではなく、その力を利用するこの方法は、賢い判断を下すために感情を支配したい投資家にとっても有益である。途中で感情を止めたくなるかもしれないが、それよりも、感情をより良い結果のために再利用するという適応的な方法があるのだ。

行動ファイナンスは、ときにホモエコノミクス（経済学者の考える経済人）のようなものになるために煩わしい感情や不合理な奇行を取り除く方法だと誤解されている。もし私たちが自分の非合理性を取り除けば、完璧な金融判断を下せると考えられているのだ。ただ、問題は厳密に言えば不合理な行動が、時に金融的な目標達成を大いに助けてくれることもあることだ。行動科学的投資家になるというのは、教科書に載っている合理性を順守することではなく、人間の性質の癖を理解し、それを何とか有利に使うことなのである。

ノーベル賞を受賞したリチャード・セイラーは、人がお金を異なる名目で分類し、それによって使い方や貯め方が変わる傾向があることを発見し、それを「心の会計」と名付けた。さまざまな研究によって、人は割戻金の名目のお金は貯めるが、ボーナスの名目のお金は使う傾向があることが分かっている。オバマ大統領の顧問の一人だったセイラーは、大不況のあとの景気刺激策として配分した資金をボーナスと位置づける枠組みを作り、国民がそのお金を貯蓄するよりも大画面テレビを買うよう動機づけた。

この簡単な概念が、資金を意図的に貯蓄と収入と成長の受け皿に配分して、目的別に投資するゴールベースの投資（または個人的なベンチマーク）の基礎となる。お金にラベルを付けるという単純なことでも、貯蓄したり異なる投資をしたり仕向けることができることは驚くべきことに見えるが、ジョージ・ローウェンスタインは次のように言っている。「これは整合性のある方法には見えないが、資金を別に取り分けることは引退資金の貯蓄に関して劇的な効果をもたらすことができる。シーマとソーマン（二〇〇九年）は、収入が少ない夫婦がどうしても貯蓄する必要のある資金を子供の写真を貼った封筒に入れて貯めてようにすると、倍近い金額を貯めることができることを発見した」

子供を愛する気持ちが働きかけて二倍貯めることができたというのは合理的なのだろうか。絶対に違う。しかし、自分自身を理解してそれを利用することはできるだろうか。絶対にできる。

リチャード・セイラーは、害になることが多いと思われていた行動上の特性を、良いことにも使えるということを巧みに示した。例えば、行動しない傾向につながる現状維持バイアスについて考えてみよう。セイラーは、人は一回判断を下すと、それを疑わない傾向があることを理解したうえで、これを痛ましいほど引退資金の準備ができていないアメリカ人の利益になるよう利用した。彼は「セーブ・モア・トゥモロウ」（明日はもっと貯蓄しよう）というプログラムを作り、自動的に貯蓄する判断を一回下せば、昇給したときに自動的に貯蓄額が増えるようにしたのだ（リチャード・セイラー、キャス・サンスティーン共著『実践　行動経済学』［日経BP社］）。セイラーは、毎月正しい判断をするよりも、一回設定してあとは忘れていてもよいほうがはるかに簡単だということを理解していた。考えてみれば、現状維持バイアスの影響を受けやすいから行動を一度決めたあとは実質的に一生忘れてよい、というのは明らかに不合理である。しかし、この単純なアイデアがアメリカ人に推定二九〇億ドル以上の貯蓄をもたらしたのである（A. King 'Important money lessons from Nobel Prize in Economics winner Richard Thaler,' Born2Invest [October 11, 2017]）。

合理的ではないかもしれないが、これは理解できる。セイラーたちが発見したように、小さな心理的過ちを、理解して自分のためになる別の目的で使うことができるということだ。あなたのなまけぐせや変化を避ける気持ちや過剰な情動性も、自分に有利になるよう利用することは十分可能なのである。

瞑想する（冗談抜きで）

瞑想やマインドフルネスがここ何年かでもてはやされるようになり、私のようなひねくれた懐疑派ですら賛成派に転向したくなっている。結局、できすぎた話は、資本市場でも人生全般でもたいていそうはいかない。ただ、瞑想については、深く調べていくと騒がれている理由が何となく分かってきたし、何千年も行われてきた精神的鍛練のほうが、私の浅い懐疑心よりもはるかに多くの情報に基づいているということは納得した。これが、レイ・ダリオやポール・チューダー・ジョーンズやブラックロックやゴールドマン・サックス（すべて社員用の瞑想プログラムを実施している）や世界中の何十億もの人たちにとって十分役に立っているのならば、検討の余地があるのかもしれない（J. Voss 'Meditation for investment professionals' Enterprising

Investor-CFA Institute [February 29, 2016])。

本書のメーンテーマの一つは、お金に関する大事な判断を下すときに、内省的な考えをゆっくり再考すると結果を改善できるということである。ダニエル・カーネマンの言葉を借りれば、「速い思考」はヒューリスティクスやバイアスや近道に頼ることになるが、より労力を要する「遅い思考」は文脈全体を考慮して判断することになる。ある研究では、マインドフルネスを行ったあとの群のほうが行っていない群に比べて年齢や人種に関する潜在的なバイアスが小さかった（A. Lueke and B. Gibson, 'Mindfulness meditation reduces implicit age and race bias,' Social Psychological and Personality Science [November 24, 2014]）。この思考を遅めて認知力を高める簡単な行動が使い古したバイアスへの依存を減らし、異なる年齢や人種の人たちを、一般的な意見ではなく、被験者個人の価値観で判断するよう促した。このような繊細な考え方を投資の意思決定に応用することには、言い表せないくらい大きな可能性がある。

ものすごく簡単に言うと、金融市場にかかわる感情は、恐れと欲の二つに分類できるが、瞑想は、その両方を抑えることができるように見える。四七の実験と三五一五人の被験者がかかわっているメタ分析によると、瞑想が不安と気持ちの落ち込みと痛みを減らしていた。また、それよりは弱いが、ストレスレベルを減らして全体的な生活の質を上げたというポジティブな報告もある（M. Goyal, S. Singh and E. M. S. Sibinga, 'Meditation programs for psychological stress and well-being,' JAMA Internal Medicine 174:3 [2014] PP.357-368）。瞑想は、人間が感じる恐れから欲までの範囲の恐れの側のほうで、強力な薬になるのである。

瞑想で不安を減らすことができるかもしれないと聞いても驚かないかもしれないが、予想される結果に対する反応を変えることができる可能性を示唆する研究もある。報酬を求めるのは人間の行動として普遍的なことだが、それが極端になると強欲に支配されることになり、主観的に自分の幸福度を低く評価したり、マドフ事件のようなポンジスキームに引っかかったりすることになる。瞑想した三四人としていない四四人を対象としたカークとブラウンとドウナーの研究では、瞑想した人は瞑想していない人と比べて報酬を期待したときに尾状核と前頭前野腹内側部の神経の活動が少なかった。これを普通の言葉で言うと、脳の欲に関連する部分（報酬を期待したり想定したりするところ）が、瞑想した場合はあまり活性化しなかった。どちらの研究も、悲劇的な金融判断（銀行の取り付け騒ぎから投資バブル、親近感を利用した詐欺など）の元となる恐れや欲がマインドフルネスや瞑想といった簡単な行動で制御できることを示している。

増え続ける瞑想の効果を示す証拠のなかでも最も印象的なのが、私たちの体を物理的に作り替えていくというサイエンスフィクションのようなことだろう。テロメアは染色体の末端に付いている保護キャップのようなもので、染色体の末端が「擦り切れない」ようにする作用がある。染色体は擦り切れてもそれが特定の病気の原因になるわけではないが、年齢とともに短くなり、糖尿病や心臓病、ガン、精神疾患などさまざまな症状にかかわっている。リンダ・E・

カールソン博士は、テロメアを靴紐の擦り減りを防ぐために先端についているプラスチックキャップに例えている。

瞑想が私たちの体の健康に与える影響を調べるため、カールソン博士は乳ガンの生存者を三つの群に分けた。一つ目の群はランダムに二カ月の瞑想とヨガのクラスに通い、二つ目は長期間のグループセラピーによる治療プロトコールを受け、対照群は六時間のストレス管理訓練を受けた。被験者八八人の血液を分析すると、瞑想した群とセラピーを受けた群のテロメアの長さはストレス管理訓練を受けた群よりもはるかに長かった。驚くことに、瞑想とセラピーは、精神だけでなく、体の健康維持にも役立っていたのである（B. Stetka, 'Changing our DNA through mind control?' Scientific American [December 16, 2014]）。

瞑想と言っても、修道士のようになる必要はない。髪を剃らなくても、オレンジ色の僧衣をまとわなくても、時の試練を経てきた感情を制御するための戦略の恩恵を受けることはできるのだ。マインドフルネスや瞑想の根本は、現在の思考と行動に中立的な姿勢で集中することにあり、すべて手が届くところにあることを追求していくだけなのである。ジェイソン・ボスが主宰する米国証券アナリスト協会は、瞑想初心者のための実践的なツールを開発しているし、インターネット上には私のような人たちが光明を見いだす助けになる初心者向けの瞑想アプリや実用的なアドバイスがたくさんある。『メディテーション・フォア・フェジティ・スケプティックス』（Meditation for Fidgety Skeptics）などの関連本も多数出版されている。

今の瞬間に触れることができる投資家は、感情を認め、分類し、正当に評価しつつも、過度に影響されることなく重要な判断を下すことができるのである。

強い感情を制御する

本書を通じて、私は資産運用という仕事がどうあるべきかについて、いくつかの議論の余地がある考えを表明してきた。私は、投資はシステマティックに行うのが最適で、マネジャーの裁量の余地はかなり限定的にすべきだと思っている。

例えば、私はマネジャーの報酬はパフォーマンスと関係なくプロセスを順守した度合いによって支払うべきだと考えている。理想的には、資産運用を行う者は年に四～一二日だけ働き、残りの三六一日は既存の考えに対抗するアイデアを追求することに使ってほしいのだ。

パフォーマンスにとらわれず年に四日だけ働くというアイデアに賛同してくれる人はいないと思うが、最高のシステムでも破綻させることができる強い感情を制御するためのツールをいくつか提案しておきたい。結局、経験的に堅実なプロセスがパニックで覆されるならば（それはすべてのシステムにあり得る）、それはシステムがないのと同じことなのである。

自分のルールから逸脱したくなったときは、ミシェル・マクドナルドのＲＡＩＮモデルという激しいストレスをもたらす怒りを制御するための単純だが強力な方法が役に立つ。ＲＡＩＮは次の略語である。

●**認識する（Recognition）**　自分の心と体に起こっていることをあえて観察し、名付ける。例えば、「心臓と心がバクバクしている感じがする」。

●**受け入れる（Acceptance）**　観察したことの存在を認め、受け入れる。その感情を好きにならなくてもよいが、抗うのは逆効果。

●**検証する（Investigation）**　自分自身への説明を確かめ、どのような思考が存在しているのかを検証する。

●**同一視しない（Non-identification）**　ストレスを認識し、受け入れ、検証すると、その感情は自分のなかのほんの一部だということに気づくことができる。そうすれば、その感情に支配されないようにできる。

合理的な思考は冷たく、面白みがなく、よそよそしい感じがする。一方、感情は広がりがあり、緊急で、現実的な感じがするが、その関心を奪い取る力によって、感情は私たちの感情的現実と外部の現実を融合してしまうことができる。感情的反応の経緯を認め、受け入れ、検証することで、感情は真実を追求するための全体像の一部を担う価値ある情報になり、それ自体が真実だという誤解を解くことができる。

自動化、自動化、自動化

本書の内容は「自動化、自動化、自動化」の三語にまとめることができる。しかし、それではおそらく売れないだろうし、単純すぎてこの助言は無視されるだろう。しかし、実際に投資ルールのシステムに奴隷のように従っていれば、マーケットがどのような状況でも感情という厄介な要素を完全に排除できるのである。この概念を最も鮮やかに実践したのが、ギリシア神話に出てくるイタケーの王オデッセウスである。彼については、トロイア戦争のあとの一〇年間の帰途やトロイの木馬がよく知られている。しかし、ここでは彼の戦士としての能力ではなく、彼の最も重要な能力だったかもしれない自制的行動について見ていく。

ギリシア伝説のセイレーンは危険な怪物で、その歌声と美貌で船人を誘惑すると、島に近づいた船は岩礁に衝突し遭難する。ただ、セイレーンは、今日描かれているようなただの好色な人魚ではなかった。彼女はさまざまな知識を持っていたと言われており、それを船人の耳にささやきかけていたが、それは彼らが耳にする最後の言葉なのであまり役には立たなかった。この知恵は究極の対価を支払わなければ手に入らないため、その技が腕の良い船人に使われることはなかったのである。

オデッセウスはキルケの助言を得て回避策を考えた。彼は自分をマストに縛り付けさせ、船員には耳を蜜蝋でふさがせた。そうすれば、船員はセイレーンの歌に惑わされず、彼はセイレーンの深い教えを聞くことができる。予想どおりオデッセウスはセイレーンの歌を聞くと縄を解けと懇願したが、船員たちは指示を守って何もしなかった。オデッセウスが強さと行動力を備えていたように、投資家も大胆かつ積極的な生き方によって成功してきた。しかし、オデッセウスは、最も賢い行動が自制の場合もあることの手本を示してくれている。

最も知識のあるプロの投資家でも、いわゆる自制バイアス、つまりその瞬間の衝動的な行動を自制できると過大評価する傾向がある。もし世界中の人たちが総合的な栄養カウンセリングを受けて知識を得たとしても、ストレスが高いときはドーナッツを食べたほうがアスパラを食べるよりも満足感があるという事実は変わらない。同様に、パニック売りをしたり、質は低いが魅力的な株を買ったりするのも、知識がないからではなく自制心がないからだ。行動科学的投資家はオデッセウスの歩んだ道を選び、感情的になっているときはストレス要因に感染しやすいことを認識しつつも可能な限り最善の結果を探っていかなければならない。行動科学的投資家は、自分もドーナッツを食べてしまうことを忘れてはならないのである。

感情を認識できるようになる

ここでいったん、本書を置いて深呼吸をし、「自分が今、どのような感情状態にあるか」と自問してみてほしい。思ったよりも難しくなかっただろうか。自分で評価する感情状態は、それが自分にとっての真実になる。ただそうなのだ。感情は、あまりにも私たちのなかに浸透し、助けになっているため、その瞬間の気持ちを聞くことは、魚に濡れているときの気持ちを聞くようなものだ。しかし、感情はリスク評価やお金に対する考え方や経験と時間のトレードオフに劇的な影響を及ぼすため、感情を認識し、分類できるようになることは、行動科学的投資家にとって極めて重要なことなのである。

例えば、ハーバード大学の研究によると、人は悲しいときは、将来ではなく今すぐ支払いを受けようとするため、もらう金額が三四％減る。悲しみは、将来設計をできなくすると言われているが、この実験でもそうなった（J. S. Lerner, Ye Li and E. U. Weber, 'The financial cost of sadness,' Psychological Science [2012]）。しかし、先のことを考えられなくする感情は、悲しみだけではない。怒りも忍耐を奪うなど、強い感情はどれも将来の見通し方を短くし、イライラを大きくするといった影響（証拠に基づく投資家にとって最悪なことのなかの二つ）があるように見える（H. Aarts, K. I. Ruys, H. Veling, R. A. Renes, J. H. B. de Groot, A. M. van Nunen and S. Geertjes 'The art of anger,' Psychologial Science [September 20, 2010]）。恐れの気持ちは不確実性を感じさせ、怒りは自信の感覚を与える。もう分かったと思うが、怒っている人はより大きいリスクをとり、潜在的な危険を最小限に評価する傾向がある。

投資判断から感情を取り除くことは望ましくもないし可能ですらないが、自分の感情状態の認識を高めたり、それが自分のリスクやチャンスの評価にどのような影響を与えるかを理解したりすることは可能である。これは、危機のときにも本当の配当を確保するために、良いときも悪いときも、何年もかけて意識的な練習をして磨いていく必要がある本当のスキルである。

初心者にとっては、発見した自分の状態自体が抑制できない高揚感を招くこともある。怒りや幸福感が高まっている瞬間は、そう感じるよりもむしろそれが正当な感じがするのである。

嗜癖などから回復するためのHALTという一二ステップのプログラムがあり、これは投資家にとっても役に立つ。HALTは空腹（hunger）、怒り（angry）、孤独（lonely）、疲労（tired）の頭文字で、このような感情状態のときは重要な判断を控えるよう注意喚起している。

感情は、私たちの生活を豊かにし、意思決定を合理化するが、極端になると明らかな解決策を見えなくすることもある。

感情に耐性のあるポートフォリオを構築するために

●**事実**　直観は存在するが、それは即座に信頼できるフィードバックが得られる分野にしかない。

対策　直観に頼るのは投資家にとって大いにバカげている。

●**事実**　私たちの体はまず行動して、そのあとそれを解釈しようとする。

対策　モデルを構築して奴隷のようにそれを順守する。

●**事実**　状況に起因する変数は個別の変数よりも行動を予想しやすい。

対策　感情を誘発される状況（例えば、金融ニュースを見る、口座の残高を頻繁に確認するなど）を避ける。

●事実　自制心はすぐに消耗する。

対策　モデルを構築して奴隷のようにそれを順守する。

第4部

行動科学的投資ポートフォリオを構築する

本書はまず、私たちが判断を下すときに合理性よりも社会的一体性を尊重する種であるがために直面する、投資判断にかかわる社会学的な困難について書いてきた。そして次に、脳と体や、驚くべき進化や、それ以外のデザインが富を増やしていくという特定のタスクにいかに適していないかを検証してきた。そして最後に、場所と人によって見られる四つの行動的傾向を調べた。

これらの点はどれも知識のための知識ではなく、投資判断が下される文脈的背景のなかで人的ミスに対してロバストな投資システムを開発するための詳しい知識を提供してくれた。本書の目的は、正しい原則を伝え、特別なシステムを構築できるようにすることにある。もちろん、行動科学的投資ポートフォリオの管理の仕方について「正しい答え」は一つではないが、たくさんの証拠からはいくつかの共通テーマが浮かび上がってくる。

- システムは裁量に勝る
- 分散投資と自信は共存できる
- 微調整しすぎないでバブル崩壊に備える
- 情報は少ないほどよい
- 行動の証拠や理論や根拠を探す

本書で紹介した行動ファイナンスの真実の多くは、金融の世界である程度広く受け入れられるようになってきた。これは比較的短期間における素晴らしい進展と言える。しかし、投資管理については、まだ理論と応用の間に隔たりがある。人間が過ちを犯すことや市場が非効率的だということを受け入れることと、行動科学に基づいた信頼を深く理解して、時に急進的なプロセスに改革することとはまったく別なのである。この第４部では、行動科学的な情報に基づいた株のポートフォリオを構築するためのいくつかの具体的なステップを紹介していく。

第12章

第三の方法で投資する

近年、「パッシブ運用対アクティブ運用」について激しい論争が起こっている。しかし、これも過熱する議論の例に漏れず、事実を精査するよりも他方を非難する人ばかりが目立つようになっている。行動科学的投資家は何よりもまず証拠を重視する。証拠を重視する投資家は、心理的な理解度が低い群衆によって無視されるグレーの領域から真実を探していく。そこで、これから二つの投資方法の長所と短所を検証し、私がルールに基づいた行動科学的投資（RBI）と呼んでいる第三の方法を提案していく。

パッシブ運用――目標を掲げるとダメになる

「チェスでもブリッジでも株の銘柄選択でも、知的な競争において最も有利なのは相手が『考えるのは労力の無駄』だと教えられているときです」――ウォーレン・バフェット

RBI（ルールに基づいた行動科学的投資）の特徴

	RBI	パッシブ	アクティブ
手数料が安い	✓	✓	
投資対象が分散されている	✓	✓	✓
高パフォーマンスが可能	✓		✓
回転率が低い	✓	✓	
バイアスの影響を抑える	✓		

ベトナムがフランスの植民地だったころのハノイは、大量のネズミに悩まされていた。厳格さが特徴とは言い難いフランス政府は、ネズミの数の多さを懸念し、ペストを根絶するために一見理にかなった計画を導入した。市民がネズミを駆除すれば、一匹につき少額の報奨金を支払うことにしたのだ。ただ、ネズミの死骸の処理も大変なので、証拠としてネズミの尻尾を持参すればよいことにした。しかし、すぐに支配階級の人たちは予想外のことが起こっていることに気づいた。大量の尻尾が持ち込まれているのに、ネズミの数が減ったようには見えないのだ。実は、ベトナム人たちはネズミを捕まえて尻尾を切ったあと、また放していた。そのネズミが子孫を増やせば収入が増えるからだ。同じようなことは、イギリスの植民地だったインドでも起こっていた。コブラの死骸に賞金を支払うことにしたら、もう分かったと思うが、インド人はコブラを養殖し始め、かえって増えてしまったのだ。このコブラ効果は、「指標を目標にすると、それはいずれ正しい指標ではなくなる」というキャンベルの法則の代表例であ

る。

キャンベルは、指標の有効性が劣化する傾向について、「どのような定量的な社会指標も、社会的意思決定に用いられると、その分劣化の圧力を受けやすくなり、調査対象としていた社会的プロセスが歪められ、劣化する傾向が強まる」と言っている。最近の例は、私の第二の故郷であるジョージア州アトランタで起こった。アメリカ政府は小学校の先生の質を上げるため、統一テストの点数が悪いと先生の給与や雇用が脅かされる法律を可決した。すると、先生たちは自分の雇用を守るため、テストの点数を書き換えるなどの犯罪行為に及んだ。また、そこまでではなくても幅広い勉強ではなく、「テストに合わせた授業」を行っていたケースもあった。

キャンベルは、この現象について、「学力テストは、全般的な能力向上を目指した通常の教育の下で学力到達度を見るための価値ある指標ではある。しかし、テストの点数が教育課程の目標値になると、教育水準の指標としての価値がなくなり、教育課程も望ましくない形に歪められる」と言っている。金字塔的な指標を掲げようとすること自体が、その過程の劣化をもたらす。「目標を掲げると達成できる」と言われているが、それと同じくらい「目標を掲げるとダメになる」とも言えるのである。

インデックス投資を投資手段とするパッシブ運用は、結果としてコブラ効果の欠点のいくつかに見舞われることになる。しかし、パッシブ運用について行動科学的な批判（ボーグルヘッド［ジョン・ボーグルの支持者］は怒るだろうが）をする前に、まずはその重要な強みについて書いておきたい。

率直に言って、パッシブ運用は資産運用に関心がない人にとっては実質的に唯一の選択肢だと思う。さまざまな資産クラスに幅広く分散投資されたインデックスファンドを買えば、何も知らない投資家（実はかなりいろいろなことを知っている投資家でも）は、アクティブマネジャーの九〇％以上を上回り、富を増やす以上に有意義な活動をする時間ができる可能性が高い。パッシブファンドは経費のかかる調査をせず、スターマネジャーもいないため、アクティブのものよりもはるかに安い。投資家にとっては非常に有利だ。ほかの条件が同じならば、投資家は手数料が最も安いファンドを選ぶべきである。手数料は直接的にパフォーマンスを下げ、投資期間中の資産を劇的に減らしてしまうからだ。

パッシブファンドはただ安いだけでなく、どの時間枠で見ても安定的にアクティブファンドを上回っている。パッシブ運用とアクティブ運用の結果を相対的に示したＳＰＩＶＡスコアカードを見れば分かる。大手ファンドのマネジャーは五年で見て八八・六五％、一〇年で見て八二・〇七％が、パッシブファンドに負けているのだ（しかも手数料差し引き前で）。株価が大型株ほど効率的でないため、アクティブ運用に向いていると言われている小型株のほうも同じだ。過去一〇年に、小型株のマネジャーの八七・七五％がパッシブ運用に負けていたのである。

この原稿を執筆している今は、資産が三対一の割合でパッシブファンドに多く流れている。パッシブ投資の代表とも言えるバンガードは、毎日何十億ドルもの資金を集めているのだ。パッシブ運用は、堅実かつ安定的にアクティブ運用を上回っており、しかも手数料ははるかに安い。

しかし、金融史から学ぶことがあるとすれば、世界のコンセンサスは悪いニュースの前兆である。アーロン・タスクが「プライド・カムズ・ビフォー・ザ・フォール　インデックス・エディション」という思慮に富んだブログに書いているように、『みんな』が知っているときは、たいていその逆を行くほうがよい」。つまり、みんながインデックスファンドが最も賢い投資方法だということを知っている今、何らかの形でそれが正しくなくなる可能性がある。

成功の犠牲者

インデックスファンドのコブラ効果の一つが、インデックスに組み込まれた株は即座にPER（株価収益率）とPBR（株価純資産倍率）が上がってしまうことである。指標の構成銘柄になるということは、何百万人もの投資家がファンダメンタルズ的な信念に基づいてではなく、ほかの銘柄と合わせてその株を買うということである。これによって、重要とは言えない情報に基づいて株価が上がり、将来の期待リターンは下がることになる。また、パッシブ投資の人気が上がると、大規模指数に組み込まれた銘柄は、そうでない銘柄と比べて情報効率が低くなる。マイケル・モーブッサンたちは、「二〇一六年半ばには、パッシブ運用のインデックスファンドとETF（上場投信）でS&P五〇〇の一〇%を保有し、保有銘柄数は五〇〇社のうち四五八社を超えていた。ちなみに、二〇〇五年にはわずか二％だった」と報告している。大量の会社が信念からではなく単なる習慣によって売買されているということは、株価がますます本当の価値を反映しなくなっているということでもある。

この現象について、ジェス・フェルダーは次のように言っている。「パッシブ投資はいずれその成功の犠牲になる。過去一五年くらいでインデックスファンドに多額の資金が流入したため、指数の構成比率が高い銘柄は将来の低リターンが約束される水準まで株価が上昇してしまった。しかし、リターンが下がれば資金の流入は流出に変わり、好循環は悪循環に変わる」。

また、ナシーム・タレブはこのことについて『反脆弱性』（ダイヤモンド社）のなかで次のように書いている。「私たちは経済、健康、政治、教育など、ほぼすべてのものを脆弱にしてきた。……ランダム性や変動制を抑え込もうとするあまり、……これは現代性がもたらした悲劇だ。神経質で過保護な親のように、手を差し伸べようとして結局は傷つけてしまうことになる」。資本市場では、正しい行動もみんながやり始めたらそれは正しくはなくなる。

混んだバーと混んだトレード

エルファロル・バー問題はゲーム理論の問題で、これを使うとアクティブ運用とパッシブ運用にかかわる問題のいくつかをうまく説明できる。まずは問題を説明しておこう。ニューメキシコ州の小さな町の住民は、毎週木曜の夜はエルファロル・バーに行きたいと思っている。ただ、このバーは小さいため、みんなが行くと混みすぎて楽しくない。具体的に言うと、次のような具合だ。

●もしバーにいる人数が住民の六〇％未満ならば、家にいるよりも楽しい。
●もしバーにいる人数が住民の六〇％を超えると、家にいるほうが楽しい。

残念ながら、住民はみんなバーがどれくらい混むかどうか分からないまま、同じタイミングで行くかどうかを決めなければならない。もしみんなが行くかどうかを同じ方法で決めると、問題が解決しないのは明らかだ。同じことは投資にも言え、それをクレディ・スイスが「簡単な方法を探す」というリポートにまとめている。

「逆説的ではあるが、情報を知る人が増えれば価格はより効率的になり、情報の価値は下がる。価格が効率的になると、投資家はアクティブからパッシブに移行し、それによってアクティブマネジャーの利益チャンスである非効率性が生まれるかもしれない。つまり、みんながアクティブ運用をしているときは、パッシブ運用をすべきで、みんながパッシブ運用をしているときはアクティブ運用をすべきである」

バーでも市場でも、楽しく過ごすためにはみんなからさまざまな意見を聞く必要がある。

共有地の悲劇とは、みんなが個人の利益のために共有資源を使うと、資源が枯渇することである。例えば、政府が所有する土地で個人が所有する牛を放牧しているとする。農民の立場で考えると、公共の土地の草を自分の牛に食べさせるのは得策だ。しかし、全体として考えると、みんなが放牧すればいずれ草は食い尽くされ、だれも放牧できなくなる。個人にとっては合理的な行動が、不用意に全体を蝕むということだ。

同じようなことは、インデックスファンドについても言える。パッシブ投資は個人にとって大いに理にかなっている。手数料は安いし、投資対象を幅広く分散して、歴史的にも妥当なリターンを上げている。しかし、これが市場で危険に混み合うバー問題を生み出す。これについて、ブレーク・ルバロンは次のように書いている。

「暴落までの過程で、全体の分散度は落ちていく。市場に参加する主体であるどのエージェントも似たようなトレード戦略を使い始め、その戦略のパフォーマンスは自己強化されていく。これは全体を非常にもろくし、需要が少しでも減ると市場の安定性は大きく損なわれる。このメカニズムは明らかだ。みんなが同じ戦略を使っているため、市場が下げているときは売る相手が見つからない。ワルラス均衡では、価格が大きく下げる力が市場を一掃する。市場の均一性は、市場の流動性を下げることにつながる」（B. Carlson 'How market crashes happen,' A Wealth of Common Sense [January 8, 2017]）。

ベトナムのネズミ駆除のように、市場を体系化し、支配しようとすること自体が市場の効率性を歪める。行動科学的投資家は、パッシブ投資の良いところ（回転率の低さ、最低限の手数料、適切な分散）を理解しつつも、考えなしに売買しないように気を付けながら良いところを取り入れていくとよい。

アクティブ投資——顧客のヨットはどこにあるのか

アクティブ運用のポートフォリオマネジャーは、資本市場を健全に保つという重要な役割を果たしている。歴史的に、アクティブファンドの約半分は手数料を引くと平均を下回っているが、彼らの存在は市場が機能するためには絶対に必要なのである。アクティブ運用の目的（リスク調整後のリターンでパッシブベンチマークを上回る）には、みんな魅力を感じる。しかし、その結果は悲しいことに、みんなが同じになるわけではない。

アクティブ運用の表向きの利点の一つは、行動上のミスが減らせることだとされているが、プロもあなたや私と同じくらい愚かな間違いをするという研究結果がある。チャールズ・エリスが『投資の大原則』（日本経済新聞出版社）で書いているように、「プロが運用するファンドも、市場がピークのときはキャッシュポジションが最も小さくなり、市場が底にあるときはキャッシュポジションが最も大きくなる傾向がある」。彼らも私たちと同様に、株価が高いときは欲張って保有し続け、割安になったときにパニック売りをしているのである。

もともと想定されていたアクティブ運用のメリットは、もちろんパフォーマンスにあるが、アクティブマネジャーは想定したパフォーマンスを、手数料とトレード費用差し引き後に達成しなければならない。しかし、『ファンダメンタル・インデックス――新しい資産運用手法のすべて』（東洋経済新報社）にも書いてあるように、この二つの障害の影響は劇的で、アクティブ運用のパフォーマンスを年率〇・五～二％も下げている。アクティブマネジャーは最近はすぐにさまざまな環境（FRB［連邦準備制度理事会］の緩和政策、深刻な不況からの回復などのせいにしようとするが、実際には先の傾向が長年にわたって蔓延しているだけなのである。ジェイソン・ツバイクはウォール・ストリート・ジャーナル紙に次のように書いている。

「あなたが何かを聞いたり、何かを熱烈に信じたりしているとしても、低パフォーマンスはこの二～三年の薄商いによる一時的な副産物ではない。一九七四年までの一〇年間にマネジャーの八九％がS&P五〇〇を下回り、一九六四年までの二〇年間に平均的なファンドは約一一〇ベーシスポイント下回っていた。一九二九～一九五〇年にかけても、大手の投資信託でS&P五〇〇を上回ったところは一つもない。どの期間をとっても、落胆するような結果しか出ていないのだ」

アクティブ運用の世界ではタイム・イズ・マネーではあるが（アイビーリーグの数学の天才はただ働きはしない）、投資にかかわるすべてのデューディリジェンスはお金をかけた以上の付加価値がなければならない。銘柄選択について考えるのに使った九九セントに対して、一ドル以上の価値を提供しなければならないということだ。しかし、バンガードが投資委員会の時間の使い方を調べたところ、投資家から徴収した手数料の活用の仕方について深刻な疑念が生じた。投資委員会の時間配分は、次のようになっていた。

●四一％　過去のパフォーマンスの確認。しかし、これが将来のパフォーマンスを予想するものではないことは彼ら自身が認めている。
●一〇％　マネジャーを選ぶ。ブライアン・ポートノイ博士は、プロのファンド・オブ・ファンズのマネジャーのなかで優れたマネジャーを選ぶスキルが認められたのはわずか五％だったことを示した。
●一一％　投資と関係のないこと。コーヒーを作りながら「良い週末でしたか」などといった話題に費やす。
●一三％　投資にかかわる「その他」。付加価値にはつながっていない。
●二五％　戦略を決める。やっと少し価値があることが出てきた。

アクティブファンドを買うときは、アクティブ運用に関する悪い報道に邪魔されることなく、安定的に市場を上回ることができるまれなマネジャーを選びたい。しかし、「株式投資にかかわる信念」という記事によると、アクティブマネジャーを選ぶときの難点の一つは、「アクティブ運用のポートフォリオは、商売の世界でもしかしたら唯一、消費者が製品を買う前に（そ

投資委員会の時間の使い方

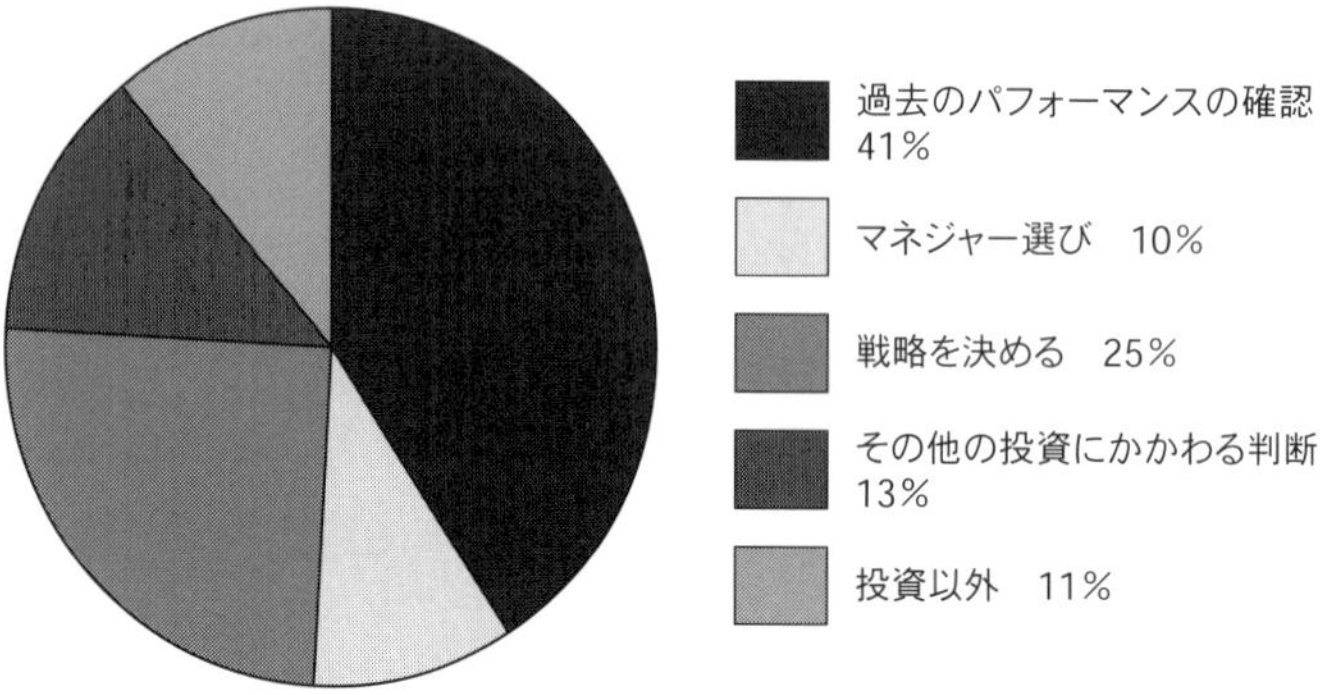

出所＝「株式投資にかかわる信念」ヒューイット・エニスクナップ（2012年）

してたいていは買ったあとでも）本当の価値が分からないものかもしれない」。車には、知覚できる美的・客観的魅力がある。例えば、座席に座って感覚を確かめたり、窓に貼ってあるシールで燃費を調べたりできる。ファンドにも評価基準となる統計数学はあるが、細かい字の開示資料はちらっと見せられるだけだし、過去のパフォーマンスは将来のパフォーマンスの予想ではない。実際、平均回帰を考えれば、過去のパフォーマンスは将来のそれと逆になる場合もある。自動車ディーラーではメルセデスに試乗したはずなのに、実際にはユーゴを買わされることになるのと同じようなことだ。デューディリジェンスに通常含まれる項目は、過去の結果も、過去の標準偏差も、アクティブファンドが将来どのようなパフォーマンスを上げるのかを明確に示すものではない。

投資委員会が時間とお金を大きく割いていたの

は、パフォーマンス云々ではなく、どうすれば手数料を上げることができるかという議論だった。委員会が裁量で才能あるマネジャーを予測できないことも、市場自体が予想できない変化をしていることも、過去のパフォーマンスが当てにならないことも、すべてデューディリジェンスで最も重要な変数が何かを示している。それが運用プロセスだ。

マネジャーの選択は、無駄である。過去のパフォーマンスは一時的なことで、行動科学に基づいた指針を規律をもって運用プロセスを順守することが将来の成功を最も予想できる方法だが、多くの人、しかも報酬が高い人は、有効性が高いように見えて実際にはほとんど価値がない試みをしている。アクティブ運用は、個人投資家にも彼らの投資先である資本市場にも恩恵をもたらすことができるが、欲望と尊大さと人間の行動に対する誤解が組み合わさると、その潜在利益を完全に実現することはできていないことが多いのである。

アクティブ投資の長所と短所

●**長所**　高いパフォーマンス、リスク管理、公正妥当な価格形成機能が可能。

●**短所**　高い手数料、自信がない、実績がない、行動リスクが適切に管理されていない。

アクティブ運用とパッシブ運用の両方の弱みを理解して投資するのは落ち着かないかもしれないが、ここから始めなければならない。パッシブ運用が成功するのは、人の手を介さず、手数料が安く、投資対象が分散されているからだ。このような優れた特性は、簡単にまねができる。短所は、行動科学的観点から見て悪い傾向が固定されてしまい（割高な大型株を買う）、考えない売買によって市場が全体的に「脆弱化」することである。

アクティブ運用は行動上のミスから投資家を守り、市場の変化に対応し、ほかの人たちの認知的なミスを利用することができ、みんなとは違う判断をすることでより大きな利益を得ることができるため、うまくいくときはいく。ただ、悲しいことに、アクティブ運用の利点の多くはマネジャーが自分の行動上の欠点を抑制できないことや、自信がないこと、高い手数料などによって実現されていない。

これを聞いて、もっと良い方法はないのかと思っただろうか。私はあると思う。アクティブ運用とパッシブ運用の長所と短所を厳しく検証できる行動科学的投資家ならば、両方の良いところを利用したシステムを構築することができる。その特徴をいくつか挙げておこう。

- 妥当な手数料
- ほどよい分散効果
- 市場の状況に対応できる

- リサーチに基づいている
- 回転率が低い
- バイアスを避けるためのシステム的な運用

この方法を、ルールに基づいた行動科学的投資（RBI）と呼ぶことにする。

第13章　行動科学的投資はルールに基づいている

あなたは今、まさに身の回りで起こっていることを見逃している。このページの文字に集中することで、すぐ近くにある大量のデータを無視してしまっているのだ。蛍光灯のかすかな音、立ち上がるときの体の小さな緊張、舌が歯や口蓋に障る感覚、遠くで聞こえる芝刈り機の音などである。

処理システムの容量は、意識と無意識を含めると約一一二〇万ビットと膨大である。しかし、ボブ・ニース博士によると、何百万ビットもの情報のなかで、私たちが意識的な思考に割けるのは、一秒間にわずか五〇ビットしかない。また、アプ・ダイクスターフイスによると、「……無意識には容量の問題はない。もし無意識が近代のコンピューターならば、意識はそろばん程度にすぎない」。そしてさらに、「意識の容量が小さいことは、それが複雑な判断を下すためのものではなく、……結局、意識は情報のほんの一部だけを扱うことしかできない。これは、最終決定が犠牲になるということかもしれない」。もし私たちの処理能力のほとんどが意図的ではなく直観的ならば、無意識の豊富な知恵、つまり理論と実践を強力に支える潜在意識下の思考に強く支えられたアイデアをうまく利用すると、私たちの金融判断が向上すると考えるのは理にかなっている。

私たちは、直観を愛する社会に住んでいる。コンピューターが考えたり学んだりして、仕事がますます自動化される時代に、言葉では説明できないような人間だけが持つ能力があるということは慰めになる。もしあなたが無意識の理由付けを美化するタイプならば、良い仲間がいる。スティーブ・ジョブズは、仕事に関する合理性の非西洋的な見方に強く影響され、特にインドでの経験に感銘を受けた。彼は次のように言っている。

「インドの田舎の人たちは、私たちとは知力の使い方が違う。彼らは直観を使い、その直観は世界一発達している。……直観は非常に強力だ。私は知性よりも強力だと思う。このことは私の仕事に大きな影響を与えた。西洋の合理的な思考は、人間の生来の特徴ではなく、学んで身に付けたもので、これは西洋文化の偉業である。インドの村でこれを学ぶことはない。彼らは別のことを学んでおり、それはある意味同じくらい価値があるところもあれば、そうでないところもある。それが直観力という経験に基づいた知恵なのである」

また、作家でアクティビストのアン・ラモットも、合理性と直観について弁証法を使って述べている。

「合理的な心はあなたを育てない。合理的な心はこの文化が崇拝する金の子牛（富）であり、真実を伝えるものだと思っているかもしれないが、それは違う。合理性は、豊かで、うまみがあり、魅力的なことを締め出してしまうのだ」

最後に、フランスの哲学者のアンリ・ベルクソンは次のように言っている。

「静的な対象を扱うときに非常に適している知性は、動的な対象を扱うときには不具合が生じることを私たちは知っている。身体世界を扱うにせよ、精神世界を扱うにせよ、そのために設計されたわけではない厳格で硬直的で容赦のない道具である知性を使って、私たちはそれらを理解せざるを得ない。知性の存在そのものが、私たちが世界を自然には理解できないことを意味している。一方で、直観はまさに世界の形に基づいて作られている。知性はすべてを機械的に扱うのに対して、直観はある意味、有機的に発展していく。もしそのなかで眠っていた意識が目覚めたり、行動ではなく知識のなかに紛れ込んだり、もし問うことができて、その答えを得ることができれば、私たちは人生の最も奥深い秘密を知ることができるだろう」

自分の心に従うよりも合理的に判断することの味気なさを称える本や映画を探すのには苦労するだろうが、行動科学的投資には詩よりも統計が必要となる。ちなみに、直観による判断に関する研究を検証すると、個人の裁量を使えるときと慎重に避けなければならないときを分ける複雑な図が浮かび上がってくる。

直観の検証

直観に関する研究が興味深い理由の一つは、非常に形而上的な結果が含まれているからだ。コーネル大学の研究では、被験者に二つの「カーテンの画像」を見せ、カーテンの向こうに性的なスライドが隠れているほうを選ばせるという方法で、直感と予知力を検証した。画像はランダムに表示され、カーテンの画像の先はまったく見えないようになっているが、一〇〇回試したところ、参加者は回数を重ねるごとに性的なスライドが隠れているほうのカーテンを選ぶ確率が高くなっていった。さらに驚くのは、被験者の生理的な反応を調べると、コンピューターが次の画面を作る二～三秒前に正しいカーテンを予想できるようになっていたのである。

また、別の直観の実験では、被験者に二組のデッキからできるだけ多く稼ぐことを目指してカードを引いてもらった。一つ目のデッキは、大きな利益のあとに大きな損失が続くようになっており、二つ目のデッキはほとんどが少ない利益で損失はほぼ出ないようにしている。被験者はカードを引きながらパターンを探して説明するよう求められた。すると、五〇枚ほど引いたところで予想を口にし、八〇枚ほど引いたところでパターンを明言した。しかし、直観と生理的反応はそれよりもずっと早く気づいていることを示していた。早いときは一〇枚程度で変化の激しい一つ目のデッキから引こうとするときには手のひらに汗をかいていたのだ。これは、意識で説明できるよりもはるか前に無意識は分かっていたことを示している。

アプ・ダイクスターフイスは、直観と意図的な判断による結果に関する先駆的な研究を行い、驚くべき発見をした。まず、「意識の容量は小さいため、判断するときに適切な情報の一部しか考慮できない」ということは意外ではないが、意識的な決定は一部のデータを不適切に重視して劣った判断を下し、いずれ後悔することにつながったことも発見した。例えば、五枚のポスターのなかから好きなものを選ぶ実験では、すぐに決めた人たちと比べてよく考えて決めた人たちの判断後の満足度は低かったのである。

この「注意なき熟考」仮説は、意識的な思考は容量が限られているため、単純な判断に向いており、複雑な選択は容量制限がない無意識の思考が向いているという議論の余地がある主張である。

鍋つかみを選ぶときは意図的に考え、家を買うときは直観で選ぶとよいということだ。この意見を試すため、研究者たちは四台の車を見せて、客観的に良いか悪いかを聞いた（最高の車は良い特徴を七五％持つが、最悪の車は二五％しか特になかった）。この調査を、単純なケース（四項目）と複雑なケース（一二項目）について行い、被験者には判断する前に四分間考える場合と、言葉遊びで気をそらせた場合とで試した。すると先の仮説どおり、意識的な判断は四項目のときは結果は良かったが、一二項目のときは結果が劣っていた。

複雑さが増すと意図的な思考は崩壊し始め、どの側面を重視して判断すべきかが分からなくなる。結局、燃費は良いが視界が狭い車と、馬力は大きいが見た目が平凡な車をどのように比べたらよいのだろうか。このような選択は車に限ったことではない。ウィルソンとスクーラー（一九九一年）は、被験者に異なる大学の授業内容を評価させた。まず、被験者は事実を簡単に検証したあとすぐに判断を下した。次に、さまざまな授業の長所と短所を詳しく分析してその理由を書いてから判断した。すると、車のときと同様に、十分考えた場合は限られた条件に注目して劣った判断を下していた。複雑さが増すと、判断能力は下がっていくのだ。さらに興味深いのは、無意識の判断は判断後の主観的な評価も良かった。つまり、あまり考えない選択のほうが満足につながる傾向があるのだ。

それなら簡単だ。株の銘柄選びの専門家になるためには、脳を使わず、直観に頼って現実離れした無意識の魔法に任せればよい……とはいかない。直観に有利なたくさんの素晴らしい証拠はあっても、その反証もたくさんあり、投資判断については特にそう言える。ルイス・ゴールドバーグは一九六八年の研究で、精神疾患の患者に対するモデルを使った診断と専門医による診断を分析した。すると、単純なモデルによる診断は、精神科医が対面で直観的に下した判断よりも勝っていただけでなく、精神科医がモデルを併用した場合でも、やはりモデルだけのほうが勝っていた（W. Gray and T. Carlisle, Quantitative Value, Web Site: A Practitioner's Guide to Automating Intelligent Investment and Eliminating Behavioral Errors [Wiley, 2012], p.27）。

最高裁判所の判断を予想することにおいても、モデルが人間の直観を上回ることが分かっている（Gray and Carlisle, Quantitative Value, p.27）。大統領選挙（ネイト・シルバー）、映画の好み、受刑者の再犯率、ワインの品質、結婚の満足度、軍事的な成功など、四五以上の分野においてモデルのほうが優れていたのだ（B. Carlson, A Wealth of Common Sense[Bloomberg, 2015], p.93）。ウィリアム・グローブ、デビッド・ザルド、ボイド・レボウ、ベス・スニッツ、チャド・ネルソンが行ったメタ分析によると、モデルは全体の九四・一二％において専門家と同等以上の判断を下していた。つまり、モデルが人間よりも劣る判断をしたのは全体の五・八八％しかなかったということだ（W. Gray, J. Vogel and D. Foulke, DIY Financial Advisor: A Simple Solution to Build and Protect your Wealth [Wiley, 2015], p.23）。さらに言えば、アルゴリズムのパフォーマンスが大きく上回った分野の多くは、人間の行動が中心的な構成要素になっていた（例えば、金融市場）。転職率、自殺未遂、少年非行、大学の学業成績、精神科の入院期間、職業選択など、どれもアルゴリズムのほうが一七ポイント以上有効だった。

シャントー（一九九二年）は、裁量に基づく専門知識や直観が、畜産業者、天文学者、テストパイロット、土壌診断士、チェスの上級者、物理学者、数学者、会計士、穀物検査士、写真解析者、保険アナリストなどの分野では優れていることを示した。一方、専門家の裁量や直観が劣っていた分野は、株のブローカー、臨床心理学者、精神科医、大学の入学選考にかかわるカウンセラー、裁判官、人事のプロ、情報アナリストなどだった。

傾向が分かっただろうか。人が複雑にかかわる分野ほど、直観や人間の判断はうまくいかない。ウインドシアーや、土壌密度、損益計算書に関しては、裁量によって優れた判断を下すことができるが、人間が犯す小さな過ちが介入すると、まったく違った結果になってしまうのだ。もちろん、シャントーは裁量による優れた判断を下すための条件として、結果が予想可能なこと、刺激があまりないこと、良いフィードバックが得られることなどを挙げている。ちなみに、これらの条件は人間の行動が中心となって動く資本市場には一つも当てはまらない。

予想のカリスマであるフィリップ・テトロックは、経験上、メタ分析から統計的に分かることとして、「統計的に洗練されていない外挿アルゴリズムでさえ、人間がそれを明らかに上回る分野を見つけるのは不可能」だと断言する。この研究は、投資判断において定型の運用プロセスに従わず、人間の裁量を重視している人はわざわざ労力をかけて結果を悪くしているということを明らかにしている。

直観を育てる

ある春の日、パブロ・ピカソが公園のベンチでスケッチをしていると、偉大な画家に気づいたファンが近づいてきた。彼女は興奮して、自分の似顔絵を描いてくれと頼んだ。ピカソはほんの二～三分で似顔絵を描き、女性に手渡した。絵を見た女性は、それがいかに完璧で、彼女の本質を巧みにとらえており、何世代にもわたって家宝になると叫んだ。そして女性が値段を尋ねると、ピカソは「五〇〇〇ドルです。マダム」と答えた。あまりの高さに愕然とした女性は、たった五分しかかかっていないのに高すぎると抗議した。すると彼は女性の目を見て鋭く言った。「違います。私の人生すべてがかかっています」

直観は、人生で学んできたことが結集したもので、育てなければ役には立たない。クランダールとゲッチェル・レイター（一九九三年）が、新生児集中治療室で敗血症にかかった子供を医学的な検査で警告が出る前に気づくことができるようになった看護師たちの話を紹介している。しかし、彼らはどのようにしてこの驚くべき能力を身につけたのかを聞かれても、答えることができなかった。ただ、できるようになったのだ。研究者たちが調べてみると、看護師たちの正しかった直観の多くは、通常の成功事例とは違い、ほとんど医学文献には載っていなかった。看護師たちは、きつい仕事と即座にフィードバックを得るという単純で地味な過程を長く続けるなかで、直観を育てていったのだ。ピカソと同様に、天才は奇跡ではなく平凡な努力から生まれるのである。

サイモン（一九九二年）は直観について、私が文献から得た知識と私の逸話的な経験の両方に通じる定義をしている。「状況が手掛かりを与えてくれる。この手掛かりは、専門家の記憶に保存された情報へのアクセスを提供し、その情報が答えを与えてくれる。直観は認識であり、それ以上でもそれ以下でもない」。投資のコーチで当たり前のように「心の声を聞け」などという人が多くいるが、それをしてもその人が育てた直観力以上の成果を得ることはできないのである。

十分な情報に基づく直観も、その人がいる環境以上のことはできないし、直観が信頼できるかどうかを最も正しく予測できるのも環境のシグナルである。ある程度の予測ができず、即座にフィードバックも得られなければ（金融市場にはどちらもない）、直観が十分根付くことができる肥沃な土地ではない。集中治療室の看護師や物理学者や数学者の直観は信じられるが、セラピストや株の選択者（残念ながらどちらも私がしていること）の直観を信じる理由はあまりないということだ。このような直観の欠陥は専門家の落ち度というよりも、直観に適していない分野なのである。このことについてマレー・ゲル・マンが正しく書いている。「もし電子が考えることができたら、物理学は今よりもはるかに難しくなる」

直観は多くの分野で威力を発揮するが、予測のつかない変化のなかでの資本配分には適していない。ただ、そのことを理解したうえで、市場についてできるかぎり学び、その知識に基づいて良いときも悪いときも自由意志を行使している人たちもいる。次はそのことについて書いていく。

自由意志

あなたは本書を自分で選んで読んでいるのだろうか。

この質問は、バカバカしいほど当たり前で、あなたは「もちろん自分で選んで読んでいる。

もしこんなくだらない質問が続くのならば、読むのをやめる選択をする」と思うかもしれない。自由意志による主観的な経験は、人間の体験の中心にある。私たちは、自分の心に導かれて人生を意図的に生きているように見える。ウィリアム・ジェームズは、これをより巧みに観察し、次のように言っている。「自由意志による人生で傷ついたり興奮したりすることはすべて……私たちの感覚に依存しており、そのなかで一瞬ごとに物事が決められていく。大昔から無数に鍛造された鎖から生み出されているのではないのだ」

しかし、現代心理学の祖父と呼ばれているジェームズ自身は、自由意志が多くの人が考えているように脳から体に流れるのではなく、体から脳に流れると最初に仮定した一人だった。ジェームズによると、脳は心拍数の上昇などによって体の衝動にすぐに気づくため、認知への影響はほんのわずかではあるが、多くの人が思っているのとは逆で、実は体が脳を動かしている。ジェームズの考えは当時は批判されたが、知覚や認知に関する研究が進むと主流になっていった。

ゲシュタルト心理学の先駆者の一人であるソロモン・アッシュは、今日でも広く議論されている集団圧力に関する研究を行った。この実験に参加するのは八人だが、本当の被験者は一人で、残りの七人は「サクラ」、つまり内容が分かっている。八人は、例えば次のページのような二枚の画像を見せられ、左の線と同じ長さの線はどれかを答える。

この実験の試行は一八回行われ、七人のサクラは最初の二回は正しく答えるよう指示されて

アッシュの実験で使われた図

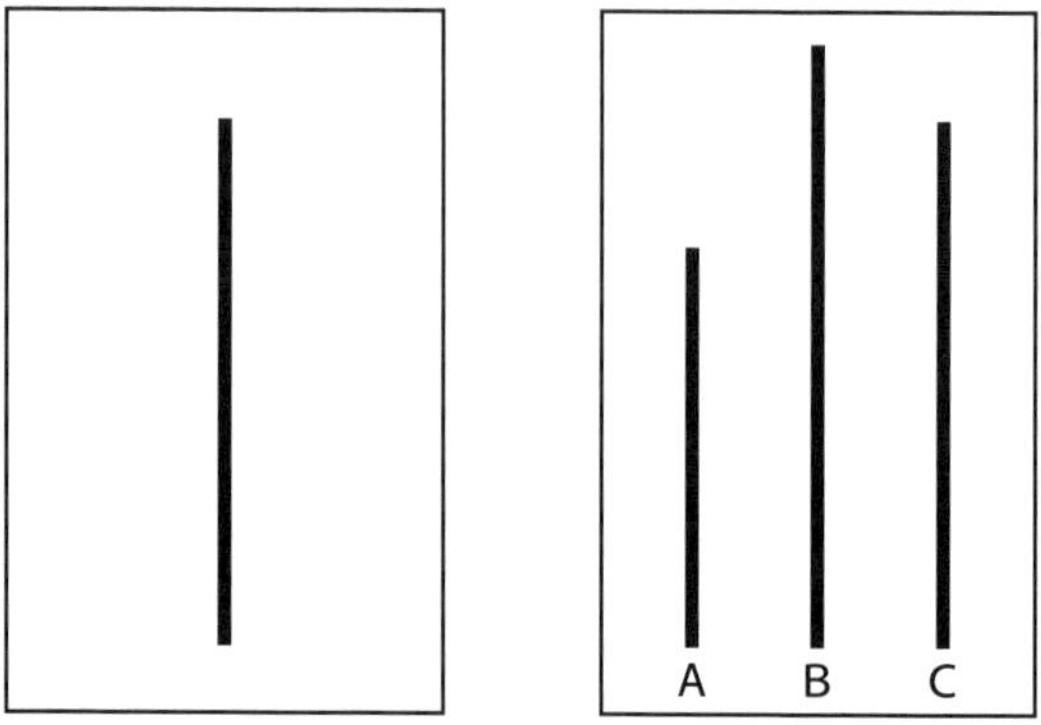

いる。しかし、三回目からサクラは同じ間違った答えを言うことになっており、研究者たちは事情を知らない被験者の反応を観察する。ここでのポイントは、この被験者がどこまで圧力に屈せずに正しい答えを主張するかを見ることである。最初の二回は、事情を知らない被験者の正答率は九九％を超えていた。しかし、サクラが意図的に違う答えを言い始めると、被験者の正答率は六七％に下がった。問題が難しいわけではなく、小学生の子供でも分かる問題だが、周りの人たちが不正解を答えると、被験者の多くはその圧力に屈してしまったのである。

幸い、現代ではアッシュの時代には夢の技術だったｆＭＲＩ（磁気共鳴機能画像法）がある。この技術を使って同様の実験で被験者の脳の動きを観察すると、この決定に至った経緯が分かった。同調したときの脳の画像を見ると、批判的な判断にかかわる前脳にあまり動きがなかったのだ。

その代わりに、視覚と知覚にかかわる脳胞後部の動きが認められた。同調の圧力に屈した被験者は、単純に自分の選択を否定したりみんなに従って選択したりしたのではなく、みんなの意見が実際に線の長さや形の感知の仕方を物理的に変化させた可能性を脳スキャンは示していたのだ。要するに、単純に仲間の圧力で意見が変わったのではなく、圧力が現実を変形させたのである。この結果について、この実験を率いたグレゴリー・バーンズは「私たちは百聞は一見に如かずだと思っているが、実験は一見しても百聞を信じてしまうことを示している」と言っている。

現代のアッシュの同調実験で脳波を調べると、変化は最初に体に現れ、そのあと脳が気づくことを示すさらなる証拠が得られた。私たちが特定の行動をする意図に気づく瞬間は、最初の脳波から三〇〇ミリ秒遅れ、これはわずかではあるが重要なずれでもある。さらに、そこから行動に移るのは少なくとも二〇〇ミリ秒遅れ、これは私たちが言葉に出したり行動したりする前に欲望を感じることを意味している。これらはすべて意識下で行われており、私たちは自由意志で生きてきたと思っているが、実は「意図の知覚と明白な行動は、意識下では分からないそれまでの出来事によって引き起こされている」。私たちが考えてから行動するという理解には、体への衝撃的な印象が連鎖反応の触媒になっているという重要な最初のステップが抜けているのである。

自由意志がある程度存在すると仮定しても（私は存在すると思っている）、金融判断の自動化を支持する証拠が大量にある。

意志の力

退屈な長旅は、そうでなければ話題に上らないような、些細なことから考えさせることまでを話すチャンスを与えてくれる。妻と一緒に車で出かけたとき、「あなたならどうする」系の話題（例えば、だれも呼ばないで結婚式や葬式をしたいかなど）が尽き、少しまじめな話になっていった。私が生まれる時期と場所を選べるとしたらどうするかと聞くと、妻は一九六〇年代のアメリカで生まれたかったと答えた。そこで私は「当時を生きていたら、人種差別反対や公民権運動に積極的にかかわったか」と聞いた。このような質問は、一九四〇年代のヨーロッパで生きていたら「近所のユダヤ人への迫害に反対するか」などといった話につながっていく。冷静に過去のことだと分かっていれば、自分が道徳を説く姿を想像するかもしれないが、行動と意志力に関する研究によって、これはそれほど単純ではないことが分かっている。

エール大学の心理学者のスタンレー・ミルグラムが、権威を前にしたときの意志の力について調べた実験がある。第二次世界大戦後二〇年近くたって行われたこの研究は、「ナチスはもともと非難すべき特殊な人たちの集まりだったのか、それとも命令に従う普通の人の集まりだったのか」という疑問から始まった。このことを確かめるため、ミルグラムは精神的に健全な被験者を集め、罰と学習の関係についての研究だと伝えた。まず、先生役の被験者は壁の向こう側にいるサクラの「生徒」役にいくつかの単語を教える。そのあと、被験者は学習効果を評価するため、生徒に質問をする。被験者には、もし生徒が正解すれば次の質問に移るが、間違ったときは電気ショックの罰を与え、誤答するたびにショックを強くしていくよう伝えた。実験では、先生役は電気ショックを与えていると思っているが、実は事前に録音した生徒役の悲鳴を使用した。

権威者の効果を模倣するため、被験者の横には着古した白衣姿の「博士」役が座り、被験者が学生に危害を与えることを疑問視し始めた場合は「実験を続けてください」と軽く促した。実験を始める前に、ミルグラムは学生やほかの専門家やナチスの大虐殺を研究している歴史家などに、どれくらいの被験者が見ず知らずの学生役にたわいない問題を間違えただけで死に至る電気ショック（被験者はそう思っている）を与えるか予想をしてもらうと、一桁前半（数％）という答えが多かった。しかし、実際には被験者の三分の二近くが電気ショックを最高レベルまで強めた。

この実験では、別バージョンとしてミルグラムが最初に先生役の被験者に、生徒役の人たちを「けだものの連中だ」とけなして壁の向こう側に配置するということもした。すると、権威者が生徒役の名声を汚したことで、電気ショックを最大の四五〇ボルトまで上げた人が九〇％を超えた。実験後にミルグラムがショックを最高レベルまで高めた被験者に話を聞くと、全員が権力者に指示されたとしても、見知らぬ人に危害を加えるようなことはしないというデータと異なる回答をした。この実験の主な発見は、「人の行動を決めるのは、たいていはその人の性格ではなく状況」だということである。意志の力は、その人の精神力よりも状況に影響されるようで、支配欲のためには自分と同じような人たちを苦しめることができることが分かったのだ。

マーケティングの世界では、私たちの行動が文脈にいかに支配されるかを示す証拠が紹介されている。マーティン・リンストローム著『買い物する脳――驚くべきニューロマーケティングの世界』（早川書房）によると、「ロンドンの地下鉄でクラシックの音楽を流すと、スリが三三％減り、駅員に対する暴力が二五％、電車や駅の破損が三七％減った」という。

彼はさらに、フランスのシャルドネワインとドイツのリースリングワインのどちらを買うか決めるのも、環境だと言う。「二週間にわたってレスター大学の二人の研究者が、大型スーパーマーケットのワインコーナーで、アコーディオンでみんなが知っているフランスの曲か、ドイツのビアホール風のブラスバンドの曲をかけた。すると、フランスの音楽をかけた日は消費者の七七％がフランスワインを買い、ドイツ音楽をかけた日はほとんどの消費者がドイツ製品のコーナーに向かった」

また、浮気をするかどうかは個人の倫理感や宗教ではなく、機会があるかないかによって決まる。裕福でルックスが良く、頻繁に旅行する人が道を踏み外す可能性が高いことも研究によって分かっている。不貞に関するある調査では、アウディに乗っている人の浮気の確率が最も高く、次がＢＭＷとメルセデスだった。なぜ起亜自動車ではないのだろうか。起亜自動車に乗っている人のモラルがビマーやベンツ乗りたちよりも高いわけではなく、起亜自動車に乗っている人と浮気したい人はいないというだけのことなのだ。浮気をしたタイガー・ウッズを批判するのは簡単だが、彼を責めた人たちの多くも、同じ機会があれば同じことをしてしまうのである。

音楽のような単純なことが、破壊行為から浮気まであらゆることに影響を及ぼすならば、衝撃的な金融ニュースや金融市場の混乱期に聞いた意見などによって私たちの行動がどれほど劇的に変わるかは想像に難くない。投資家は、「みんなが恐れているときは強欲になれ」という言葉を心から理解しているつもりでも、混乱期にＣＮＢＣのコメンテーターが「大変なことが起こっている」などと強い言葉で言うと、次にポートフォリオの四半期報告書を開くときの恐怖を想像してしまうのである。あまり認めたくはないが、人は自分の状況によって弱くも強くもなるし、善人にも悪魔にもなることは、研究で確認されている。

しかも、意志の力が文脈で決まってしまうだけでなく、自制心も容量が限られていてすぐに使い切ってしまうということが研究によって分かっている。ある研究で、学生に七桁か二桁の数字を覚えさせ、報酬として果物かケーキの好きなほうをもらえることにした。すると、簡単な二桁を選んだ人の半分以上（五九％）がより健康的な果物を選び、難しい七桁を選んだ人の約三分の二（六三％）はケーキを選んだ。同様の研究でも、ダイエット中の人で最初に提供されたお菓子を断った人ほど、そのあとのアイスクリームの試食で多く食べていた。私たちの限られた自制心は、ある部分で枯渇すると別の部分で譲歩してしまうようだ。

実験室での研究結果は、報酬が少ないので実際の生活に応用できないという批判がよくある。「果物とケーキではそうかもしれないが、本当のお金がかかっていたら別の行動をとる」というのだ。しかし、意志の力の疲弊は車の購入という何千ドルもかかる行動を観察した研究などでも非常によく見られる。自動車のカスタマイズに関する研究では、四種類のシフトレバーと一三種類のリム、二五種類のエンジン構成、そして五六種類の内装の色の選択について調べた。顧客は最初のころは慎重に、合理性を考えながら判断を下していたが、選択過程が長くなるにつれて意志の力は疲弊していった。最後のほうに決めたことは、最初のころよりも検討時間がはるかに短くなり、ディーラーが勧める標準仕様を選ぶ確率が高くなった。この傾向に気づいたディーラーは高いパーツほどあとに見せるようにして、最初に見せた場合よりも約二〇〇〇ドル高い契約を獲得した。高い金額がかかっていても、私たちの自制心の容量はあまり変わらないのである。

感情について研究しているバウマイスターは、意志の力と判断は投資家にとって大いに応用できるとして、さまざまな発見を二〇〇三年の論文にまとめた。いくつか紹介しよう。

●精神的苦痛（例えば、市場のボラティリティによる苦痛）は、すべての選択肢を考慮しないで、客観的に劣った選択肢であっても高リスク・高リワードのものを選ぶことにつながる。
●自尊心が脅かされると（例えば、うまくいっていないヘッジファンドマネジャー）、自主規制の能力が下がる。特に、傲慢な人（ヘッジファンドマネジャーのなかにはそういう人もいる）は、大きなリスクをとってでも、批判が間違っていることを性急に示そうとする。
●所属要求は人間の動機の中心的な特徴だが、その要求が妨害されると（コントラリアンでいることは忍耐が必要だと分かっていても）、不合理で自滅的な行動が多くなる。

オーストリアの著名な精神科医で私が尊敬するビクトール・フランクルは、ユダヤ人虐殺からどのように生き延びたのかを聞かれ、「刺激と反応の間には空間があり、そこに自分の対応を選ぶ力がある。そして、その対応のなかに成長と自由がある」と答えた。強制収容所ですべてのものと愛する人たちを失った経験は、これまで私が述べてきた意志の力について決定論的に反論しているように見える。しかし、憎しみに憎しみで返す理由はいくらでもあるなかで、彼は生き延びて意志の力で成功した。そして、人が生きる意味に注目して『夜と霧』という偉大な本でその考えを伝えた。

フランクルの物語と同じくらい大事なことは、彼が考えられないようなことを成し遂げたということで、だからこそ崇拝されているのである。フランクルと同じような目に遭って、彼のような回復ができる人はほとんどいない。自由意志が存在するかどうかという議論の大部分は、本書や私の精神力の容量を超えている。しかし、お金を使って儲けようとする人は、投資行動が外界の影響を劇的に受けるという点については把握しておいたほうがよい。行動科学的投資家は、自由の限度を理解したうえで本当の自由が存在することを理解しておく必要がある。

第14章 行動科学的投資はリスクを考慮する

「最高の計画は……相手の愚行によってこちら側が利益を得ることである」――ガイウス・プリニウス・セクンドゥス

ＩＴバブルがピークを迎えていたころ、コンピューター・リテラシー・インクという古臭い名前の会社がファットブレイン・ドット・コムに社名変更しただけで、株価が一日で三三％上昇した。さらに面白かったのがマナテック・インクで、この会社はＩＰＯ（新規株式公開）から二日間で株価が三六八％上昇した。ＩＴ株に熱狂した投資家、つまり投機家は、インターネット関連ならば何でも投資したがり、マナテックも間違いなくそんな社名に見えた。ところが、この会社が作っていたのは便秘薬だった。

この二つのエピソードは、特殊な例を挙げているだけに見えるかもしれないが、ナスダックの暴落までにインターネットを思わせる社名に変更した会社のパフォーマンスは、同業他社を六三％上回ったのである。理論的に言えば、株の価値は将来の価値を割り引いた金額になるはずだが、実際には社名変更のようなたわいないことでも劇的な影響を及ぼすことができるのである。

行動科学的投資家は、このような間違いが実際に起こり、高パフォーマンスを生む理由になり得ることを知っておく必要がある。しかし、行動科学的なアービトラージを可能にする人間の弱さは、バブルやパニックや暴落といった富を破壊する現実も生み出す。そこで、行動科学的投資家にとっては、「間違いを利用し、惨事は避ける」ことが課題となる。

苦労とトラブル

正式な証券取引所ができる前からバブルが存在していたことは、市場における人の不合理さが永続的な性格だということを示している。一五世紀のドイツでは、クオクスという銀鉱山の持ち分が売買されており、信用買いまで行われていた。バリューウオークのウェブサイトには次のように書かれている。

「取引は金融市場で決済されていたが、その間に価格が激しく変動することもあった。マーティン・ルターはこれを非難し、一五五四年に『私はクオクスと何の関係もない。これは遊びのお金で、現金を生み出すものではない』と述べた」

クオクスのバブルから一世代が過ぎたころ、黄金時代を迎えていたオランダでチューリップバブルが起こり、球根一つで家が買えるくらいまでに高騰した。しかし、バブルのなかを生き伸びたとしても、その愚かさを次の世代に伝えることはほとんどできないように見える。ＩＭ

主なバブルとパニックと暴落

チューリップバブル（オランダ）　1637年
南海泡沫バブル（イギリス）　1720年
ベンガルバブル（イギリス）　1769年
1772年の信用危機（イギリス）
1791年の金融危機（アメリカ）
1796～1797年のパニック（アメリカ）
1819年のパニック（アメリカ）
1825年のパニック（イギリス）
1837年のパニック（アメリカ）
1847年のパニック（イギリス）
1857年のパニック（アメリカ）
1866年のパニック（イギリス）
ブラックフライデー（アメリカ）　1869年
1882年のパリ証券取引所の株価暴落（フランス）
大投機（ブラジル）　1890年
1893年のパニック（アメリカ）
1896年のパニック（アメリカ）
1901年のパニック（アメリカ）
1907年のパニック（アメリカ）
大恐慌（アメリカ）　1929年
1937～1938年の景気後退（アメリカ）
1971年のブラジルの株価暴落
1973～1974年のイギリスの株価暴落
スーク・アルマナーフの暴落（クウェート）　1982年
ブラックマンデー（アメリカ）　1987年
リオデジャネイロ証券取引所の暴落　1989年
日本の資産価格バブル　1991年
ブラックウエンズデー（イギリス）　1992年
アジア金融危機　1997年
ロシア金融危機　1998年
インターネットバブル（アメリカ）　2000年
中国株バブル　2007年
リーマンショック（アメリカ）　2007～2009年
欧州ソブリン危機　2010年
2010年のフラッシュクラッシュ（アメリカ）

F（国際通貨基金）は、バブルが今では「現代の経済史において再発する特性」だとみなしており、アメリカとイギリスだけでも一八〇〇〜一九四〇年に株式市場のバブルが二三回起こっている。バブルはこれまでもこれからも私たちとともにあり、ファンダメンタルズ的価値からの劇的な歪みを無視する投資家は危険を覚悟する必要がある。

不確実性があふれる金融市場でバブルが起こるのは理にかなっている。しかし、バーノン・スミスと共著者たちは、たとえ価格が明確に定義され、時間枠が限られている市場であっても、バブルが自然に起こることを発見した。スミスたちは、被験者に資金を与えてファンダメンタルズ的価値が明確な金融資産（つまり累積予定配当額と同じ）を期間を限定してトレードをさせた。しかし、このような制御された設定のなかでも、価格は実際の価値をはるかに超えて上昇し、トレード期間終了間際に暴落した。

スミスの実験のロバスト性を確認するため、さまざまな市場や市場参加者について同じような実験が多数行われた。「経験豊富な」トレーダー（この実験に参加したことがある人）は、回を重ねるとバブルをとどめることを学んだが、評価額が変わるとまたバブルに参加した。シミュレーションでは空売りをできるようにしたり、さまざまな市場を試したり、ルールを変えたりしたが、すべての状況でバブルは起こったのである。

ハーバード大学では、スミスの実験を重要な点を変えて再現した。投機ができないようにしたのと、資産価格が上がってもそれを買う「さらなるバカ」がいないようにしたのだ。しかし、もう分かったと思うが、このような慎重な設定においてもバブルは起こり、そのあとバブルは崩壊した。この研究からは、「ファンダメンタルズ的価値から逸脱したのは、合理性の常識がないため投機につながったからではなく、行動そのものに非合理的な要素があった」ことを示唆している。現実の世界にはないような人工的な制約が課された試験的な市場であっても、間違いと恐怖に支配されているのである。

バブルの形

シラーがバブルの診断基準を作ろうとしたことは称賛に値するが、実際のバブルはみんな異なっている。もちろん資産価格が高騰するなどの共通点もあるが、そのあとに起こること（これが大事）を予想するのはかなり難しい。バブルの性質に関する先駆的な研究（「ファーマに捧げるバブル」）を行ったグリーンウッドとシュレイファーとユーが、いくつかの驚くべき発見を紹介している。なかでも興味深いのは、バブルが起こっても実際に崩壊するのは半分強にすぎないことである。研究者たちは、一九二八年から現在までの四〇のバブル（定義は二年以内に一〇〇％高騰した事象）を調べたところ、暴落（定義は二年以内に四〇％下落した事象）したのは半分強だった。ただ、崩壊するとバブルの損害は素早く広がった。「暴落した二一回のバブルのうちの一七回は、ドローダウンの間に、一カ月のリターンが二〇％以上マイナスになった」

ほかにも、暴落の大きさが高騰の大きさと比例することも分かった。劇的な価格上昇は劇的な下落につながるということだ。リソルッ・ウエルス・マネジメントのマイケル・バトニックは研究のまとめとして、「ある業種の株価が五〇％上昇したら、それから二年間で暴落する可能性はわずか二〇％だが、一〇〇％上昇すれば暴落の可能性は五三％、一五〇％の上昇ならば八〇％に上がる」と書いている。つまり、崩壊するバブルは半分強しかないが、するときは要注意なのである

バブルを察知できるのか

ノーベル経済学賞を受賞したロバート・シラー博士は、精神科医が疾患ごとの診断基準を使って患者の心の健康を診断できるように、チェックリストを使ってバブルかどうかを判断できると提案した。博士は、バブルを察知するための最初のチェックポイントとして次の項目を挙げている。

●資産価格が急騰しているか

●その価格高騰に一般の人たちが興奮しているか
●それをメディアも一緒に騒ぎ立てているか
●普通の人が金持ちになったという羨望をあおるエピソードが流れているか
●その資産クラス対して一般の人の興味が高まっているか
●価格の急上昇を「新時代」理論で正当化しようとしているか
●貸し出し基準が緩和されたか

ストーリーを聞きたい

私は日曜学校で、悪魔が危険なのは明らかな悪だからではなく、真実が半分混じった魅惑的な話を操るからだと教えられた。同様に、ほとんどのバブルも多少の真実から始まると言えるが、それがさまざまなストーリーによって歪み始めると、危険が明らかになる。

インターネットが私たちの生活を変え、ビジネスの世界に革命を起こしたことは真実だ。しかし、社名に「ドット・コム」が付いていればその革命の一端を担っているというのは真実ではない。バブルはファンダメンタルズによって生まれ、消えていくが、みんなが語らずにはいられないストーリーによってピークに向かっていく。その過程で起こる典型的な出来事をいくつか挙げておこう。

- ●価格はファンダメンタルズに基づく理由で上がっていく
- ●価格が上がるとみんなの関心を引く
- ●価格上昇を説明するストーリーが出てくる
- ●前向きなストーリーが価格と出来高を上昇させていく
- ●ファンダメンタルズが再び意識され始め、ストーリーが破綻する

ロバート・シラーは、バブルを「価格の上昇がさらなる価格の上昇を招く社会的な伝染病」と定義した。このとき、ファンダメンタルズ的価値を焚きつけて不合理に燃え盛る火にしてしまう手段がストーリーなのである。

ティーラーとサンドバーグは、ストーリーがバブルを生み出し維持する威力を「ストーリーが資産バブルの謎を解く」と表現し、三つの理由を挙げている。

①資産バブルはたいてい新しいアイデアや革新など、過去の例が限られていることにかかわっている。そのため、過去の適正価値は存在しないか直接応用できないように見える。また、過去のデータがないと、ストーリーが支配することになる。

②バブルは規制が緩く、金融緩和が行われている時期に起こる傾向があり、このような環境における高揚感によって、分析よりもストーリーのほうが優先される。
③展開が速く投資チャンスが過剰にある世界では、複雑さや数やスピードによってチャンスを吟味する能力が下がる。このようなノイズの多い環境では、数量的なデューディリジェンスという退屈で認知的に疲れる労働と比べてストーリーは歓迎すべき息抜きとなる。ストーリーはデータがなくても正当化する助けになり、急場しのぎの価値を見積もることができるが、そのストーリーが変わってしまったらどうなるのだろうか。

私の二回目のＴＥＤｘトークは、「セックスとファンドとロックンロール」というタイトルで、恋愛に関する意思決定の仕方はバブルのときの金融判断と共通点が多いという話をした。簡単に言えば、だれかや何かの銘柄を好きになると、末永い幸せを信じ、正しい選択をするための適切なデータポイントを無視してしまうのである。

アルトゥル・ショーペンハウアーは、性的欲望が判断を狂わす威力について、「友人関係を経ない結婚は当然、……愛……はセックスはさておき、憎み、軽蔑し、嫌悪さえもたらす。……結ばれた瞬間に悪魔の笑い声が聞こえるのだ」と言っている。日本語には、セックスのあと正気に戻る期間を表す「賢者タイム」という言葉まである。

性欲から解放され、合理的な頭で自分の判断を評価し始めると、前の晩の選択やパートナーの選び方を後悔するかもしれない。同様に、バブルの自己強化を促したストーリーが冷めて、市場のファンダメンタルズに基づいた水準に戻ると、投資家にも「賢者タイム」が訪れる。愛でもお金でも、ストーリーは長くは続かず、いずれ厳しい現実に戻る。この比喩についてもう少しひねって言えば、行動科学的投資家は恋愛を楽しみながら、結婚は後悔しない相手と結ばれなければならない。

信じていても確認する

現実的に言うと、ＩＴ風の社名というだけの理由で便秘薬の会社を成層圏まで押し上げるようなバカげた市場に、苦労して手に入れた資産を託すのは恐ろしいことだ。同様に、バブルやパニックや暴落の頻度と厳しさを理解すれば、冷静な投資家でも資金を裏庭に隠したくなる。しかし、投資の成功に間違いや惨事の知識が欠かせないのと同時に、動揺しすぎて弱気になりすぎるのも良くない。市場は長い間、悲観主義の人たちを痛めつけてきた。ただ、市場が異常なところであっても委縮する必要はない。

エール大学のウィリアム・Ｎ・ゴーツマンが「バブルを過度に避けたり、バブルのあとの暴落の頻度を誤解したりするのは長期投資家にとって危険なこと」だと指摘している。ベン・カールソンも、恐れの非対称性について「暴落が周りのすべてを支配している」という記事のなかで次のように書いている。

●アメリカ株は一九八〇年代に四〇〇％上昇したが、一九八七年の暴落のことしか話題にならない。
●一九九〇年代に債券は一〇〇％を超えるリターンをもたらしたが、一九九四年の金利の急上昇しか注目されていない。
●一九九〇年代に新興株市場は一八五％上昇したが、一九九七年の新興市場の通貨危機のときの恐れが消えない。

行動科学的投資家は、バブルや暴落に敬意を表し、注意はしても、その知識でまひしてはならない。暴落で富を破壊する状況を避けないこと以上の愚行はただ一つ、それを恐れて市場が提供するあらゆる利益を見逃すことである。

このようなバランスを維持するためには、ルールに基づき、低頻度で、ストーリーによる短期的な熱狂と長期的に市場がファンダメンタルズを回復する傾向の両方を考慮した保守的なシステムが必要である。行動科学的投資家は、どこかの学派の言いなりになるのではなく、バリュー投資とモメンタム投資をその時期に合わせて用いることを学ぶ必要がある。

惨事を避ける

二〇〇五年八月二九日、ルイジアナ州ニューオーリンズの市民を守るための堤防が五〇カ所も決壊して大量の水が流れ込み、一〇万戸の家屋が浸水した。惨事の全容を把握するのは難しいが、一八〇〇人以上が亡くなり、一〇〇万人以上が避難し、損害額は一〇八〇億ドルに上ったこの災害を、アメリカ合衆国連邦緊急事態管理庁（ＦＥＭＡ）は、「アメリカ史上単体で最も壊滅的な災害」と呼んでいる。

ハリケーン・カトリーナの被害の多くは、天災であると同時に、人災の部分もあった。堤防は洪水に対する鉄壁に近い最後の砦だと考えられていたが、まったくの間違いだった。理由はたくさんあるが、土壌密度の誤算、堤防の三分の一が未完成だったこと、不適切な素材が使用されていたこと、堤防の多くがあまりにも低くて「超波」が発生したことなどだった。多くの場所の堤防がわずか三メートル程度で、ハリケーンによる七メートル超の波にはなすすべもなかった。堤防の問題は、金融の世界でもよく見られる。堤防は、過去最大の嵐に対応できるように設計されていたが、それが必ずしも想定し得る最大の嵐ではなかったからだ。

銀行やリスクマネジャーが行うストレステストは、市場の過去のドローダウンの期間や強さや過酷さの情報に基づいて、それに耐え得るロバスト性を確保しようとする。しかし、これの問題点は、当たり前のことだが、「史上最大の暴落」の称号はそうでなくなるまでしか有効ではないということなのだ。これまで起こったことが起こり得るすべてだという保証はないし、そう信じる理由もほとんどない。ナシーム・タレブは、このような破滅的思考を、ローマ時代の詩人哲学者にちなんで「ルクレティウス問題」と名付けた。ルクレティウスは、愚か者は自分が見た一番高い山が世界最高峰だと信じていると書いている。似たような問題にアメリカの感謝祭におけるさらなるバカにちなんだ「七面鳥問題」がある。七面鳥は過去の事実から本当のリスクを大いに誤解している。農夫は毎日水と穀物を運んできてくれるが、最後には斧を持ってやって来る。そのような行動は前例になかったが、そのときが来たら七面鳥にとっては一大事なのである。

ほとんどの時間で慈悲深いがまれに殺しに来る農夫と同様に、市場もほとんどの時間では利益を与えてくれるが、まれにだが必ず劇的に利益を奪っていく。そうなると、たいていはなすすべがない。しかし、バイ・アンド・ホールドを提唱するバンガードが、何もしなかった口座と細かく調整した口座のパフォーマンスを調べると、「変更なし」のほうが「考えた」ほうを大きく上回っていた。メア・スタットマンも、スウェーデンで行った調査について、激しくトレードした人は手数料とタイミングの悪さで口座の価値が毎年四％下がり、この結果は世界中で観察されたとしている。一九の証券取引所で、頻繁にトレードを繰り返した場合のパフォーマンスは、バイ・アンド・ホールドを一・五％下回ったというのだ。ジェイソン・ツバイクも、トレードしすぎることの無益さを示すため、著書の**『金融版　悪魔の辞典』**（パンローリング）

のデイトレーダーの項目を、含蓄を込めて次のように定義している。

デイトレーダー【day trader】（名詞） 「愚か者」参照。

しかし、市場でタイミングを読むことがバカげているという証拠がいくらでもある一方で、バイ・アンド・ホールドでは忍耐強く待っても満足いく結果が得られないという同じくらい説得力のある証拠もある。マイケル・バトニックが発表した次の表は、たとえ長期間保有しても実質リターンが低いということが定期的にあるという驚くべき事実を教えてくれる。

●一ドルの本当の成長率

一九二九〜一九四三年	一・〇八ドル
一九四四〜一九六四年	一〇・八三ドル
一九六五〜一九八一年	〇・九四ドル
一九八二〜一九九九年	一一・九〇ドル
二〇〇〇年〜現在	一・三五ドル

「ザ・ファット・ピッチ」というブログを書いているアーバン・カーメルは、「バイ・アンド・

ホールドがうまくいくときとうまくいかないとき」という記事で魅力的な洞察を披露している。彼は、Ｓ＆Ｐ五〇〇を三〇年間保有しても元の価値を下回る（インフレ調整後）時期が全体の一五％もあることを発見した。実際、一九八五年のＳ＆Ｐ五〇〇の価値は、五六年前の一九二九年のピークを下回っていたのだ。もちろん、長期的なインフレ調整後リターンは、全体の八五％の期間はプラスだったが、個人の投資期間すべてをかけても低リターンやマイナスリターンしか得られなければ、あまり慰めにはならない。

カーメルはトービンのｑという基準（ＰＥＲ〔株価収益率〕に似ているが、収益よりも安定しているバランスシート上の数字を使って算出している）を使い、長期間の低パフォーマンスは、当然ながら上昇のあとに起こることを説明した。マイナスのパフォーマンスしか生み出さなかった二〇年間の前は、トービンのｑが一を超えており、一九二九年は一・〇七、ＩＴバブルのときは一・六四、そして本書執筆時点では一・一五になっていた。

バトニックが上げた実質リターンが低かった時期をシラーのＣＡＰＥレシオ（インフレ調整後一株当たりの利益の一〇年移動平均値を用いて算出したＰＥＲ）で見ると、長期間の低パフォーマンスは、過大評価の時期から始まってだんだん下がっていくケースが多いことが分かる。先の表の期間の該当する市場の一月一日時点のＣＡＰＥレシオは次のようになっていた。

●一九二九年　　二七・〇六

●一九四四年　一一・〇五
●一九六五年　二三・二七
●二〇〇〇年　四三・七七
●今日　二八・八〇
●平均　一六・六七

過去一〇〇年間で富を生み出し、増やしてきた世界経済は動揺と永遠の悲観主義も生み出した。しかし、世界の繁栄は、地球を焦土と化すボラティリティがかなり続かなければ実現しない。実際、メブ・ファーバーが指摘しているとおり、「G7のすべての参加国が少なくとも一回は株価が七五％下落した経験を持ち、そうなると投資家はそれを回復するためだけでも三〇〇％の利益が必要になる。個人が一九二〇年代終わりと一九三〇年代初めにアメリカ株に投資したり、一九一〇年代と一九四〇年代のドイツの資産クラス、一九二七年のロシア株、一九四九年の中国株、一九五〇年代半ばのアメリカの不動産、一九八〇年代の日本株、一九九〇年代末の新興市場と商品市場、二〇〇八年のほぼすべての資産に投資したりして保有し続けるのが愚かな行動だったということは間違いない。個人投資家の多くは、リスクの高い資産クラスによる大きなドローダウンを回復するだけの時間的余裕はないからだ」。

バイ・アンド・ホールドは、ほとんどの人にとってたいていは理にかなっているが、あなたの予定や状況にとって堅実なことだという保障はないのである。

ルールと例外

そのため、市場心理を研究する人は厄介な岐路に立つことになる。市場でタイミングを計ることがたいていは無駄だということを理解していても、過去には幅広い市場でファンダメンタルズ的な価値から明らかに大きく乖離した時期があったことも分かっているからだ。狂騒の一九二〇年代やニフティ・フィフティからＩＴバブル、住宅危機まで、バブルの時期は比較的頻繁にあり、これらは普通の評価基準で見つけやすいが、その一方で富を劇的に奪う力も持っている。

もし「市場のタイミングを読むな」というのがルールならば、それに例外はあり得るのだろうか。私はあると思う。これは、頻繁でないことや、導入するには痛みを伴うことや、正しいという感覚とは逆だという点で、行動科学的なコントラリアン投資とも一致している。ハワード・マークスは、リスクのひねくれた性格について、「リスクは最もなさそうなときに最も起こる」と言っている。

そのため、行動科学的投資家は慎重に破綻を避けながら、最大の収穫を得るためのシステムを作る必要がある。これはたいていは投資を続けるということである（市場はたいていは上昇している）。一八七一～二〇〇三年にかけて、S&P五〇〇は全体の六三％の時期は上昇し、三七％の時期は下落していた。ただ、ファースト・トラストの調査は、問題が起こったときは行動科学の観点から見たパラシュートが必要であることを示唆している。平均的なブル相場は平均的なベア相場よりもはるかに長いが（八・九年対一・三年）、ベア相場の累積損失は、平均四一％に上る。しかも、このような惨事は損失という明らかな害をもたらすだけでなく、行動科学の観点から見た障害はさらに大きい可能性もある。資産が四一％も減ったのにリスクに対する適切な姿勢を維持できる人はあまりいないからだ。

地震と同じで、市場が次にいつ暴落するかはだれにも分からない。しかし、それは地面が揺れ出したら保守的に変わるシステムを作ることができないということではない。ナシーム・タレブは、「津波や経済的な大事が近づいていることに気づかなかったというのは仕方がないが、それに対して脆弱なものしか作らなかったことは許されない」と言っている。これらのことは、当然ながら次の疑問につながる。「それならばどのようなシステムを作ればよいのか」

壊滅的な損害を阻止するためのシステムを作るため、モメンタムを使ったモデルに目を向ける投資家もいる。なかでもよく使われているのが二〇〇日移動平均線で、基本的には対象の資産の価格がこの線を上回っているときは保有し続け、下回ったら売るシステムである。物理学のモメンタム（運動量）と同様に、価格のモメンタムでも強さや弱さが持続する。ジェレミー・シーゲルは名著『株式投資』（日経BP社）のなかで、この手法をダウ平均とナスダックに応用している。シーゲルは、指数の終値が二〇〇日移動平均線を一％以上上回ったら買い、一％以上下回ったら国債で保有するという方法を試した。この単純で機械的な戦略で、シーゲルは一九七二〜二〇〇六年にかけてダウ平均では平均を若干上回り、ナスダックでは平均を年率四％上回る堅実なパフォーマンスを上げたのである。

メブ・ファーバーも「戦術的資産配分の定量的アプローチ」（社会科学系のリポジトリであるSSRNで二番目に多くダウンロードされている論文）のなかで一〇カ月単純移動平均を使って似たような試算をした。月末に一〇カ月単純移動平均を計算し、その月の平均価格が一〇カ月単純移動平均を上回っていれば買い、下回っていれば売って現金で保有するというタイミングモデルを使ったところ、予想に反してボラティリティを減らしてリターンを増やし、劇的な結果が上がることを発見したのだ。一九〇一年〜二〇一二年のS&P五〇〇のリターンが年率九・三二％だったのに対して、このタイミングモデルのリターンは一〇・一八％になり、ボラティリティも一七・八七％から一一・九七％に減ってリターンを増やしたのだ。このリターンを金額で見ると、一九〇一年に一〇〇ドルを投資した場合、二〇一二年には、S&P五〇〇は二一六万三三六一ドルになり、ファーバーのモデルでは五二〇万五五八七ドルになっていたのである。

バイ・アンド・ホールドに慣れきった多くの投資家は、私が、投資家が安全とタイミングを見るべき時期がまれにあると提案するとうんざりするようだ。多くの人がマーケットタイミングをひどく嫌う人として、永遠に保有したいと繰り返し述べているウォーレン・バフェットの名前を挙げる。しかし、バフェットの言葉は、実は典型的な「言うは易く行うは難しに従え」である。ジェシー・フェルダーは、株価がＩＴバブル後や大不況や大恐慌の水準だった二〇一七年に、バークシャー・ハサウェイの現金保有高は過去最高（五〇〇億ドル以上）になっていたと伝えている。また、デビッド・ロルフもオマハの賢人について、「彼はその現金を使うつもりはない。彼は私が知るなかで最高のマーケットタイマーだ」と言っている。

バフェット自身も、ここまで歯切れはよくないが、一九九二年のバークシャー・ハサウェイの会長からの手紙のなかで次のように言っている。「投資家は割り引きキャッシュフローが最も安い資産を買うべきです……価値方程式では債券よりも株のほうがたいてい安くなりますが、必ずそうなるわけではありません。もし債券のほうが魅力的な投資だという答えになれば、そちらを買うべきです」

つまり、バフェットは「常に株を買っているわけではなく、思慮深く配分している。要するに、市場のタイミングを計っているのだ。彼は、ＩＴバブルのときもタイミングを計ったし、今日でもそうしている。これは、彼が無謀だからではなく、確率を理解しているからなのである。価格が高くてモメンタムがなく、センチメントがネガティブになっているのは低リターンの前兆と言える。今回は例外かもしれないが、私はそれに賭ける気はないし、バフェットもそうだろう。

ピーター・リンチが皮肉を込めて「投資家は、実際の調整よりも、調整に備えたり予測したりしようとして多くの資金を失っている」と言っているが、そのとおりだ。しかし、ジェシー・フェルダーがフェルダーリポートで指摘しているように、リンチの実績や助言は彼の環境を考慮して評価する必要がある。リンチが投資をしていたのは一九七七～一九九〇年で、この間には株価が平均（時価総額とＧＤＰ［国内総生産］で測定）を一標準偏差下回っていた時期が含まれていた。それに対して、現在の株価は同じ平均を二標準偏差以上上回っている。実際、リンチが投資していた時期で最も高かった一九八七年九月の株価は、過去一五年間の底を付けた二〇〇九年三月と同じなのである。リンチの時代のように株価が安い時期は、フォワードリターンがプラスなのでバイ・アンド・ホールドは魅力がある。とはいえ、身長一八〇センチの人が水深九〇センチのところで溺れることがあるのと同じで、投資家も長期的な平均リターンが年率一〇％の市場であっても破綻することはある。

ルールに基づいた行動科学的投資の手法は、何よりも投資家に有利な確率を探すということで、それは基本的に忍耐と冷静さを保ち、あまり行動しないということである。同様に、市場でタイミングを計るルールも、あまり行動しないであらゆる言い訳をしながら投資を続けていくようにすべきである。

フィロソフィカル・エコノミックスというブログに、マーケットタイミングを資産配分と同じように見ることを提案した面白い記事がある。長期的に株と現金を四〇対六〇で配分している安全重視の投資家は、大きなリターンはほとんど期待できない。同様に、六〇％の期間は傍観するシステムは、どのようなものでもパフォーマンスが劇的に下がる。しかし、賢い投資家が資産の小さな一部を元金保全と安心のために低リスクの資産に投資しているように、行動科学的投資家も市場が最悪の事態に陥る可能性があるときは、まれにリスクをとらないようにするシステムを構築できる。投資において見境のない直観的で頻繁な行動が罪であることは間違いないが、クリフ・アスネスの言葉を繰り返しておきたい。「マーケットタイミングは投資の罪だが、一度だけそれを少しだけ勧めたことがある」

第15章　行動科学的投資には達人はいない

言うまでもないことだが、資産運用は大きいリターンを生みだす責任を負っている。しかし、もし逆の任務だったらどうだろうか。つまり、最悪のポートフォリオを作ることを考えてみるのだ。そんな奇怪なものを作るには、どこから手を付けたらよいのだろうか。

まずは、良い投資の基本的な前提に違反して分散投資をやめ、例えば五銘柄の株のみに投資する。さらにパフォーマンスを下げるため、値嵩株だけを買ったり（長期的にはパフォーマンスが低いという研究結果がある）、薄商いの株を買ったりしてもよい。しかし、どれほどダメなポートフォリオを作っても、それに火がついて素晴らしい結果になることもある。

ほんの二～三銘柄しか保有しなければ、低パフォーマンスになる可能性は高まるが、それと同時にベンチマークを上回る可能性も高くなる。値嵩株を買うのは長期的にはあまり良くない判断かもしれないが、これらの株は短期的には将来への大きな期待を示しているのかもしれない。まったくでたらめに資産を寄せ集めてみたら、素晴らしいパフォーマンスが上がったということだってあるだろう。

次は、チェスでできるかぎり悪い手を打つ挑戦をしてみよう。そんなに難しくないだろう。実際、私のような実力ならば、打ち負かされるのは簡単で、うまく打つほうが難しい。チェスの勝敗を決めるのは主に運かスキル（技能）かという問題に、マイケル・モーブッサンは実際やってみればよいと勧める。つまり、意図的に負けるように打ってみるのだ。スキルで戦うゲームでは、意図的に負けるのは難しく、意図的に勝つほうが簡単だ（ルーレットは負けるつもりで勝ってしまうときがある）。そうなると、投資は運のゲームなのだろうか、それともスキルのゲームなのだろうか。また、そのことが投資判断においてどのような意味があるのだろうか。

アスワス・ダモダラン教授は、成功には明確な定義と十分な回数の検証が必要だとして、モーブッサンの運かスキルかの検証にその二つの条件を追加した。かなりのスキルを必要とするゲームの場合、例えば、バスケットボールやチェスは勝つか負けるかしかないし、ゴルフならばオーバーパーかアンダーパーかで成功を明確に定義できる。しかし、投資の場合はそれとはかなり違う。例えば、あるファンドマネジャーの二〇〇八年のパフォーマンスがマイナス一〇％ならば、相対的には大成功で、その年のベンチマークを二八〇〇ベーシスポイントも上回っているのだ。しかし、実質的に考えればこれは失敗と言える。結局、家や食料を相対的なリターンで買うことはできないし、たとえわずかな損失でも、絶対値で見れば相当な金額にもなる。

このようなパフォーマンスを、成功とみなすことはできるのだろうか。

次に検証回数について考えてみよう。バスケットボール選手の才能をスリーポイントシュート一回で判断するとしたらどうだろうか。一回ならば、ある程度腕が長い人は、だれでも運良くシュートが入ることがある。つまり、一〇〇回シュートして初めて才能があるかどうかが明らかになる。一方、資産運用者のキャリアは通常、二〇～三〇年なので、一年のパフォーマンスは限られたシュート数でしかない。現在、約七〇〇〇の投資信託があり、それ以外にヘッジファンドも同じくらいある。もしすべてのマネジャーがその年、ベンチマークを上回る確率が五〇対五〇ならば、まったく偶然に任せても五年連続でベンチマークを上回るマネジャーが四二〇人は出てくるし、一〇年連続で見ても一四人はいる。しかし、現実的にこのような実績を上げる人はほとんどいない。

長期的に成功している一握りの投資家を擁護して、「それならばバフェットはどうか」などと言う人たちもいるが、まったくスキルがなくてもある程度の頻度で勝ちを継続できることも覚えておいてほしい。それどころか、継続的な成功の秘訣としては、うまくいく手法（バリュー投資、モメンタム投資など）を採ったかどうかのほうが、マネジャーの才能に勝るという証拠もある。これらのことから、投資は運の要素のほうが大きく、成功は偶然による場合もあり、パフォーマンスの基準はあいまいで、検証回数も限定的だと言える。

最後の四割打者

近代の野球は、ルールが大きく改定された一九〇三年に始まった。それから三八年間で、七人の選手が打率四割を通算一二回達成した（ロジャース・ホーンスビー、タイ・カッブ、ジョージ・シスラーは複数回達成した）。大リーグで最後に四割を達成したのは、テッド・ウィリアムスだった（一九四一年）。しかし、それから七〇シーズン以上たっても四割打者は出ておらず、ロジャース・ホーンスビーの四割二分四厘が破られることはもうないだろうと言われている。

実は、この無敵の記録は、選手たちのスキルとは関係がないところで達成された。それどころか、現在活躍しているアルバート・プホルスやマイク・トラウトのほうが絶対的な実力が上だということはほぼ間違いない。昔との違いは、栄養管理や訓練方法や優れた道具などによって全体のレベルが上がったことにある。『**ファクター投資入門**』（パンローリング）などの著作があるラリー・スウェドローによると、「チェスやポーカーや投資など、さまざまな形の競争において、結果を最も左右するのはプレーヤーの相対的（絶対的ではなく）なスキルレベルである。『スキルのパラドックス』とは、たとえスキルが上がっても、競争のレベルも上がっていれば、運のほうが結果をより左右する場合もある」（L. Swedroe, 'Why alpha's getting more elusive,' ETF.com [November 21, 2014]）。打者の実力が上がっているのは間違いないが、彼らと対決する投手や野手と比べると、相対的に劣っているということだ。そして、同じようなことは、資金運用においても言える。

野球にかかわる名声や悪評や年俸が新しい才能を生み出すように、資金運用業界も、金銭的な報酬によってより重要な業界（例えば、製薬業界）から若い頭脳を奪ってきた。チャーリー・エリスは、ファイナンシャル・アナリスト・ジャーナル誌に、「過去五〇年間で、優れた才能を持った若い職業投資家が競争に参入してきた……彼らは、前任者よりも高度な訓練を受け、より優れた分析ツールを使い、より多くの情報をより速くアクセスできる」と書いている。それでも、当然ながら「より効率的になった近代の市場で互角に戦うのは難しいし、打ち負かすのはさらに難しい。経費と手数料差し引き後ならばなおさらだ」。投資業界におけるウォーレン・バフェットやピーター・リンチは、野球業界で最後の四割打者だったテッド・ウィリアムスやタイ・カッブと似たような存在なのかもしれない。

逆説的ではあるが、スキルはそれを理論的に推測しても、経験的に検証しても、結果はあまり期待できない。投資信託のリターンが「運」かスキルかをクロスセクションで検証したユージン・ファーマとケネス・フレンチは、対象のマネジャーでスキルが認められたのはわずかトップ二パーセンタイルだったとしている。また、セバスチャンとアタルリは「株式投資に対する自信」という研究のなかで、手数料と経費を上回るスキルを提供しているマネジャーの割合は、二〇年前の約二〇％から二〇一一年には一・六％に下がったとしている。セバスチャンはまとめとして、世界中の投資会社が運用するあらゆるスタイルの投資商品一〇〇のうち、九八が手数料と経費を上回る真の価値を提供できていなかったと述べている。

スキルのふりをした運

スキルを持つマネジャーが減ったのは、アイビーリーグ出身の才能ある若者がベントレーやヨットを求めて流入したことだけが理由ではない。悲しいことに、今日のスキルに基づいたアクティブ運用と称するファンドの多くが実際にはアクティブではないのだ。クローゼットインデックス（アクティブのふりをしたパッシブファンド）は、投資家にとって最悪で、差別化されていないのに手数料が高く、しかも想像以上に多い。クローゼットインデックスを調査したアテナインベストのトム・ハワードは、「典型的なファンドにおいて自信のないポジションとあるポジションの割合は三対一」だったとしている（T. Howard, Behavioral Portfolio Management [Harriman House, 2014]）。アルファ・アーキテクトのウェズリ・グレイ博士は、ベンチマークと有効な差別化ができたのはＥＴＦ（上場投信）のわずか八％と投資信託の二三％しかなかったとしている。しかも、トレード数が多いファンドほど手数料が高い傾向があり、アクティブファンドの手数料は平均一二八ベーシスポイントに上っていた。つまり、ほとんどのアクティブファンドは、ベンチマークと大きく変わらないため、スキルを示すことはできないのに、なかには投資家から高い手数料を取っているものもある。この高い手数料と低い自信では、たとえスキルのある人が運用していたとしても、スキルがないように見えることは間違いない。

投資には少なからず運がかかわっているが、スキルも存在することを示す研究もある。ただし、それは運用会社がみんなと違うことをする勇気がなければ示すことはできないという。マーティン・クレーマースとアンティ・ペタジストは二〇〇九年に発表した論文で、「アクティブシェア」という概念を提唱した。これは、ポートフォリオの中身がベンチマークとどれくらい違っているかを示す数値で、本当にアクティブ（指標と六〇％以上違う）なファンドは過去にベンチマークを上回り、違いが大きいほどパフォーマンスの差も大きくなっていた。

ペタジストは二〇一三年の更新論文のなかで、一九九〇～二〇〇九年にかけてアクティブシェアが高いポートフォリオは、パフォーマンスがベンチマークを劇的に上回り、危機の期間もパフォーマンスをかなり維持していたとして、次のように書いている。「かなりアクティブに株を選んだ場合は、ベンチマークを年率約一・二六％上回り（手数料と経費差し引き後）、投資家に付加価値を与えていた」

運とその意味

一九九八年に公開された映画「ラウンダーズ」（ジョン・マルコヴィッチ、エドワード・ノートン、グレッチェン・モル、マット・デイモン主演）は、悪友の借金を返済するために賭金の高いポーカーの世界に戻ったギャンブラーの話だ（ネタばれ　マルコヴィッチ演じるマフィアから親友を救う）。この映画で私のお気に入りのシーンの一つに、主人公のマイク（デイモン）が恋人（モル）にポーカーはスキルのゲームだと説得するセリフがある。マイクがつい熱くなって「それならなぜ毎年、ワールドシリーズ・オブ・ポーカーの決勝で同じ五人が顔を合わせるんだよ。ラスベガスで最高にラッキーな五人だとでも言うのか。これはスキルのゲームなんだ」。ポーカーに運の要素があることは直観的に分かるが、マイクの言うことにも一理ある。すべてが運によるのならば、なぜ同じ人たちが勝ち続けているのか。答えは、運に左右されるゲームと偶然に左右されるゲームに対する最善の備えの違いを理解することにある。

チェスやバスケットボールのようなスキルに基づいたゲームで勝つためには、カーネギーホールの舞台に立つのと同じで、練習が必要だ。しかし、運の要素が大きいゲームに必要なタスクには、まったく違う規律が必要となる。一連のルールに従うことで、繰り返し勝つことができるのである。おかしなことに、偶然の要素が大きいゲームで大事なのは特定の回の結果ではなく、判断の質なのである。チェスは繰り返すことで勝てるようになる。ポーカーや投資は精神的に強くなれば勝てるようになる。ポーカー理論家のデビッド・スクランスキーは、ゲームの結果ではなく、すべての賭け金がポットに入った時点で最高の勝率のハンドができたことを勝ちと考えるよう勧めている。同じことは投資にも言える。投資の勝敗を判断の質に基づいて記録できるようになることが、感情を抑制し、適切に自分のパフォーマンスを測定し、明日も投資を続けていくカギとなるのだ。

バフェットは、「グレアム・ドッド村のスーパー投資家たち」という優れた講演で、市場価格は効率的で、そこでの成功はまったくの運によるものだと信じる人について反論している。彼の話はまず、オランウータンにコイン投げをさせることから始まる。二億二五〇〇万匹のオランウータンにコイン投げをさせれば、確率的に二一五匹は二〇回連続で当てることができる。「しかし、そのうちの四〇匹がオマハの特定の動物園のオランウータンならば、何かあるに違いないと思うはずです。おそらくあなたは飼育係に会いに行き、どんな餌を与え、特別な練習をさせているのか、どんな本を読ませているのかなど、あらゆる質問をするでしょう。つまり、成功者が異常に集中していることが分かれば、そこにどのような特性の集団がいるのかを見つけようとするのです」（W. Buffett, 'The Superinvestors of Graham-and-Doddsville,' Columbia Business School [May 17, 1984]）

バフェットは、運が投資の一部だということを否定しないが、さらに大きな真実に気づいている。運の要素が大きい環境では、優れたルールが安定的な成功をもたらすということだ。バフェットの場合、そのルールがバリュー投資の教祖であるベンジャミン・グレアムの「安く買う」なのである。

資金運用は運かスキルかの議論は、理論をはるかに超えているが、その情報は行動科学的投資家のポートフォリオの構築方法に直接関係している。市場には運の部分とスキルの部分があるということを理解すれば、実践よりもルールを重視すべきことと、不運に備えて投資対象を十分分散することとともに、ルールに基づいて勝率が高くなるよう十分差別化すべきことが分かる。

運の位置付けが分かると、良いときはエゴを抑え、悪いときは落ち込みを和らげることができる。ルールを順守することは、NBA（米プロバスケットボール協会）のスターがスリーポイントシュートを決めることほど魅力的ではないかもしれないが、同じくらい満足がいく結果になる可能性はある。

第16章　行動科学的投資の要素の一例

この最終章では、これまで学んだことを、資産運用で最も話題に上る投資手法であるバリュー投資とモメンタム投資に応用していく。第10章の三つのテストと同様に、まずは経験的証拠を調べてから、これらの手法の理論的基盤と行動科学の観点から見た根源を詳しく確認していく。さらには、人間の誤った反応が引き起こすバブルとその崩壊について考えるためのモデルを提供してくれる再帰性（行動過程における相互作用）についても書いていく。

バリュー投資に関する証拠

ベンジャミン・グレアムが体系化し、ウォーレン・バフェットが広めたバリュー投資は、本質的価値よりも安いと考えられる株を買う手法で、基本的に割安で買うことである。三つのテストに照らすと、理論的には、安く買うほうが高く買うよりも理にかなっている。経験的にも、今ではバリュー投資が機能することを示す一〇〇年以上のデータがある。ラコニショックとビシュニーとシュレイファーは、「コントラリアン投資の外挿法とリスク」のなかで、ＰＢＲ（株価純資産倍率）とリターンの効果を検証した。すると、ＰＢＲが低い株（つまりバリュー株）のパフォーマンスが、ＰＢＲが高い魅力的な株を一年間で七三％の期間上回り、三年間では九〇％、五年間では一〇〇％上回っていたことを発見した。

エール大学のロジャー・イボットソン教授は、「ＮＹＳＥ（ニューヨーク証券取引所）の十分位ポートフォリオ、一九六七～一九八五年」という研究で、一九六七～一九八五年の株をＰＥＲ（株価収益率）でランク付けして十分位に分け、パフォーマンスを調べた。すると、対象期間を通して最もＰＥＲが低い十分位の株のパフォーマンスが、最もＰＥＲが高い十分位の株を六〇〇％以上も上回り、「平均的な」十分位も二〇〇％以上も上回っていた。また、ユージン・ファーマとケネス・フレンチは、一九六三～一九九〇年にかけて金融株以外のすべての株をＰＢＲで十分位に分けたところ、最もＰＢＲが低い株は最もＰＢＲが高い株の三倍近いリターンを上げたことを発見した。

さまざまなバリュー投資の要素を徹底的に調べたのがジェームズ・Ｐ・オショーネシーで、その結果を名著**『ウォール街で勝つ法則』**（パンローリング）で紹介している。彼は、今ではおなじみの十分位数を使った方法で、一九六三～二〇〇九年にかけた株のリターンを調べた。この研究は、バリュー投資の有効性と、それが複利によってわずかに改善することを明らかにした。PERで見た場合、十分位で最もPERが低い株は一万ドルが一〇二〇万二三四五ドルになり、年率一六・二五％（複利）となった。ちなみに、同じ時期にインデックスファンドに投資していれば、一三二万九五一三ドルになって年率は一一・二二％だった。割安株を買うと、ボラティリティが低いうえにリターンは九〇〇万ドルも多くなるというこの結果は、大きいリターンには大きいリスクが必要だとする効率的市場仮説に反している。

それでは、最も高い十分位である人気銘柄はどうだったのだろうか。最もPERが高い十分位では、一万ドルが二〇〇九年には一一万八八二〇ドルになったが、これはインデックスファンドよりも一〇〇万ドル、市場で嫌われたバリュー株よりも一〇〇〇万ドル少なかった。これらの数字について、ウォーレン・バフェットは次のように言っている。「株式市場の明るい見通しを信じて買うと高くつくことになります。長期投資でバリュー株を買う人にとって、不確実性は実は友なのです」（LouAnn Lofton, Warren Buffett Invests Like a Girl: And Why You Should, Too [HarperBusiness, 2012], P.71）。ほかにもあるが、おそらく私が言いたいことはもう十分証明できたと思う。バリュー株は、より大きいリターンを、より低いボラティリティと信じられないほどの安定性で提供してくれることが多い。しかし、欠点はないのだろうか。実はたくさんある。心理学的観点から見ると、それによってバリュー投資はこれまで投資可能な要素としての存在を維持してきたし、今後も維持していく可能性が高い。

バリュー投資の心理

バリュー投資の行動科学の観点から見た根源を説明するために、ここではパイナップルに注目してみよう。スクール・オブ・ライフの「なぜ私たちは安物が嫌いなのか」という講義によると、パイナップルを食べた最初のヨーロッパ人はクリストファー・コロンブスで、すぐにその変わった形と酸味のある甘さに魅了された。彼は、このごつごつした宝物を旧世界に持ち帰ろうとしたが非常に難しいことが分かり、パイナップルは極めて貴重な品になった。当時のパイナップルの値段は、一つ約五〇〇〇ドルもしたのだ。その珍しさと貴重さから、パイナップルは王族にやみくもに崇拝されるようになり、エカテリーナ二世やチャールズ二世がパイナップルを栽培していたことはよく知られている。しかし、それを上回る熱意を持っていたのがパイナップルの館まで建ててしまったダンモア卿四世だった。しかし、一九世紀になると、事情が変わった。ハワイに大きなパイナップル農園ができ、輸送技術も上がったため、簡単に手に入るようになったのだ。パイナップルは普及すると注目されなくなり、今では一つ一・五〇ドル程度で手に入る。もちろん、パイナップル自体はずっと変わっていないが、その価値や質に対する私たちの見方は価格の下落とともに劇的に下がった。今日、フルーツサラダをエカテリーナ二世の熱意の何分一かすら持って食べている人はいないと思う。

パイナップルの歴史は価格と知覚的な価値の密接な関係をよく表している。これは、スタンフォード大学のババ・シフ教授による「横になってワインテイスティング」という研究で見事に証明された。シフは被験者をｆＭＲＩに仰向けに寝かせ、注意深く滴定したワインを値札が見えるようにして与え、それを飲んだときの脳の動きを調べた。注目したのは、価格と大脳の動きの関係で、特に喜びの感情を処理する腹内側前頭前皮質の動きに注目した。

予想どおり、被験者の脳の快楽中枢は一〇ドルのワインよりも九〇ドルのワインのときのほうが活性化した。ただ、ワインは実はすべて一〇ドルのものだった。被験者には同じ条件で同じワインが与えられたため、快楽中枢の動きの差はワインの質ではなく値札だけだった。ほかの条件が同じならば、私たちは価格によって質を判断するということである。

産業革命以前に価格と価値がたいてい連動していたことは理にかなっている。品物は職人が手作業で作っていたため、手をかけるほど良いものになる傾向があったからだ。しかし、自動化と天然資源が安く手に入る今日では、コストと価値の関係がこれまでになく薄れ、資本市場では逆比例すると言ってもよい。高く支払うほど得るものは減るということだ。そこで、行動科学的投資家は価格と価値に関する思い込みの相関関係を断ち、子供のように考える運用プロセスを構築しなければならない。子供はおもちゃを買うときに、価格もどこでできたかも知らずに、最も興味深い部分である箱に注目しているのだ。

バリュー投資の効果が継続する心理的理由の二つ目は、ダニエル・カーネマンが「自分が見たものがすべて」（ＷＹＳＩＡＴＩ）と呼ぶバイアスにある。この考え方は、どのようなメッセージにも二つの評価方法、ストーリーとその情報源があることを示している。ストーリー自体は無意識の思考（「システム一」）を作動させ、最も簡単で最も素早い判断につながる。しかし、ストーリーの情報源を評価するにはかなりの時間と注意力と知力が必要なので、適切な注意が払われないかもしれない。カーネマンによると、私たちはメッセージの内容に反射的に反応する傾向があり、いったん立ち止まって情報源がただのうわさ話か、ニューヨーク・タイムズ紙かを見極めようとはしない。また、『ファスト＆スロー』（早川書房）には「システム一（速い処理）は、印象と直観を生み出す情報の質と量にはまったく関知しない」とも書いている。

ＷＹＳＩＡＴＩは、バリュー投資にも言える。株価がストーリーで、その株のファンダメンタルズが情報源である。ほとんどの投資家は、反射的かつ認知的に怠惰で、一度立ち止まって情報源の精度を考えることなく、ストーリーのみに反応してしまう。バーバリスとムカルジーとワングは、このことを「プロスペクト理論と株のリターン　実証的検証」という論文で説明している。三人はこのなかで、「多くの投資家にとって、株の心的表象は株の過去のリターン分布から生じている。最も分かりやすい理由は、彼らにとって過去のリターン分布が、彼らが本当に関心を持っていること、つまりその株の将来のリターン分布の簡単にアクセスできる優れた代用になっているからだ」としている。さらに、バーバリスのグループは、これによって投資家は過去に劇的なリターンを上げた宝くじのような株を買い込むということが、一九二六～二〇一〇年にかけて四六の国で見られたとしている。

私たちは、自分が見たものがすべてだと考えようとする。そして、投資の難しさのほとんどは、「自分が見たものは得るものとはまったく逆」という事実から生じている。過去三～五年に高いリターンを上げた株は、次の二～三年はパフォーマンスが下がる傾向がある。また、トレード数が多い人のパフォーマンスは、トレード数が少ない人に負ける傾向がある。黒が白になり、上昇が下落になる傾向を私は「ウォール街という奇妙な世界」と呼んでいるが、これによってバリュー投資は有効性を維持している。

しかも、バリュー投資はただ直観に反しているわけではなく、私たちに実際に肉体的痛みを与えている。アイゼンバーガーとリーバーマンが、社会的孤立が本当の痛みの原因になるという仮説を検証するために、被験者にコンピューターゲームをさせた。被験者は、このゲームでほかの二人のプレーヤーを相手にボールを投げたり受けたりしていると思っている。実際には、相手の二人はコンピューター制御されていて、一定時間一緒にプレーしたあと、被験者を孤立させるようになっている。研究者たちは、この社会的排除によって、肉体的な痛みを感じたときに活性化する前帯状皮質と島という領域が活性化したことを発見した。バリュー戦略は、投資においてボールを投げてもらえないのと同じように、みんなと逆に行くことが求められる。

そう考えると、グロース投資系のファンドの数がバリュー投資系のファンドよりも七〇％も多いことも不思議ではない。バリュー投資は理にかなっていて、実績も安定しているが、実行するのが心理的にも肉体的にも苦しいという行動上の難しさもあり、堅実な行動科学的投資の三つのハードルをクリアしている。これは、やる価値はあっても、簡単だという人はいないことなのである。

モメンタムの証拠

モメンタムは、金融におけるニュートンの運動の第一法則（慣性の法則――等速で動いている物体はその状態を続ける）である（ゲイリー・アントナッチ著『**ウォール街のモメンタムウォーカー**』［パンローリング］）。ニューファウンド・リサーチのコーリー・ホフスタインの言葉を借りれば、「モメンタムは最近のリターンに基づいて売買する投資システム。モメンタム投資家は、パフォーマンスが高い株を買い、パフォーマンスが低い株を避けるか空売りしている。……彼らはパフォーマンスが高い株は強い逆風に見舞われないかぎり好調が続くと想定している」。

もう少し掘り下げると、モメンタムには絶対モメンタムと相対モメンタムという二つのタイプがある。絶対モメンタムは、最近のパフォーマンスをその株の過去のパフォーマンスと比較し、相対モメンタムはほかの株と比較するのだ。ただ、どちらも強さや弱さは短期的に継続するという原理に基づいている。

モメンタムに関する過去の研究を簡単に紹介しておく。より総合的に知りたい人には、アントナッチの『ウォール街のモメンタムウォーカー』とホフスタインの「二世紀におけるモメンタム」（白書）を勧める。バリュー投資の純粋主義者のなかにはモメンタム投資をまじないのようなものだと見ている人もいるが、実際には二世紀もの実績がある。

モメンタムについては、イギリスの経済学者のデビッド・リカルドが非常に成功したトレード戦略の検証結果を、一八三八年にジェームス・グラントが発表している。グラントは、リカルドの成功について次のように書いている。

「リカルド氏は、彼が三つの黄金ルールと呼んでいることに細心の注意を払うことで、莫大な資産を蓄積していたのかもしれない。彼はこれらのルールを順守するよう友人にも強く勧めていた。三つのルールとは、①選択肢があるときはけっして拒否しない、②損切りは早めにする、③利は伸ばす――だった。損切りは早くというのは、株を買っても株価が下がれば、すぐに手仕舞うということである。そして、利を伸ばすというのは、持っている株の株価が上がっているときは、高値を付けたあと下がり始めるまで売らないということである。これらはまさに黄金ルールで、証券取引所以外でもさまざまな取引に応用できる（Hoffstein, 'Two Centuries of Momentum.'）」

それまで場当たり的に行われてきたモメンタム投資について、最初に厳格な実証的検証を行ったのが、ハーバート・ジョーンズとアルフレッド・コールズ三世による一九三七年の研究だった。『ウォール街のモメンタムウォーカー』によると、二人は一九二〇～一九三五年にかけて、「一年間を測定単位として……ある年に中央値を超えた株は、翌年も超えるという傾向は明らか」

だということを発見した。

一九五〇年には、投資ニュースレターを書いているジョージ・チェスナットがモメンタム戦略について次のように書いている。

「どちらがよいのか。市場を牽引している強力な株を買うのか、それとも眠っていたり市場の陰に隠れていたりする株を買っていずれ本来の価値が見直されることを期待するのがよいのか。何千もの例を調べると、統計的に勝率が高いほうは明らかだ。株価を牽引しているほうが、出遅れているほうよりもうまくいくことが多い。市場では、人生と同様に、強いほうがより強くなり、弱いほうはより弱くなるのだ」（『ウォール街のモメンタムウォーカー』）

チェスナットの現代版とも言えるのが、ニコラス・ダーバスの「ボックス理論」で、これは株価が新高値を付けたときに買い（前のボックス圏をブレイクしたら買う）、損切りを近くに置いてヘッジするという手法である。ダーバスはこの手法について、「ベア相場のときは手を出さず、トレンドに逆らうリスクを気にしない人たちに任せておく」としている（Hoffstein, 'Two Centuries of Momentum'）。また、ロバート・レビーは、一九六〇年代後半にレラティブストレングスの概念を紹介したが、そのあとモメンタム投資は三〇年近くほとんど無視されてきた。

ベンジャミン・グレアム（のちにはウォーレン・バフェット）が提唱したファンダメンタルズ投資の人気が高まると、モメンタムはますますインチキくさいものに見られるようになっていった。バフェットも、価格のモメンタムを好まないことを隠そうとはしない。「価格や出来高の動きといったチャートに関するたくさんの研究がなされていることにいつも驚いています。先週も先々週も価格が大きく上がったから会社を買おうなどということがあるのでしょうか」（「グレアム・ドッド村のスーパー投資家たち」）

近年、モメンタムは理論家の間で受け入れられるようになっている。反論があったとしても、その持続性と汎用性を無視することはできないからだ。ジャガディーシュとティットマンは「再び勝ち銘柄を買い、負け銘柄を売る――株式市場の効率性への影響」のなかで、一九六五～一九八九年に、勝ち銘柄のパフォーマンスはそのあと負け銘柄を六～一二カ月上回ったとしている。また、その上回り方も大きく、ほかのリスクファクターによるリターンの差を調整したあとでも毎月一％も高かったのである（N. Jagadeesh and S. Tiltman, 'Returns to buying winners and selling losers: Implications for stock market efficiency,' The Journal of Finance 48:1 [March 1993], pp.65-91）。

実際、モメンタムトレンドの影響は広範囲に渡っており、市場や場所や時間に関係なく見られる。クリス・ゲッチーとミハイル・サモノフは、親しみを込めて「世界最長のバックテスト」と呼ばれている検証を行い、モメンタムの影響はアメリカで何と一八〇一年から続いていることを発見した（C. Geczy and M. Samonov, 'two centuries of price return momentum,' Financial Analysts Journal 72:5 [September/October 2016]）。モメンタムのシグナルは、イギリスでもビクトリア時代から機能しているほか（チャボットとガイセルスとジャガナサン、二〇〇九年）、その効果と継続性は四〇カ国の一二種類以上の資産クラスで証明されている（C. S. Asness, A. Frazzini, R. Isreal and T. J. Moskowitz, 'Fact, fiction and momentum investing,' Journal of Portfolio Management [Fall 2014]）。私たちのモメンタムに対する心理的傾向は根深く、「モメンタムのプレミアムは、研究者たちが科学的に検証するはるか前の市場ができたときからその一部になっている」。もう少し柔らかく言えば、三つのテストの実証的条件が満たされているということだ。次は、モメンタムが存在する理由と、その理由が本質的に行動に根付いたことかどうかを検証していこう。

モメンタムの心理

人間は、現在の状況が将来も永遠に続くと考える傾向を生まれつき持っている。そして、これが市場で最も重要で最も利用可能なアノマリーであるモメンタムを生むのである。

学術的な理論の多くが、リスクとリワードの直接的かつ直線的な関係を仮定して、大きなリターンを望むならばリスクの高い賭けをしなければならないとしている。しかし、ジャガディーシュとティットマン（一九九三年）も、ファーマとフレンチ（三ファクターモデルを用いて）も、モメンタムの効果をリスクに基づいて説明する証拠は見つけていない。モメンタムは実質的に金融物理学の法則に逆らってリスクを増やさなくても、より大きいリワードを提供している。パフォーマンスが高くなってもリスクに基づいた説明がないため、研究者たちはモメンタム効果の最もあり得る説明として行動に目を向けた。

ダニエルとハーシレイファーとサブラマンヤムは、モメンタム効果の起源の候補として二つの行動パターン――自己帰属と自信過剰――を提案した。自信過剰は直観的に分かると思うが、自己帰属を理解するために、渋滞のなかにいると想像してほしい。もし朝の通勤時にあなたが列にうっかり割り込んでしまったら、それは単純なミスかカフェインが足りなかったせいだくらいに思うだろう。しかし、だれかに割り込まれたら、相手の行動に対して優しく状況を思いやるということはおそらくしないだろう。私たちは成功した理由は自分のせいだと思うが、失敗は外部要因のせいだと考え、他人の失敗はその人の持っている性質のせいだと即座に判断する傾向がある。私が話を遮ったのはまだ朝のコーヒーを飲んでいないからだが、あなたが遮ったのは嫌なヤツだからだと考えるのだ。

通常、投資家は自分のスキルと情報源を過信しているし、運かスキルによって価格が上昇して利益が出ると、自信過剰はさらに強くなる。この自信過剰と自己帰属が合わさって、投資家は価格が上昇したのは運とスキルが組み合わさったからではなく（本当はその可能性が高い）、自分が銘柄選択の天才だからだと考えるようになる。

この自信過剰と自己帰属のサイクルが、株価の上昇を持続させる。市場が投資家の最初のテーマと逆に動いたときは、当然のように運が悪かったとして片付け、エゴと自己帰属の傾向は次の幸運まで傷つくこともない。

モメンタムの効果について別の理由を挙げる理論家もいるが、それもやはり行動が基になっている。エドワーズ（一九六八年）やトベルスキーとカーネマン（一九七四年）は、何らかの行動がアンカー（錨）としてあり、それを十分調整できていないことが原因だとしているのだ。アンカリングについては、ふけ取りシャンプーのコマーシャルに出てくる「第一印象にセカンドチャンスはありません」というセリフが理解しやすい。人は初めて会った人について、出会った瞬間から評価を始める。そして、第一印象、つまりアンカーが将来の評価の範囲を決めるガードレールになる。もし愛想が良くて親切な人と出会えば、将来も愛想が良くて親切なのだろうと思うのだ。同様に、投資家も現在の価格やその軌道がその株のアンカーとなり、将来も永遠に続くと思ってしまう。第一印象というアンカーによって、たとえ最新の説得力のあるデータを目にしても、その会社の運勢が変わったと考えを改めることがなかなかできないのである。

これに関連して、ウェイソン（一九六〇年）はモメンタムの効果を確証バイアスと代表性の産物だとしている。人は自分の考え（「これは良い株だ」）を信じて買い、その考えを捨てたくないし（確証バイアス）、最近の株価の動きは将来の動きを示唆しているものとして見る（代表性）。

モメンタムに関する最後の行動科学の観点からの説明は投資家の情報に対する反応で、過剰反応も過小反応もモメンタムを継続させる理由になる。過剰反応は、投資家が強欲になり、愚

ファクター別の年換算プレミアム（1927～2014年）

バリュー	5.0％
サイズ	3.4％
ベータ	8.4％
モメンタム	9.5％

出所＝B・カールソン、「なぜモメンタム投資が機能するのか」（2015年7月7日）

かにもリターンを追いかけて株価をさらに上げていくことである。過小反応は、不注意や流動性の制約や本書を通じて書いてきた保守主義などによって情報が価格に織り込まれるのが遅くなることである。

ただ、この項ではこれまでモメンタムに関するさまざまな行動科学の観点からの理由を紹介してきたが、実はどれが「正しい」答えなのかはどうでもよい。モメンタムが存在する理由が何であれ、行動に根差していることは明らかであり、それで十分だからだ。モメンタムは何百年も存在し、発見されてからでも二〇年間続いている。アービトラージに飢えた人たちが大勢いる資本市場におけるこの存続力は、人間の心理が変わらないことを表している。

多くの専門家が、モメンタムはただの一要素ではなく、最も重要な要素だとしている。ファーマとフレンチも「市場の主要なアノマリーと言えばモメンタムである。この一年、リターンが低かった株は、次の二～三カ月も低い傾向があり、過去のリターンが高かった株は将来も高い傾向がある」とはっきり書いている。ジェームズ・オショーネシーも、「ウォール街で信じられていることのなかで、価格モメンタムが最も効率的市場理論の信者をうならせる」と書いている。完璧な世界では、たとえ価格が上がっていても、昨日よりも高く会社を買う理由はない。しかし、市場は完璧な世界ではなく、人間の行動が支配する世界なので、あらゆるおかしなことが起こるのである。

再帰性――バリューとモメンタムのダンス

「君たちは何も感じないのか。良いも悪いも考え方次第なのだ」――ウィリアム・シェイクスピア著『ハムレット』

ピーナッツバターとチョコレートのように、モメンタム投資もバリュー投資もそれぞれ素晴らしいが、合わせるとさらに良くなる。このことについて、クリフ・アスネスが「株のパラダイム新しい核」のなかでうまくまとめている。

「バリュー投資もモメンタム投資も、過去三〇年で学者と実践者の研究によって発見された最強の手法である。学者は市場の新たなアノマリーを探し続け、大きなリスク調整済超過リターンを提供できると主張し、ウォール街がそれを売るための新しいストーリーを定期的に作り出している。しかし、バリュー投資とモメンタム投資はそのなかでも群を抜いている。これほど長い間、高いリターンをさまざまなところで上げているスタイルはほかにはないからだ。この二つの手法は、さまざまな市場のさまざまな資産クラスで魅力的なリターンを提供してきた長い歴史があり、発見されてから何十年もそれが続いている。そして重要なのは、この二つの戦略を組み合わせると、さらに高いパフォーマンスを生み出すことなのである」

バリュー投資とモメンタム投資が、単体でも組み合わせでも機能するのは、投資可能な要素の三つの特徴――経験的に実証されており、理論的にも妥当で、行動に根差している――を示しているからである。過去に行われた最も悪名高い心理学の実験の一つは、権力の腐敗の影響を示すためによく引用され、現在を具体化してそれを未来永劫、投影する人間の傾向をはっきりと教えてくれる。

心理学入門の授業では、たいていスタンフォード監獄実験について議論する。これは、スタンフォード大学の心理学部がある建物の地下に監獄に似せたセットを作り、囚人と看守の力の差の影響を調べた実験で、このために二四人の男性（ほとんどが中流階級の白人）が雇われ、「看守役」と「囚人役」に分けられた。看守役には簡単な訓練が行われ、囚人に身体的危害を与えたり、食料を与えなかったりしてはならないと指示された。囚人役は自宅で本物のパロアルト警察に「逮捕」され、本当の犯罪者と同じ手続きで収監された。配役はランダムに決められたが、被験者はほぼ瞬時に自分の役割の無慈悲さや無力感を感じ始めた。

この実験はもともと二週間の予定だったが、囚人役に対する看守役の非人道的な扱いが問題になり、わずか六日間で中止された。一日目は問題なく過ぎたが、二日目にはすでに二人の囚人役が反抗してマットレスでバリケードを築いた。しかし、この小さな反乱に腹を立てた看守役は報復措置として彼らを独房に見立てた場所に監禁し、食料も水も与えなかった。看守役たちは次第に囚人役に暴言を浴びせたり、従順な囚人役に反抗者への嫌がらせや罵倒を指示したり、小さなバケツに排尿や排便をさせてそのまま放置させたりするようになっていった。この実験を指揮した心理学者のフィリップ・ジンバルドーは、実験の経過に熱中するあまり、囚人役が受けていた虐待に鈍感になっていた。しかし、彼の当時のガールフレンド（現在は妻）だったクリスティーナ・マスラックが、被験者の話から恐怖感が蔓延していることに気づき、ジンバルドーに実験の中止を促した。

ジンバルドーが行動科学の研究で経験したポジティブフィードバックループは、金融市場から結婚や自然までどこでも起こり得ることで、これはそれを引き起こしたイベントそのものによって増幅されるイベントと定義することができる。科学反応は熱を生み出し、それがさらなる反応の触媒となる。一頭の牛が動けばそれにつられて三頭が動き、それが暴走のきっかけとなる。そして、ポンジスキームは大きくなるほど支払い力がつき、新たな被害者を引き付けやすくなる。

ジンバルドーが看守役と囚人役に立場を与えることでこのループを開始すると、被験者たちはそれぞれの役に応じた行動を始め、それがさらに実験全体をリアリティのあるものにしていった。このようなフィードバックループによって、スタンフォード大学の一年生が一週間もたたないうちにとんでもない暴言を吐く看守になり、同級生に排泄物の横で寝させるなどといったことをするようになっていったのだ。

しかし、何事も永遠には続かないため、最悪のフィードバックループもいずれ崩壊する。このことをドネラ・メドウがうまくまとめている。「ポジティブフィードバックループは、システムの成長と爆発と劣化と崩壊の元である。歯止めがきかないポジティブループのシステムは、いずれそれ自体を破壊する。だから、ほとんど存在しないのだ。たいていはどこかの時点でネガティブループが作動する」。そして、いずれはフィードバックループが行きすぎて破綻し、すべての工程が今度は逆から始まる。勝手に同級生を非人間的扱いをしたのと同じ人たちが動かしている資本市場は、まさにポジティブとネガティブのフィードバックループであり、公正価値という想像上の概念に近づいたり離れたりしながら揺れ動いている。この原因と効果の循環的な関係が、再帰性なのである。

この概念について最も明確に書いているのがジョージ・ソロスで、再帰性を持つ市場が存在するためには二つの条件——①市場参加者が世界は断片的で歪められていると考えている、②その歪められた見方は自己強化が可能——が必要だとしている。これまで、市場参加者が陥りやすい社会的・生理的・神経的・心理的な歪みについて詳しく説明し、モメンタムやWYSIATI（「自分が見たものがすべて」）の項では自己強化的であることを示すたくさんの証拠を見てきた。どちらの条件も十二分に満たされ、その結果、市場は一時的に非効率的になるが、全体としては効率的な方向に向かっていく。市場は完全に効率的ではないと同時に、常に効率性に向かって動いているのだ。この考え方を誤解していることが、さまざまな学派の主張が異なる原因であり、資金運用における間違った方針の元となっている。

筋金入りのパッシブ運用支持者は、全体的に効率的市場に向かっていることを過度に重視し、絶対的事実である全体のトレンドを見誤る。そのため、彼らはリターンを向上させる価値あるチャンスを見過ごすことになるが、行動科学的投資家はそれに気づくことができる。伝統的なアクティブ運用を支持する人たちは、市場に存在する行動科学的アノマリーはすぐに指摘できるが、ときどき存在する非効率性に気づいて即座に適切な行動をとることができない。効率的市場の二つの条件――価格は常に正しいことと、ただで手に入るものはないこと――は、一部のアクティブマネジャーが言うような両立はできないのだ。市場は本当の価値から激しく乖離することがあるが、それでも市場を上回るのは非常に難しい。市場の再帰的な性質を本当に理解するためには、全体的に効率性に向かう傾向を正しく尊重することと、非効率性の兆候を利用するためのルールに基づいたシステムが必要で、それしか方法はない。

再帰性（自己強化的で不完全な見方）の条件に話を戻すと、フィードバックループの始まりが分かりやすくなる。全体の過程を促進するためには、みんなが反応できる何らかのニュースや情報が必要になるが、毎月四万五〇〇〇もの経済データを発表しているＦＲＢ（連邦準備制度理事会）や週七日二四時間伝えられる金融ニュースが喜んでその役割を担ってくれている。この情報が、それぞれの文化や心理や経験の違いから生まれる主観的な体験を持つ市場参加者に取り込まれる。例えて言えば、情報がいわば主観的な肉挽き機にかけられるのだが、この機器は常に断片的で不完全で、ソロスの最初の条件をちょうど満たしている。情報は、このように処理され、市場参加者がそれに基づいた行動をとることで、たいていは自己強化されていく。

例えば、アマゾン（ＡＭＺＮ）は一九九七年に株式をＩＰＯ（新規株式公開）したが、当時は「世界最大の本屋」という触れ込みだった。この初期段階の会社は、古臭い業界を打破する見通しを示して、マスコミの大々的な支持を得た。好意的な報道は株価をわずか二〇年で一株当たり一八ドルから一〇〇〇ドルに押し上げて魅力的な利益をもたらした。それと同時に時価総額が高騰し、ポジティブな評価は現実的なメリットをいくつももたらしてきた。アマゾンは、成功によってさらなる成長を驚くほど安く実現できるようになった。評価が高まったことで、テクノロジー業界から最高の人材を雇い入れることが可能になり、社員の報酬に高い割合でストックオプションを組み込んでコストを見えなくすることもできるようになった。誤解のないように言っておくが、私もアマゾンは一世代に一度出現するかしないかのブランドだと心から思っており、過大評価されすぎているというつもりはない。むしろ、これは会社に対する初期のポジティブな評価やネガティブな評価が、想像したとおりの経済的現実を生み出すことを示す好例と言える。アマゾンの成功が、多大な努力と素晴らしい才能と革新的なシステムによるものであることは間違いないが、その過程は、いずれ成功するという主観的な考えに大いに後押しされていたのである。

似たようなフィードバックループでも、悪いニュースのときはたいていもっと激しく始まる。一九七三年の石油危機は、トイレットペーパーが不足するといううわさを呼んだ。すると、不安になった市民が買いだめしようと雑貨店に殺到した。もう分かったと思うが、トイレットペーパーが不足した本当の理由は、知覚がもたらした買いだめだったのである。

そして、これは二〇〇〇年代後半の住宅危機でも明らかになった。住宅価格が急激に下がり始めると、住宅を売ってもローンを完済できない人たちが増えていった。そして仕方なく家を手放し、破産を宣言した。仕方なく手放した家は管理もされず、供給は増え、その両方によって価格はさらに下落し、家を手放す人がさらに増えた。銀行のバランスシートは住宅ローンばかりで資本が足らず、経済成長を刺激するための貸し出しができずにいた。資本が流入しないことで、失業率は上がり、それによってローンを返済できない人が増え、同じことがまた繰り返されるのである。

自然界の再帰性

フィードバックループは自然界でも発生し、それが金市場の駆け引きを考えるうえで役に立つ手段を提供してくれる。ここで、蜜食の鳥とその蜜を供給している植物の「進化的軍拡競争」について考えてみよう。鳥（例えば、ハチドリ）はクチバシを長く進化させ、花の蜜に届くようになった。一方、花のほうは蜜に届きにくくするために長く進化してトランペットのような形になった。すると、鳥はクチバシをさらに長く進化させるという具合に競争が続いていく。このような変化は金融市場でも見られ、完全に効率的か大幅に非効率的かという単純な特徴づけだけでは説明ができないのである。

再帰性の過程は真実の核（例えば、アマゾンが本の売り方を変える）から始まり、それが主観的なレンズを通して自己強化的なフィードバックループになっていく。これらのループは一定期間継続するが、主観的に解釈された新しい情報が出てくると止まり、たいていは逆方向に動き始める。

価格がこれまでもこれからも正しいと信じている効率的市場仮説の理論家は市場全体を買うよう勧め、効率的市場仮説に批判的な人は適正価値から乖離している株を買おうとするが、行動科学的投資家はその間の道を行く。正しい質問は「この株価は正しいのか」ではなく「価格はどこへ向かっているのか」だということを理解しているからだ。

行動科学の観点から考えれば、価格は常に正しくはないが、たいていは激しく間違ってもいないため、予想が可能になっている。バリュー投資とモメンタム投資を組み合わせることと再帰性の過程を理解することで、行動科学的投資家は不完全な主観的評価によって不当に値下がりしている株をバスケットで投資して、ポジティブフィードバックループによって適正価値に向かっていくことで報われる。再帰性の過程を旅行に見立てると、バリューは目的地までの距離で、モメンタムは目的地まで行くスピードと考えることができる。バリューとモメンタムを組み合わせる手法は、投資の世界で長距離を最短時間で行く新幹線のようなものなのである。

金融市場は永遠に本当の価値に向かっているが、けっしてそこに行きつくことはない。そのなかで、執拗にファンダメンタルズに基づく資金運用を順守するやり方は、感情が理論に勝っている長い間に破綻することになる。反対に、市場の逸脱を重視する方法は、市場がほとんどの期間はだいたい正しいことを無視している。行動科学の知識に基づいた手法は、ファンダメンタルズとトレンドの両方を重視することで、市場の再帰性という現実を受け入れることなのである。

あとがき——成功を手にする

「株式市場では、自分が正しいことを証明するために仮想の取引を楽しんでいる連中がいるらしい。このゴースト・ギャンブラーたちはときに大儲けすることもある。しかし、架空の世界で大相場を張るのは簡単だ。昔からある決闘を翌日に控えた男の話と同じだからだ。

男の立会人が聞いた。『君の射撃の腕はいいのか』

男は『もちろんだ。二〇歩離れたところからワイングラスの脚を撃つことができる』とこともなげに答えた。

『すごいな』と、立会人はさして感心したふうもなく言った。『しかし、そのワイングラスが（決闘の相手で）君の心臓にピストルの標準を合わせていても同じことができるかな』」——エドウィン・ルフェーブル著『欲望と幻想の市場——伝説の投機王リバモア』（東洋経済新報社）

この時点で、あなたは行動科学的投資のすべてについて世界最高の教育を受けた一人と言える。ただ、十分な教育を受けた行動科学的投資家として最も大事なことは、いかに一般的な教育が重要でないかを理解することである。世界には高い教育を受けたのにバカな選択をする人がたくさんいる。科学者たちが「理性障害」と呼ぶ現象だ。カナダのメンサクラブ（知能指数がトップ二％の人しか入れない団体）で行われた調査がそれをよく表している。対象となった人たちのうち、四四％が星占いを信じており、五一％がバイオリズムに従い、五六％が地球に宇宙人が来たことがあると信じていた。

尊敬されている哲学者のマーティン・ハイデガーは、その明晰な頭脳をナチスの支援に使い、非難すべき行動を擁護するために偽りの議論を展開した。タリウムという元素を発見したウィリアム・クルックスは、何回も霊媒にだまされながら、それでも降霊術者を信じるのをやめなかった。そして傑出した科学者のアイザック・ニュートンは、南海泡沫バブルで市場の基本的な性質と人の行動を理解していなかったために大金を失った。利口な人が必ず合理的な行動をとるという保証はないようだ。

つまり、教育を受けることで学んだ教訓は、最も必要なときには思い出せないようになっている。ある研究で、認知能力がストレス下では一三％失われることが分かっており、ナシーム・タレブの助言に信憑性を与えている。「私たちは自分のバイアスに一度たりとも気づくことはない。そのため、知識と行動はイコールではないことを認識する必要がある。そして、解決策は判断における行動科学上の誤りに対して部分的でもいいからロバストな投資システムを策定し、導入することである」。現実的に言えば、本書を読んだことによって得た成功は、あなたの才能ではなく、あなたが自分の凡庸さを受け入れたことによってもたらされたものなのである。

投資について言えば、あなたは社会的にも生理的にも神経的にも素晴らしくはないが、それはあなたに素晴らしいところがないということを意味しない。行動科学的投資家になるということは、これまでの誤った教訓や幻想をすべて捨て去り、行動を減らしたほうが多くを得られることに気づくことなのである。これは特別であることを求めないほうが、より特別になれるということを理解することとも言える。そして何よりも、自分自身を知ることと自分の資産を構築することはよく似た探求で、自分がごく平均的だということを認める勇気がなければ達成できない。ただ、それをする過程で、あなたは特別になる道を歩み始める。偉大さはあなたの生まれながらの権利であり、自分の個性を受け入れることが心の平安をもたらす。がむしゃらに努力するのをやめて、実利を手にしてほしい。

■著者紹介

ダニエル・クロスビー博士（Dr. Daniel Crosby）

ブリガム・ヤング大学とエモリー大学で学んだ心理学と行動ファイナンスの専門家で、市場心理に関わる研究を金融商品の開発から証券の選択にまで応用している資産マネジャー兼ノクターン・キャピタルの創設者。彼は、行動ファイナンスの最前線で活動し、ハフィントン・ポスト紙やリスク・マネジメント誌に寄稿し、ウエルスマネジメント・ドット・コムやインベストメント・ニュース紙では毎月コラムを執筆している。博士は、モンスター・ドット・コムで「注目すべき12人の思想家」の１人に選ばれたほか、AARPの「読むべき金融ブロガー」やインベストメント・ニュース紙の「40歳未満のトップ40人」にも選出されている。趣味は、映画鑑賞、セントルイス・カージナルスの熱狂的ファン。妻と三人の子供がいる。著書に『ゴールベース資産管理入門』（日本経済新聞出版社）がある。

■監修者紹介

長岡半太郎（ながおか・はんたろう）

放送大学教養学部卒。放送大学大学院文化科学研究科（情報学）修了・修士（学術）。日米の銀行、CTA、ヘッジファンドなどを経て、現在は中堅運用会社勤務。全国通訳案内士、認定心理士。『先物市場の高勝率トレード』『アセットアロケーションの最適化』『「恐怖で買って、強欲で売る」短期売買法』『トレンドフォロー戦略の理論と実践』『フルタイムトレーダー完全マニュアル【第３版】』『T・ロウ・プライス――人、会社、投資哲学』『「株で200万ドル儲けたボックス理論」の原理原則』『アルゴトレードの入門から実践へ』『M＆A　買収者の見解、経営者の異論』『指数先物の高勝率短期売買』『アルファフォーミュラ』『素晴らしきデフレの世界』『バフェットとマンガーによる株主総会実況中継』のほか、訳書、監修書多数。

■訳者紹介

井田京子（いだ・きょうこ）

翻訳者。主な訳書に『トレーダーの心理学』『スペランデオのトレード実践講座』『トレーディングエッジ入門』『千年投資の公理』『ロジカルトレーダー』『フィボナッチブレイクアウト売買法』『ザFX』『相場の黄金ルール』『トレーダーのメンタルエッジ』『破天荒な経営者たち』『バリュー投資アイデアマニュアル』『FX 5分足スキャルピング』『完全なる投資家の頭の中』『株式投資で普通でない利益を得る』『金融版 悪魔の辞典』『バフェットの重要投資案件20 1957-2014』『市場心理とトレード』『逆張り投資家サム・ゼル』『経済理論の終焉』『先物市場の高勝率トレード』『トレンドフォロー戦略の理論と実践』『T・ロウ・プライス――人、会社、投資哲学』（いずれもパンローリング）など、多数。

2020年7月4日　初版第1刷発行

ウィザードブックシリーズ ㉙⑦

行動科学と投資
――その努力がパフォーマンスを下げる

著　者　　ダニエル・クロスビー
監修者　　長岡半太郎
訳　者　　井田京子
発行者　　後藤康徳
発行所　　パンローリング株式会社
〒160-0023　東京都新宿区西新宿7-9-18　6階
TEL 03-5386-7391　FAX 03-5386-7393
http://www.panrolling.com/
E-mail　info@panrolling.com
編　集　　エフ・ジー・アイ（Factory of Gnomic Three Monkeys Investment）合資会社
装　丁　　パンローリング装丁室
組　版　　パンローリング制作室
印刷·製本　株式会社シナノ

ISBN978-4-7759-7266-3

WIZARD
トレーダーの精神分析
自分を理解し、自分だけのエッジを見つけた者だけが成功できる
ブレット・N・スティーンバーガー[著]
「メンタル面の強靭さ」がパフォーマンスを向上させる!
性格や能力にフィットしたスタイルを発見しろ!
プロの技術とは
Pan Rolling

WIZARD
悩めるトレーダーのための
メンタルコーチ術
自分で不安や迷いを解決するための101のレッスン
The Daily Trading Coach
ブレット・N・スティーンバーガー[著]
自分も知らない
内なる能力を
セルフコーチで引き出す!
Pan Rolling
定価 本体3,800円+税

マーク・ダグラス

シカゴのトレーダー育成機関であるトレーディング・ビヘイビアー・ダイナミクス社の社長を務める。商品取引のブローカーでもあったダグラスは、自らの苦いトレード経験と多数のトレーダーの間接的な経験を踏まえて、トレードで成功できない原因とその克服策を提示している。最近では大手商品取引会社やブローカー向けに、本書で分析されたテーマやトレード手法に関するセミナーや勉強会を数多く主催している。

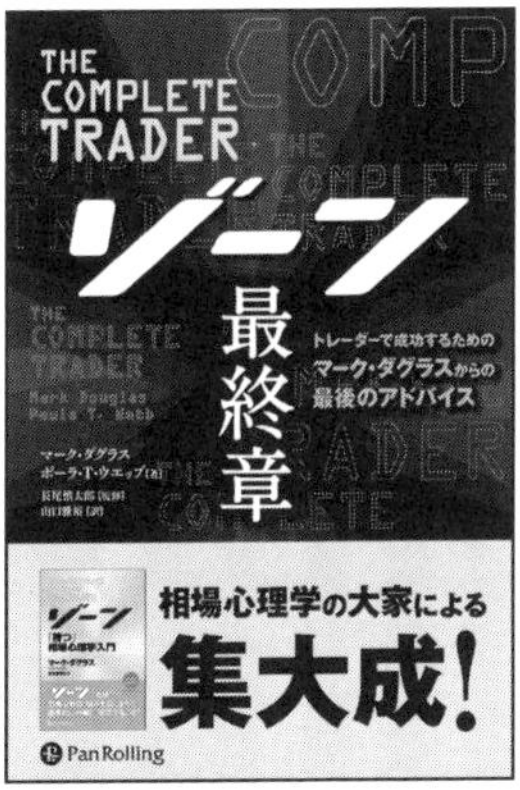

ウィザードブックシリーズ 252

MP3 音声データCD オーディオブックあり

ゾーン 最終章
トレーダーで成功するための マーク・ダグラスからの最後のアドバイス

定価 本体2,800円+税　ISBN:9784775972168

トレード心理学の大家の集大成！

1980年代、トレード心理学は未知の分野であった。創始者の一人であるマーク・ダグラスは当時から、この分野に多くのトレーダーを導いてきた。本書を読めば、着実に利益を増やしていくために何をすべきか、どういう考え方をすべきかについて、すべての人の迷いを消し去ってくれるだろう。

ウィザードブックシリーズ 32

MP3 音声データCD オーディオブックあり

ゾーン 勝つ相場心理学入門

定価 本体2,800円+税　ISBN:9784939103575

「ゾーン」に達した者が勝つ投資家になる！
恐怖心ゼロ、悩みゼロで、結果は気にせず、淡々と直感的に行動し、反応し、ただその瞬間に「するだけ」の境地…すなわちそれが「ゾーン」である。
「ゾーン」へたどり着く方法とは？
約20年間にわたって、多くのトレーダーたちが自信、規律、そして一貫性を習得するために、必要で、勝つ姿勢を教授し、育成支援してきた著者が究極の相場心理を伝授する！

ウィザードブックシリーズ 114

規律とトレーダー

定価 本体2,800円+税　ISBN:9784775970805

トレーディングは心の問題であると悟った投資家・トレーダーたち、必携の書籍！

MP3 音声データCD オーディオブックあり

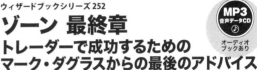

関 連 書

ウィザードブックシリーズ 270

ファクター投資入門

定価 本体1,800円+税　ISBN:9784775972380

超合理的な株式投資を目指す人のために!

ファクターを用いた投資には着実な実績がある。難解な専門用語や数式を用いることなく、それを見事に説明している本書は、長期的な視点での投資に興味を持つすべての投資家が一度は読んでおくべき1冊である。

ウィザードブックシリーズ 227

ウォール街のモメンタムウォーカー

定価 本体4,800円+税　ISBN:9784775971949

「効率的市場仮説」を支持したサミュエルソンはなぜ投資先をバークシャーにしたのか

本書ではGEMを、裏づけとなる理論、これまでの分析、理解しやすいデータを使って、簡単かつ明確に解説する。デュアルモメンタムトレードがなぜうまくいくのかについての理解を深め、あなたの投資にぜひ活用してもらいたい。

ウィザードブックシリーズ 254

ウォール街のモメンタムウォーカー【個別銘柄編】

定価 本体3,800円+税　ISBN:9784775972250

モメンタムは永遠なり! 成長よりも強さを!
モメンタム投資はバリュー投資の友

実践的な本書は、行き届いたレッスンと多くの実例を含んだガイダンスで、読者の理解の速度も速いだろう。あなたのポートフォリオに、高度なリサーチとテクニックを取り入れるには、本書1冊があれば十分だ。

ウィザードブックシリーズ 243

金融版 悪魔の辞典

定価 本体2,000円+税　ISBN:9784775972120

魑魅魍魎がうごめく世界を生き抜くためのガイドブック

本書は、破綻すると分かっている住宅ローンや、恐ろしいほど高いリスクや、つぶすには大きすぎる銀行を私たちに押し付けてきた金権主義者や官僚を痛烈に皮肉り、批判し、揶揄している。本書は、複雑で、不条理で、尊大なウォール街から、単純な真実と、分かりやすい警告を導き出してくれている。